见识城邦

更新知识地图　拓展认知边界

刘刚 李冬君
- 著 -

文化的江山

05

走向世界历史的国度

中信出版集团 | 北京

图书在版编目（CIP）数据

文化的江山 . 5, 走向世界历史的国度 / 刘刚，李冬君著 . -- 北京 : 中信出版社，2020.11（2024.1 重印）
ISBN 978-7-5217-2003-7

Ⅰ . ①文… Ⅱ . ①刘… ②李… Ⅲ . ①文化史－中国 ②文化史－中国－秦汉时代 Ⅳ . ① K203 ② K232.03

中国版本图书馆 CIP 数据核字 (2020) 第 114574 号

本书仅限中国大陆地区发行销售

文化的江山 05：走向世界历史的国度

著　　者：刘　刚　李冬君
出版发行：中信出版集团股份有限公司
（北京市朝阳区东三环北路 27 号嘉铭中心　邮编　100020）
承 印 者：北京尚唐印刷包装有限公司

开　　本：787mm × 1092mm　1/16　　印　　张：23　　字　　数：285 千字
版　　次：2020 年 11 月第 1 版　　印　　次：2024 年 1 月第 4 次印刷
书　　号：ISBN 978-7-5217-2003-7
定　　价：78.00 元

目　录

引言 · 发现文化的江山　i

第1章　统一与游仙的故事

01 · 一生都在与死亡较劲的皇帝　002
02 · 游仙也是政治　032
03 · 泄了六国王气　042
04 · 强扭的风水变祸水　050
05 · 李斯的野心独白　056

第2章　通往帝王之路——革命

01 · 农民也有帝王思想　066
02 · 儒者要革秦朝的命　072
03 · 让思想上山去　077
04 · 山河王气与天命之歌　084

第3章 大汉王者与歌者

01 · 帝王的悲歌和咒语 096

02 · 帝国生命线 108

03 · 天命照耀的那一线 119

04 · 中国出了个好皇帝 126

05 · 天子也要有人管 156

06 · 少年天子与《秋风辞》 162

第4章 汉初儒学更始与儒术复兴运动

01 · 马背上的思想家 170

02 · 继续革命的儒生 178

03 · 晁错与匈奴的思想之战 186

04 · 汉初儒术复兴 198

第5章 儒术的胜利与圣王大一统

01 · 罢黜百家，独尊儒术 210

02 · 素王为帝王立法 216

03 · 圣王大一统 225

第6章 昆仑与葱岭

01 · 汉武大帝与《天马歌》 236

02 · 天地一指定昆仑 247

03 · 葱岭的神话意义 255

第7章 希腊化的丝路花雨

01 · 罗马哲人的叹息 264

02 · 东方希腊化传奇（上） 271

03 · 东方希腊化传奇（下） 285

第8章 中国化的西域

01 · 汉家女儿的悲情 296

02 · 飞龙在天美少年 302

03 · 拿得起天命，放得下圣王 314

04 · 江南小子统一西域 320

05 · 干戈化玉帛 326

06 · 陈汤那一吼 331

07 · 班超的西域 335

08 · 历史的遗憾 343

引 言

发现文化的江山

历史上，其实有两种中国史观。

一个是二十五史里的中国，叫作王朝中国。

一个是贯穿了所有王朝的中国，叫作文化中国。

所有王朝，都在兴亡交替中，短则数十年，长则二三百年，都难逃一亡；唯有文化中国越千年，历百世，还在发展，凝然而成文化的江山。

江山自然生成，人居其中，文而化之，而成国家。

英雄行走大地，人与山川相映发，而使文明开化。

英雄从远古走来，从神话走向历史，留下一个传说时代，被结集在《山海经》里，无论成书于何时，它都留下了初民用文明初曙之眼看到的世界。

《山海经》之所在，是个自由的世界，而非大一统的世界，是英雄的世界，而非神的世界，其主体为人，是表现为形形色色的文明图式的万物之灵，而非神。

《山海经》的世界，不仅在传说中存在，还通过考古发掘出来。

在考古学的框架里，它被归纳为几个相互作用的文化区系，每一区系，都拥有一大批文化遗址，这些遗址，如满天星斗，覆盖天南地北，不仅存在于大河上下，按流域分布，还从山到海，从昆仑到蓬莱。文明的存在，对应了那个《山海经》世界。

初民都相信，文明的种子来自天上，所以，先要在高山上生长。昆仑是最高的山，不光是天下水源地，更是文明起源地。然后，文明还要顺着河流下山去，流域所至，择其要处，或为村落，或为城市，或为国家，唯有国家，才能使文明长大。

文明在全新世大暖期里生长，度过了人类最美好的一段时光。

在江南河姆渡文化里，我们看到了有别于《圣经·创世记》伊甸园的中国式天道伊甸园，我们相信，《庄子》里说的那些比炎黄还要古老的人物，就应该在这里出现，不能像史官文化那样将它们当作荒诞的寓言。还有仰韶文化，分布在黄河中上游，从那天真烂漫的彩陶上，我们看到了文化中国的起源。而良渚文化则在“从东南往西北”的历史运势线上，开辟了一条玉石之路，贯穿了长江与黄河两大流域，用玉文化融合了两大文化区系，就在以玉为标志的制度文明——礼制的产床上，一个“审美的国度”——文化中国诞生。

人类在全新世开启了一个新时代，那就是考古学上的新石器时代。从新石器时代走向青铜时代，这是世界文明史的通例。但中国却有一个例外，那就是，当西方文明正走向青铜时代时，中国文明则顺着新石器文明的惯性，进入一个审美的玉器时代。西方文明史视野下的古代国家起源于青铜时代，而中国文明史视野下的古代国家则起源于玉器时代，这是我们在研究中的一个重要发现，以此而有了不同于西方文明的国家观念。青铜文化的国家与玉文化的国家有不同的文明属性：青铜国家的本质，有着明显的暴力认同的特征；而玉制的国家，就如同玉本身，不具有青铜那样的暴力属性，呈现出文化认同的特性。

《山海经》的世界，就包含了青铜时代和玉器时代。考古学认为，《山海经》反映的世界，处于金石并用时期，还把玉器当作新石器的一部分。这显然是不够的，因为，玉器与石器的差异不在于材质，而在于功能。玉虽被称作“美石”，但其材质显然已不重要，重要的是那个“美”字，它强调了玉器的审美功能，以区别于石器的实用性。所以，我们更倾向于用审美的方式来称呼那个时代，不是称作“金石并用”，而是称为“金声玉振”。

相比之下，在《山海经》里，是“金声”初起，而“玉振”已大作，明显有一个玉文化的体系存在，叶舒宪在《山海经的文化寻踪》中谈到，在夏商周还没有开始，汉字也还没有出现的时候，在中国境内已经有八个文化是崇拜玉礼器的，中国在四千年前已经被玉文化先统一了。我们举双手同意他的这一说法，但他接着又说了一句，就是那时中国还没有，整个东亚这块已经被玉文化统一了。为什么要说“中国还没有”呢？那时，没有王朝中国，还有文化中国呀，那被玉文化统一了的不就是文化中国？好在还有我们认领。

用王朝中国的史官文化来看，《山海经》无非“怪力乱神”而已；从文化中国的角度来看，《山海经》的世界则是一座史前文化的江山，是文化中国赖以成长的摇篮。我们重读中国历史，尤其是文化中国的历史，要从《山海经》开始，《山海经》可以说是一部玉器时代流传下来的文化中国图志，虽为历代王朝所屏蔽，却被文化中国不断重启。

王朝中国是青铜时代的产物，代表着“金”，文化中国是玉器时代的产物，其本为“玉”，可以说，文化中国是礼玉文明的一个政治成果。以良渚文化遗址所反映的国家样式为例，我们似可确认，那是一个信仰与审美的国度，也有权威，但基于文化认同。

这样“文化中国”与“王朝中国”，就从根本上区分开了。因为，王朝中国是由文化中国“西化”而成的文明古国的改良版，所以，青铜时代的世界体系，终于在“金玉良缘”的王朝中国画上了完满的句号。四大文明古国中的三大古国相继消亡以后，继之而起的王朝中国，在与文化中国的互动中，又将文明古国的国脉延长了约三千年。

作为四大文明古国之一，中国的历史应该有五千年。可甲骨文的发现和殷墟考古，证明了孔子引用的“惟殷先人有册有典”（《尚书·周书·多士》），有文字记载的历史只有三千多年。但殷墟不是起点，而是高峰。那么，起点在哪里？孔子还说过“祖述尧舜”和“殷因于夏礼”，说明殷的前面还有个夏，说殷人继承了夏的礼仪制度，那就是已经把夏当作一个世袭制的王朝国家。夏的前面，还有尧和舜，他们的国家有可能是个尚贤与禅让的方国联盟。孔子追溯历史的起点到此为止，他不像古希腊人那样用神话作为历史开头，而是正相反——“不语怪力乱神”。到了太史公写《史记》时，其眼光超越孔子，将历史的起点追溯到炎黄，以黄帝为首，为炎黄子孙的历史开了个头，形成了帝王世系的历史和王朝史观的叙述方式。

夏在哪里？良渚文化用礼器——玉琮、玉璧、玉钺等所代表的一整套用玉制度为夏提供了中国最早的礼制文明的样式和古代国家起源的原型，而龙山文化则代表了正在发生的技术革命和文化转型，使文化中国向着青铜时代迈进。传说中，禹铸九鼎定九州，就标志着文化转型的完成，将良渚文化的陶鼎转变为二里头文化——夏墟的铜鼎，从此开始了问“鼎”中原。《易传》曰“革物者莫若鼎，故受之以鼎”，“革去故，鼎取新”。

二里头三期出土了青铜鼎，它是青铜时代到来的文化革命的象征，而最早将“鼎革”用于改朝换代的政治革命的，便是《易传》“汤武革命”里的那个“汤”。

就在夏墟不远处，距二里头遗址约六公里，又出土了一座偃师商城，属于商早期的二里岗文化，是“汤”以革命取代夏墟的硕果。有人说，它就是商都西亳，也可以这么说，它的地位，就像周人的东都，东都是克商以后建的。如果《尚书》所言不虚，那么《汤诰》有可能就是汤在偃师商城发布的革命宣言和战争动员令。与偃师商城同时，还有一座更大的郑州商城，相比之下，偃师商城更加军事化，实用性较强，神圣性和庄严感不足，缺少国之重器，尤其是缺了古代国家政权象征的鼎，如何“率民以事神”成为政治中心？

而郑州商城，不仅规模更大、规格更高，而且出土的国之重器多而配套，能充分满足首都对于神圣性和庄严感的要求，这是首都之所以成为首都的一个必要条件。我们假设一下，汤革命成功以后，要举行一次盛大的国家庆典，祭祀他的祖先和“帝”，当时有郑州商城和偃师商城两地可供选择，他会选择哪里？是在作为前线的偃师商城、原来的夏墟附近，还是在殷人发祥地、作为礼制文明中心的郑州商城——亳墟？回答无疑是后者。

为什么说郑州商城是礼制文明的中心呢？以文物论，这里出土了青铜礼器二百余件，尤其是那两只巨型方鼎，大的高达一米，它们成双成对，不言自威，有冲天霸气，不是一般贵族能用的，非王莫属！这样两只鼎，出现在约三千五百年前，别说在中国，就是放到全世界，也是罕见。这是两只见证过汤的开国典礼并且承担过“率民以事神”历史使命的鼎，或许我们能从它们身上听到早已凝固的庆典的欢呼声和“神化革命”的历史回音。这声音，从后来安阳殷墟的“后母戊”大鼎里消失了，尽管“后母戊”鼎看起来更有分量、更为辉煌，更加显示了帝国的气魄和力量，但革命精神却已荡然无存，我们从中再也听不到革命庆典的欢呼声，它早已丢失了杜岭方鼎的灵魂，因为那时一个王朝中国已经形成。

殷墟，形成了一个标准的王朝国家，那是一个与世界文明古国接轨的国家，它的出现，标志着青铜时代的世界体系的完成。这一历史进程，就如同近代以来的工业革命，当其在英国出现以后，就开足了工业革命的世界化马力，两次世界大战以后，美国接力而起，继以工业革命的全球化体系，而当下中国工业革命，又从美国那里传承全球化的工业革命的火炬，预告着工业革命的世界体系就要在中国完成。它使我们又联想起殷墟时期在中国发生的青铜时代的那一次金石革命，那也是先在西亚兴起，在中亚，从黑海到里海之间的南俄罗斯草原，经由雅利安人接力，以国家与革命的方式传递，世界三大文明古国古巴比伦、古埃及、古印度随之解体，文化中国亦随之“西化”，从玉器时代转向青铜时代。这么一转，不仅催生了王朝中国，而且使得随着青铜时代到来的世界体系最后也在中国完成。

从殷墟开始，中国历史便走上了王朝中国之路，且与文化中国互动，治乱循环，双轨同运。儒以道统与政统划分：道统出自文化中国，以孔孟之道为代表，政统出自王朝中国，以周秦之制为代表。又有“阳儒阴法”一说，以为道统反映儒家思想，而政统则基于法家思想，这也就是所谓“霸王道杂之”。还有两家——墨子与杨朱，一个主张兼爱，一个主张为我，不与王朝中国合作，孟子骂他们“无君无父”，但他们却影响了文化中国。

儒家道统只是文化中国的一条线索，还有墨子一线，以侠义精神和会党政治贯穿，成为民本与民间运动的源泉；有杨朱一线，他那“为我”一声吼，便是中国最早的“个人权利”的宣言；有庄禅一线，以回归自然的审美和思辨开拓着中国艺术的空间，这一线，从山海图到桃花源，从东篱到东坡，从山阴道上人与山川相映发到山水诗到山水画……

王朝虽然赫赫，不过历史表象，江山何其默默，实乃历史本体。表象如波易逝，一代王朝，不过命运的一出戏，帝王将相跑龙套，跑完了就要下台去，天命如此，他们不过刍狗而已。改朝换代，但江山不改，家国兴衰，还有文化主宰，文化的江山还在。

“秦时明月汉时关”，秦汉两朝已去，可关山依旧，明月依然。这关山啊，就是文化的江山！命运诗意地栖居于江山，我们知天命以诗。重读中国历史，要把历史放到江山中读，不要放在王朝里读。要用诗性的眼光读，不要用“资治”的眼光读，以诗性之眼，能读取文化的江山，用“资治”的眼光，只能围绕王朝打转，把历史读成阴谋诡计。

“春风又绿江南岸，明月何时照我还”，王安石用了诗性的眼来创作，诗中有“我”，“我”在选择，选择了“还”，他放下王朝，抱住江南——那诗性的江山。陈寅恪“以诗证史”，一部《柳如是别传》，还是在江南——那“独立之精神，自由之思想”的江南。

“臣心一片磁针石，不指南方不肯休”，那“南方”，就是文天祥魂归之、魄寓之、命托之的江南，宋朝不在了，可江南还在，他的乡愁还在。中原与江南，一个是王朝中国的地理根据，一个是文化中国的人文始基，北宋亡时，中原成为南宋的乡愁，南宋亡时，江南成为他的乡愁，那是他为之披肝沥胆、为之刻骨铭心的来自文化中国的乡愁。

我们再来看看盛唐，盛唐气象，并非那些帝王将相，而是唐诗的江山。

试问有唐一代，有多少帝王？翻一下二十五史里的《唐书》就知道了。

他们从字里行间，列队而出，向我们走来，除了李世民、武则天，我们还认识谁？还有一位李隆基。对不起，我们知道他是因为杨贵妃，一首《长恨歌》便盖过了他的本纪。他是王朝的太阳，光芒万丈，可在《长恨歌》里，美是太阳，集中在杨贵妃身上，留一点落日余晖，让他来分享。还有滕王阁的滕王，谁知道他的名字？而一篇《滕王阁序》，都知道是王勃作的，久而久之，滕王消失了，一提起滕王阁，人们就说王勃，这是为什么？放大了说，那就是滕王属于王朝中国，王勃属于文化中国，套用歌德的话来说：王朝总是灰色的，文化中国之树常青。而王勃，就是文化中国之树盛开不败的诗性的花朵。

文化的江山里，没有统治者的位置，要坐文化的江山，帝王也要写诗。

然而，诗性是天命和灵魂的吟唱，诗的灵感，并不特别钟情于帝王。

据说，乾隆皇帝爱写诗，一生写了四万多首，他一个人写的诗的数量快赶上《全唐诗》了，可有哪一首诗能流传至今？大鱼大肉的四万多首诗，还抵不过李白清清淡淡的一首。

月光下，摇篮旁，母亲在吟唱：“床前明月光，疑是地上霜。举头望明月，低头思故乡。”就这样，唱了一千多年，至今还在唱，那一缕缕诗性的光芒，照亮了婴儿的脸庞，温暖了孩子们的心房，文化中国的公民们就这样成长，我们从中看到了希望。

中国是诗性的国度，唐诗的江山虽然灿烂，但再怎么辉煌，也还是不及先秦时代的诸子诗性在天。当诗性，以天命和天道的意味呈现在我们眼前，我们怎么还敢说中国不曾有过哲学的诗篇？老子的《道德经》，难道不是一首最好的形而上学之诗？还有《孙子兵法》，岂非世上最美的兵法？天地人总体战，生与死的美学，当以诗性表达。

当年，王国维作《人间词话》，以诗话体行文，却写了一篇关于唐宋词的论著，我们自问，能否也诗意地栖居于历史，去写一部诗性的文化中国的通史呢？我们这样想了，也这样做了，做的成果，就在我们的《文化的江山》里。历史的精神，追随陈寅恪，其美学形式，则取之于王国维，加上我们的思想与文字，形成本书的风格与宗旨。

历来写史，都以王朝为本位，以帝王为中心，写王朝史，表达王权主义，即以宫廷政治和帝王权谋为主线，写来写去，也都是些改朝换代和开国皇帝的故事，那根线，历史的主线，还捏在王权的手心里，被王朝史观牵引着，进入王朝中国的历史。

然而，还在20世纪初期时，不就有新文化运动，开始“反封建”了吗？反了近一个世纪，为什么还反不出王朝史观呢？中国的思想者们，究竟在哪里失足了呢？

如今反思，这才发现，“反封建”在反到“人民”与“革命”这两个最为神圣的观念时，就停下了，连鲁迅面对黄包车夫尚且要“榨出皮袍下面藏着的‘小’来”，他对“国民性”的批判，也就停留在

“文化人民性”的重建上，未有“文化个体性”的自觉。

马克思说过，他是在批判旧世界中发现新世界。他在批判中，发现了什么呢？他发现了“人”，发现了近代意义的自由平等的“社会性的人”，他的“剩余价值论”，就是强调社会人的价值，不光是社会人的经济学价值，更是社会人的政治哲学价值。

反封建，还要反王权；要对封建主义做社会形态的批判，以确立人的社会性；还要对王权主义做文化性质的批判，以确立人的文化个体性。这是基于人性三段论。

我们认为，人性的发展，经历了三个阶段：第一阶段是人对于自然的自觉，而有类意识，我们称之为“人类性”阶段；第二阶段是人对于他人的自觉，而有群意识，我们称之为“社会性”阶段；第三阶段是人对于自我的自觉，而有自我意识，我们称之为“个体性”阶段。个体性之道德一维，我们称之为“个体人格”；个体性之政治一维，我们称之为“个人权利”；对于“个体性”的文化认同，亦即文化一维，我们称之为“文化个体性”。

从“文化个体性”出发，我们走向文化中国，重读中国历史，就是以自我意识对历史做选择。历史上有两个中国，王朝中国和文化中国，我们选择了文化中国。

文化中国，不一定非要呈现某种既定的国家形态，在与王朝中国互动中，它以文化的江山表现出来，即便在当下民族国家的世界之林里，它依然漂洋过海，以全球化的天下观的方式存在，就像《山海经》世界那样。文化的江山，开启了“海外经”时代。

第1章

统一与游仙的故事

01

一生都在与死亡较劲的皇帝

世上没有一个君王，对待死，会像秦王嬴政那样。

他在即位的第二个年头，就开始为自己准备陵墓。那时，他才 14 岁，凡事都由太后和仲父来做主。而那位仲父，就是吕不韦，把他当作生意来做。

自从投资子楚，买了秦庄襄王的原始股，吕不韦就跟着“奇货”飙升，不仅成了仲父，还食邑河南洛阳十万户。可他并不满足。他要在小王身上继续做“多”，下更大的注。可太后难挨守寡，又来纠缠他，他知道祸水来了，必须退出。

于是，他找来一个替身，那替身是性能力的超人，据说，替身那玩意儿，如同车轴，能转动车轮，但愿那宝贝，能对付太后这个祸水，好让他脱身。他将那宝贝——嫪毐，剃净了胡须，作为一名宦人，送入宫庭，献于他当年的赵姬而今的太后的卧榻。太后一高兴，就将那宝贝收下。他以为自己从此就能脱身，结果，反而越扯越深。

没人为才 13 岁的小王着想，没人问一问小王的忧伤。反正，那小王早已过惯了这样的日子，先是因为他的父亲。

他的父亲，就是安国君之子嬴异人，被秦作为人质送到赵国。在赵国，又被吕不韦视为“奇货”，为之买通华阳夫人，夫人赐名“子楚”，立为王嗣。

本来是秦国王子，何以要名“子楚”？因那华阳夫人原为楚人，名曰“子楚”，表明认同她这位楚人母亲，以此，才有秦庄襄王问世，才有后来的始皇帝。

从小王到始皇帝，只有一个朋友跟他形影不离，那就是死。

谁也不知他从哪儿来，要往何处去，也不知他究竟是谁的儿子。他理应就是嬴异人的儿子，在身份上已经确认。但，血统上呢？

或曰其母赵姬，在送异人之前已经怀孕，就说吕不韦是他的父亲。不知小王本人，是否听到过这个传说。无论听过与否，吕不韦与赵姬的关系，他总还是能看得出来的。

但他似乎从来没去问过母亲，谁才是他的亲生父亲。他是命中注定的王者，只认同自己生而具有的王者身份，谁能给他带来王者身份，他就是谁的儿子。

他有两个特点：一个是对生存的耐受度，他特别能忍，从一个十来岁的孩子——被人把持的小王，忍到成人，终于亲自执政；还有一个则是对死亡的灵敏度，他从幼年到童年，一直活在死的阴影里，跟着母亲东躲西藏，逢凶化吉，培育了他的死亡意识。

从赵国来到秦国，一家人过了三年团聚的日子，之后父王就死了。

而他惊魂未定，就被人扶上了王位。当年，母亲还是赵姬，在苦难岁月里，尚能与他相依为命，而今，已经当上太后的母亲，却忘记了他的父亲，另觅新人。

凭着对父亲的信念，母子二人曾经度过了那么艰难的岁月。想起那些岁月，一个 13 岁的孤独的孩子，会如何心酸？从 13 岁到 22 岁，九年的时间里，日复一日，他如何度日？有人为他造墓，他就天天关注陵墓，那是与他死亡有关的去处。

当年，他还可以躲，而今，他无处躲。一切都必须面对，所有都要接受，因为他是王，哪怕还是个孩子。要躲，也只有往“死”里躲，躲到自我的死亡意识里。

他母亲在深宫里，跟那宝贝又生了两个儿子，是他的弟弟们，也是死敌。母亲不管他了，可他的权力，却在母亲那里，由那宝贝代行之。

那宝贝，本是他母亲的宠物，却声称是他假父。眼看他一天天成长起来，那宝贝难免心里发怵。他总得亲政，这一天早晚要到来，两个人，总有一个要先进入坟墓。

他才 22 岁，可他的陵墓已经修了八年，母亲为什么这样做？

他认为，就因为他的仲父、假父要把他埋葬，才急着为他修墓。

一个比孤儿还要孤独的孩子，会像狼一样成长。更何况他还是王，而且是号称“虎狼之国”的秦王，他只用鼻子嗅一嗅，就能闻到冲着他匍匐而来的死亡。

童年的来自本能的躲藏意识，少年的坟墓意识，统统归于一死。

死对他来说，没有任何意义。没人告诉他死是怎么回事。人为什么要死？人应该如何去死？杀身成仁，舍生取义，还有顺其自然地死，这些何曾有人提起？

他只知道死是恐惧，而他有的是勇气。童年时，他同母亲，一次次逃离死；少年时，他如老僧入定，数年如一日面对死。无论逃离死，还是面对死，他都有劲。

这么多年，他一直跟死较劲，谁知？你不知，我不知，或许天地知！他对死有一种特别的感受力，一伸手，就能摸到死亡的气息。但凡角逐生死，知死者，胜之。

他知道死从哪里来，要往何处去。让死见鬼去！那宝贝就是鬼。

死在眼前……他闪，让鬼迎上去。死已来了，你还说“焉知死”？

母亲那宝贝，终于被死亡带走。谁也不知道他怎样出手，那是天外飞仙，连司马迁也不知道。也许，他根本就没有出手，不信，去读《史记·秦始皇本纪》。假父被死亡带走，可那个自以为有恩于他还把他当作“奇货”的仲父尚在呀。死亡又来了，于是，他给仲父也画了一条道——去西蜀一游。他依然没有出手，那仲父就销声匿迹了。

从小就玩死亡游戏，长大了跟死亡学习，后来，读了《韩非子》，字里行间，闻到一股子浓郁的死亡气息，只有他从中悟出——“君道同体”，解脱并超越生死……那韩非，亦熟悉死亡游戏。你看那篇《说难》，说来说去，精细如抽丝，说的无非是一个“死”字，连司马迁都为之惋惜，问道：你是那么懂得死啊，可为什么还是难逃一死？

死乃天机，谁叫他泄之于文字？韩非了解他的心思，看穿了他的根底，就得死！对于韩非，他依然没有出手，不是还有李斯？那死之爪牙，早已忍不住啦……

他继续修他的墓，修一个大大的墓，让死亡跟他一起去征服。

他眼看着死亡向六国走去，看得清清楚楚——那死亡的脚步。

六国纷纷倒下，倒在了他的脚下——死亡的脚下。六国都中了儒毒，中了“未知生，焉知死”的毒，贪生怕死。他则相反，以“未知死，焉知生”而王。

这就是向死而生。《孙子兵法》云“置之死地而后生”，他的脚下就是死地，他就站在大墓上，败了，就到墓里去，墓里还有兵马俑，排好了阵形，向东方。

那些兵马俑啊，早已披挂好，只等他一声令下，就开拔。

常胜之军不可怕，死亡之军才可怕。历史证明，常胜易衰，多胜易败，魏武侯以常胜衰，齐湣王以多胜败，秦军本是常胜军，也会衰，也会败。

打不完的胜仗，杀不完的敌人，常胜军有了衰纹。他将常胜军置之死地，变成死亡军，发令：消灭敌人！

从此，不再有所谓胜仗，不再有常胜军，死亡来临，天下太平。

让战争去死！胜负只有一次，败了就得死，这就是死亡军的宗旨。非如此，则不能以战去战，不能以杀去杀，不能统一天下。他要让死亡把没完没了的战争带走，死是绝对命令，不做相对论，只有往死里打，才能统一天下。

李信很年轻，已是常胜将军。秦王喜欢李信，因为他也很年轻。

他让李信攻打楚国，率领二十万秦军，可他忘了，这是常胜军。

常胜军果然会打胜仗，一路打到楚国去，可常胜将军却不知道该怎样结束战争，是以胜负法则，还是用死亡法则。按照胜负法则，常胜军打了胜仗就该回去；必欲灭楚，就得改用死亡法则，用死亡军来决战。可李信轻佻，分不清常胜军和死亡军，以常胜军来决死战，看来气势很盛，结果最后一战，败给了项燕的楚军。败了，就得死。

打不完的胜仗，给常胜军和常胜将军带来了荣誉，却使国家受累。

从此他要除掉这个累赘，常胜军可以休矣！他去请死亡将军王翦。

王翦说，二十万军打打胜仗还行，如欲决一死战，非七十万不成。

他知道，这是真正的死亡之军，谁败了，谁就得死，没有花架子。

决战来临之时，死亡将军竟让死亡之军稍息，深沟高垒，只管吃。

秦军吃掉了如一座又一座山一样的粮食。楚军远来，吃不起，就该死。

楚军不知这回遇到了死亡之军，以为战争可以像以往那样，打打停停，实在不行了，或请游说之士劝和，或以合纵来抗衡秦国。决一死战的打法，很少见，战争结局，多取决于合纵连横的策略。可这一回，秦军已准备好了，以雷霆一击，决生死。

楚军长驱而至，粮草不支，欲退。于是，死亡军出击，一战灭楚。

楚人不服啊，因为楚国没有做好决死战的准备，秦王以死来决战，改变了战争规则。可楚毕竟是楚，国虽亡，其人却豪迈如初，扬言：楚虽三户，亡秦必楚！

死亡带走了楚，他从此势如破竹。他的对手都死了，就剩下他。

他在死地上，看见死向他走来。图穷匕首见，荆轲那致命一击，天下有几人能躲过？他却躲过了，不仅躲过了，还能反击，不仅反击，还能在反击中一招致命。

荆轲无论如何也想不到，他在秦国的王宫里，居然碰到了杀手中的杀手，一躲，一逃，一反击，见证了秦王如电光石火般的死亡意识，反映了秦王对死的无人企及的灵敏度，以及求生避死的生存本能被激发出来的巨大爆发力，这是一场空前的对决！

军队与军队对决，秦军已然无敌；个人与个人对决，秦王依然无敌。

荆轲之于江湖，可谓一等一人物。燕太子丹能倾力去请他，那价值还用说嘛！然而，这样一位举世瞩目的高手，竟然在一场纯属个人化的决斗中惨败而死。更何况，那一场决斗，对秦王并不公平，那是暗算，是谋杀，是行刺。荆轲准备了一切，不仅藏了匕首，连毒药都用上了，但他还是低估了秦王的生存本能和死亡意识。他临死前说了一句：他没想一上来就将秦王刺死，他想抓住秦王，逼秦王签字，让秦国交还各国失地。

但荆轲不知，这位人质的儿子，逃命的本事天下第一，救命的本能，他若说是第二，没人敢称第一。为了救命，他必须反击。宫殿上，有人大喊一声“王负剑”，提醒了他。他拔出剑来反击，结果只用一剑便结束了战斗。这实在令人惊讶，若非荆轲太差，那就是秦王太强大。很显然，荆轲不差，我们只能喟叹秦王的强大，不可思议的强大。

还有一叹，那便是秦国的法！满朝侍卫和文武百官，居然眼睁睁地看着荆轲追击秦王，而不能一起上前围杀，这是为什么？就因为法。这是法律规定的，没有君王许可，谁也不得上殿。君王生死一线，也是对法治的考验，君与法，如鱼与熊掌，不可兼得，要君，还是要法？就如同我们今日，总难免要问一问：权大还是法大？在这里，秦人用他们的实际行动做了回答——他们要法！于是，我们就知道秦国何以能那么强大。至于秦王，死到临头，他也没有让臣下违法来救自己，他必须在法律的范围内解决问题，自己救自己。

没有任何资料显示秦王善于格斗，精于剑法，而荆轲作为刺客早已名闻天下。论单打独斗，荆轲自信能将秦王擒拿，可结果却出现巨大反差，反而被秦王一剑劈了。这刹那间的胜负，胜过所有江湖传奇。所以说，传奇中的传奇，便是这篇太史公的史话。

我们可以试想一下，若荆轲一击而中，那么秦王就像是西方罗马的恺撒，想做皇帝却做不成了。然而，结果正相反，荆轲被秦王剑劈，这难道就是命运的选择吗？应该说，历史给了英雄机会，荆轲刺秦王，是鲁仲连发起“义不帝秦”运动以来最好的一次机会，但命运却偏袒了君王，只给英雄留下一首歌：风萧萧兮易水寒，壮士一去兮不复还。

那是荆轲动身前往秦国之时，同燕太子丹等人相聚而别，在易水边上唱的一首歌。此歌一出，便有了“燕赵慷慨悲歌之士”那样雄伟的称呼。可仔细一听，那分明又是楚风，就像后来刘邦、项羽唱的调调一样，也许是被汉朝人用楚风包装过了。但这并不妨碍它在中国文化中成为历史的最强音。从它的余音里，我们看到了接踵而来的高渐离的孤注一掷和张良的博浪沙锤秦，以及一代代革命者作为命运的歌者而发出的自由之声。

夔纹大瓦当，高 48 厘米，直径 61 厘米，秦代，陕西西安秦始皇陵出土，陕西历史博物馆藏，为“瓦当之王”，漂亮的夔纹是墓主人最好的炫耀

秦王嬴政的来历

非子是伯益后裔，为周孝王（前 891 年—前 886 年在位）养马有功，封于秦地，赐姓嬴。

六百多年后，公元前 267 年秦昭王四十年，太子悼去世。第二年，秦昭王采纳范雎建议，剥夺母后宣太后大权，结束芈氏外戚专权。第三年，立次子安国君为太子，安国君的宠妃是华阳夫人。

华阳夫人，芈姓，出身楚国贵族，与秦国宣太后、穰侯、华阳君有血缘关系。安国君有二十多个儿子，华阳夫人却无子嗣，吕不韦通过华阳夫人的姐姐和弟弟结识夫人，说服夫人收夏姬的儿子异人为养子。

夏姬与其子异人皆不被安国君宠，异人被送赵国做质子，娶赵国富豪之女为妻，赵姬生子嬴政。

公元前 255 年，吕不韦费尽心思，买通赵国看守，协助在赵国做人质的异人逃回秦国，让异人穿楚服见华阳夫人，感动夫人，遂赐名异人为子楚，说服安国君立子楚为太子。

公元前 251 年秦昭王逝世，太子安国君即位，是为秦孝文王，华阳夫人为皇后，子楚为太子。三天后，秦孝文王逝世，太子子楚即位，是为秦庄襄王，尊华阳夫人为太后，母亲夏姬为太后，以吕不韦为相国，并受封爵位，为文信侯。

公元前 247 年，秦庄襄王逝世，13 岁太子嬴政即位，22 岁在秦都城雍城加冕，公元前 221 年统一中国，建立中国第一个统一王朝，为秦始皇。

云纹高足玉杯，高 14.5 厘米，秦代，陕西西安车张村阿房宫遗址出土，西安市文物管理委员会藏

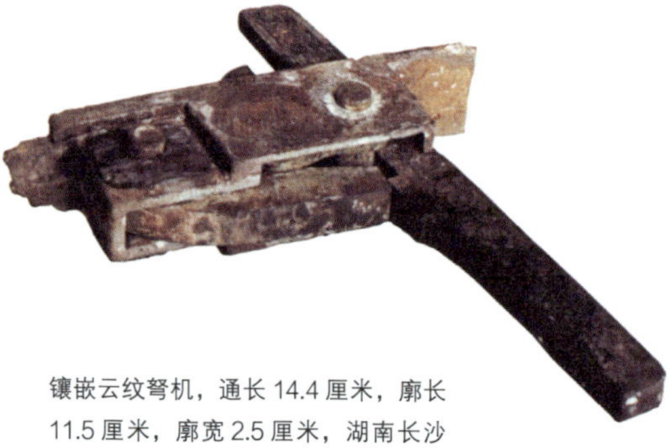

镶嵌云纹弩机，通长 14.4 厘米，廓长 11.5 厘米，廓宽 2.5 厘米，湖南长沙马王堆汉墓出土，湖南省博物馆藏

秦始皇喜欢云纹

云是仙人的座驾，秦始皇喜欢游仙，当然喜欢云纹。

这只玉杯是秦代罕见的佳作，通身云纹。流云、勾连卷云纷呈，底部如意纹托撑，出土于阿房宫遗址，阿房宫主人未及登堂便入土了，玉杯的主人又是谁？他想乘云升仙吗？

镶嵌云纹弩机

远射兵器构件，侧铸篆体铭文十一字，记秦王政廿三年制（即公元前 224 年）。公元前 221 年秦国完成统一。云纹醒目，兵器之利，秦在六国之上。

阿房宫遗址出土的十二字瓦当，十二字为“维天降灵延元万年天下康宁”，是迄今发现的瓦当字数最多的一件

阿房宫遗址出土的花纹铺地砖

阿房宫

阿房宫是秦始皇统一后兴建的四大国家工程之一，与万里长城、秦始皇陵、秦直道并列。始建于秦始皇三十五年，公元前212年。秦始皇亲自选址于上林苑之内，原西周丰镐之地。秦统一，以继西周正统自居。依据秦始皇的设想：周文王都丰，周武王都镐，丰镐之间，乃帝王之都；咸阳人多嘈杂，先王旧宫多为草创时期所建，粗陋鄙狭。于是，秦始皇决定建阿房宫为秦最大的政治中心。也许工程体量太大，二世继续修建，直到项羽入关火烧阿房宫时，仍是一项辉煌的烂尾工程。

咸阳城 1 号宫殿遗址发掘现场

咸阳塬秦宫殿遗址

咸阳塬位于陕西省咸阳市东 15 千米处，地势北高南低，宫殿遗址群分布在北部。公元前 350 年，秦孝公才正式从雍城迁都咸阳，商鞅首先营建了宫外的门阙，叫冀阙。此后历代秦王皆在此扩建各自的宫殿。

秦王嬴政即位之际，面临十分复杂的秦国政治格局。吕不韦风头正盛，与将军蒙骜、王齮、麃公等操控秦国政局。小王身边围绕三大外戚势力：以华阳夫人为核心的楚系外族、以祖母夏姬为代表的韩系外族、以母后赵姬为中坚的赵系外族。

秦王嬴政开始对内修政与逐渐集权，诸如安定弟弟成蛟之变、平定嫪毐之乱、流放吕不韦、修建郑国渠、接纳李斯的《谏逐客书》、劫持韩非协助他建构“君道同体”的集权意识形态等；对外，派遣将军蚕食秦国边境的小国，以李斯、尉缭为左膀右臂，实现他“灭诸侯，成帝业，为天下一统”的政治抱负。

五角形陶排水管道，秦咸阳城遗址出土

珥蛇神人凤鸟纹空心砖，秦咸阳城遗址出土

公元前 230 年灭韩国，前 229 年灭赵国，前 226 年灭魏国，前 224 年灭楚国，前 222 年灭燕国，前 221 年灭齐国。

十年间，秦王嬴政完成了统一大业，自负古来第一人。古来最高的人神称谓“皇”“帝”“王”皆不足以道之。西周时只有天子才能称“王”；战国时诸侯纵横捭阖，群雄争“帝”，赢在最后的是“嬴政”。“皇”意味“皇天”，嬴政思来想去，取“皇帝”二字合称方可与之匹配，满足他膨胀的欲望，是为始皇帝。据说秦景公时代的“秦公簋”铭文，就曾反复出现过“朕”“皇”“祖”等字样，对秦始皇是有历史暗示的。

秦王嬴政统一山东六国时，灭一国，便在咸阳塬上仿建一座该国的宫殿，直到“六王毕，四海一”。同时，嬴政又着手扩建咸阳宫，将六国兵器以及民间利器收缴于咸阳，销毁铸成 12 个铜人立于皇宫前。与此配套，咸阳塬上便多了铸铜、冶铁、制陶手工业作坊。夕阳中，咸阳塬上飞阁宫阙锁六国。可 30 年后又河东，项羽闯入关中，一把火烧了咸阳塬。历史的胜利者，往往在否定旧的权力秩序时，也否定了旧权力所达到的时代文化高峰的物化象征。咸阳塬一片废墟，历史表现出惊人的饕餮胃口，吞噬了人类智慧的遗产和财富。

乐府钟，通高 12.8 厘米，钮高 3.8 厘米，秦代，
陕西西安秦始皇陵出土，陕西历史博物馆藏

乐府钟

出自始皇陵，通高不过 13 厘米，各色错金云纹，纤细夺目。上有“乐府”二字，说明秦有乐府机构。古乐府职，掌管祭祀礼乐，采诗集曲，整理民间歌谣。那么“武帝始立乐府”说法，就应该换成“秦皇始立乐府”了。

帝欲冢

秦始皇陵，栖于骊山北麓，西望阿房宫，背靠秦岭。从秦岭到华山，一脉逶迤，向东延展如龙，始皇陵恰好是那“龙眼”，风水佑嬴姓王朝将会二世、三世以至于万世。始皇生前未见阿房宫，死后也只面对烂尾工程，直到二世而秦亡，项羽一把火烧了未完工的阿房宫。

始皇陵坐西朝东，表明他至死也要向往东方。陵园占地面积56.25万平方米，以封土为中心，分地宫、内城、外城，象征皇城和宫城。文献记载封土高50余丈（115米），现高76米。

长方形内外城垣间，陪葬坑有600多座；秦始皇陵寝周边20米左右，就有陪葬坑16座。铜车马坑、马厩坑、珍禽异兽坑、石铠甲坑、百戏俑坑、文吏俑坑、青铜水禽坑，以及各种附葬坑。此外还有寝殿、便殿、园寺吏舍、石料加工场等。外城1千米处有3座兵马俑坑和一个废弃俑坑。秦兵马俑坑，已成为世界第八大奇迹，更何况包罗万象的皇陵？据司马迁描述：地宫幽深，地下泉水叠了三层，有机关运转，水银灌输其间，以示江河湖海及帝国版图，穹顶绘饰天文星宿，真可谓天地人大全了。始皇在位37年，修墓30余载，夫役70万人次，工程用土取自渭河北岸的仲山、峻峨山。直到他驾崩仍未完工，秦二世二年才算草草竣工。正如有诗曰：暴君的欲望是无穷无尽的坟墓，他要埋葬中华民族。

这座对后世帝王影响巨大的陵寝，得到了汉以后的帝王们的保护，也历经数次大劫难。不过，据考古学者多年考古探察研究，发现陵墓主体竟然未受到损害。据说，历代盗墓者面对如此庞大的墓体，以及墓体下的地下宫殿，茫然而不得其门。而陵寝给今天的考古研究留下的是一项巨大的系统工程。目前，以遗址公园的形式加以保护，以待考古学者对600多座陪葬墓中的180座先行研究发掘，余皆暂时封存于人们的各种猜想中吧。

铜车马坑出土现场

铜车马坑出土的安车，通高 106.2 厘米，长 317 厘米，秦始皇陵兵马俑博物馆藏

秦始皇陵 1 号彩绘铜车马，通高 152.0 厘米，长 225.0 厘米，秦始皇陵兵马俑博物馆藏

秦始皇陵 2 号兵马俑坑出土的立射俑

沉睡在历史深处的军队

兵马俑坑是秦始皇陵陪葬陶兵马俑的地下坑道，为土木混合建筑。如1 号坑长方形，面积达 14 260 平方米，据推测坑内大概有 6000 件兵马俑，以步兵为主，矩形布阵。2 号坑是由弓箭手、骑兵、战车和徒卒混编的曲尺阵。3 号坑类似高级统帅指挥部，由车马房、南厢房、北厢房组成。还有各类青铜兵器数以万计，并有了铬盐氧化处理青铜剑的工艺，可以防锈耐腐蚀。

兵马俑皆以真人大小为参照，俑高 1.8 米左右，最高 1.96 米，将军俑、武官俑、御手俑、跪射武士俑、骑士及鞍马俑等身份各异，姿态生动。

他们沉睡在历史深处，站着睡、歪着睡、身首异处地睡。梦里黄昏的厮杀、黎明的号角，都不重要了。他们的王，永远睡在这里，他们便也睡在这里。安详自信，无挂无碍，是战士的睡。他们要为王睡上两千两百年。

秦始皇陵 1 号兵马俑坑武士俑队列

某一天，考古的锤声叮咚，一颗坚实的头颅，从尘封中托起。带着泥土的深邃、新鲜和纯粹的厚味，“他”醒了。肩着两千多年前的神态，一颗刚出土的头颅，所谓艺术的震撼无过于此了。

1980 年，考古人在秦始皇帝陵封土西侧约 20 米的一座陪葬坑内，发掘出土了两乘大型彩绘铜车马，这组彩绘铜车马高车和安车，其结构复杂、形体超大，在青铜器史上也是不多见的。1 号铜车马为双轮、单辕、驷马系驾，总重约 1.061 吨。2 号车通长 317 厘米、通高 106 厘米，总重量为 1.241 吨，被誉为“青铜之冠”，再现了秦始皇生前六次出巡求仙的座驾威风。

兵马俑规模之庞大、编制布阵之严密、泥塑工艺之精湛，以及装束服饰武器设备一应俱全，皆为世界历史之最，整个陵寝亦为中国帝王陵寝之最。兵马俑于 1987 年被联合国教科文组织列入《世界遗产名录》。

《秦律杂抄》《效律》竹简，湖北省云梦县睡虎地秦墓出土

睡虎地秦墓竹简《编年记》

1975 年，湖北省博物馆考古队在湖北省云梦县城西郊睡虎地山嘴上，先后发现了 47 座秦汉墓葬；1989 年以后，又在云梦县城东南郊龙岗发现了 15 座秦汉墓葬。墓葬年代从战国晚期一直延续到秦汉之交。从形制、随葬品以及器形特征来看，墓葬具有典型的秦文化特征，属于秦人墓葬。时间前后大体与秦王嬴政时期相始终。云梦原属楚国故地，公元前 278 年秦大将白起率军攻陷楚都“郢”，在睡虎地设南郡以制楚。

睡虎地 11 号墓与龙岗 6 号墓出土了大量的竹简，记载秦国的法律文书等，还出土了 1300 多件文物，有漆器、铜器、铁器、陶器、竹木器、玉石器、丝织品、毛笔、墨与石砚等。

云梦秦墓竹简，长23～27.5厘米，宽0.5～0.6厘米，
厚0.1厘米，湖北省云梦县睡虎地11号秦墓出土

睡虎地11号墓墓主是一位秦代官吏，名“喜”，葬品富而美，出土1158枚竹简，残片80枚，由上中下三道麻绳编结成册，简文约4万字，为秦隶体，毛笔蘸墨书就，它们成为研究秦国的重要资料，被称为“睡虎地秦墓竹简”。每枚竹简简文最少1字，最多49字，一般30字左右，字清晰，多秦律，《为吏之道》是吏者识字课本，兼有儒法思想。

睡虎地竹简有一部《编年记》，逐年记载了从秦昭王元年（公元前306年）到秦始皇三十年（公元前217年）近九十年的历次战争。秦昭王是秦始皇的曾祖父，长寿，在位达五十多年；祖父秦孝文王在位仅三天去世，父亲异人秦庄襄王在位三年去世，嬴政本人在位时间虽不算短，但也不算长寿。

黑漆朱绘单凤双鱼纹洗，高8.8厘米，口径29厘米，底径16厘米，秦代，湖北云梦睡虎地11号墓出土，外底烙有一个“亭”字，针刻“上造□”三字，云梦县博物馆藏

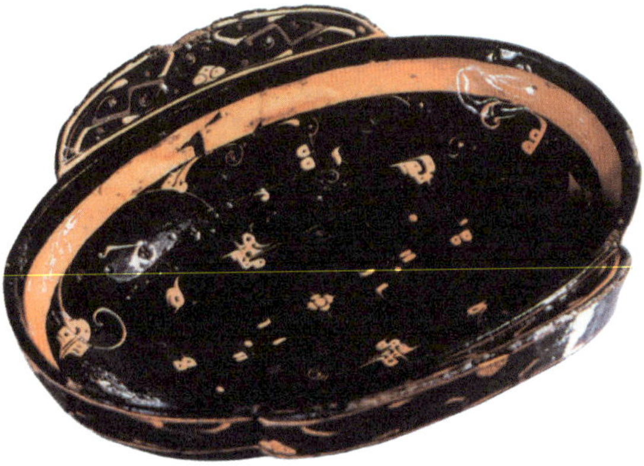

彩漆鸟云纹耳杯，长24.5厘米，高7厘米，宽19.6厘米，秦代，湖北云梦睡虎地11号墓出土，外底针刻“左里漆界”四字，云梦县博物馆藏

睡虎地里的漆器

睡虎地还出土了一组漆器，器形典雅，纹饰流丽。从工艺到审美趣味，皆令人赞叹。器身还有许多烙印、针刻的文字和符号，可以说明秦国手工业的发展水平和审美能力。但迄今为止，除睡虎地出土的这一组精美漆器

彩漆云鸟纹圆盒，高 19 厘米，口径 21.4 厘米，秦代，湖北云梦睡虎地 34 号墓出土，盖肩有两处“咸亭上”，外壁有“咸亭”烙印文字，盖顶有“三”字，盖壁有“朱”，外底有“朱三”针刻文字，云梦县博物馆藏

彩绘牛马鸟纹漆扁壶，秦代，湖北云梦睡虎地出土，壶体正面彩绘凤鸟与马的姿态，一飞一奔，如给出“飞奔”二字的感性诠释，表达战国时代崇尚自由与力量之美，如同一地出土的武士戏兽纹铜镜

外，秦国本土还未见有如此精美的漆器问世，应该是取自占领地楚国本土的手工艺传统和审美样式。如飞凤纹、变形鸟纹皆为楚人所尚，线条蕴含了自由奔放的楚人气质。观秦器，楚韵呼之欲出。可见，城头变换大王旗，文化或习俗作为社会的根基是不变的，并且涵容外来新生代。

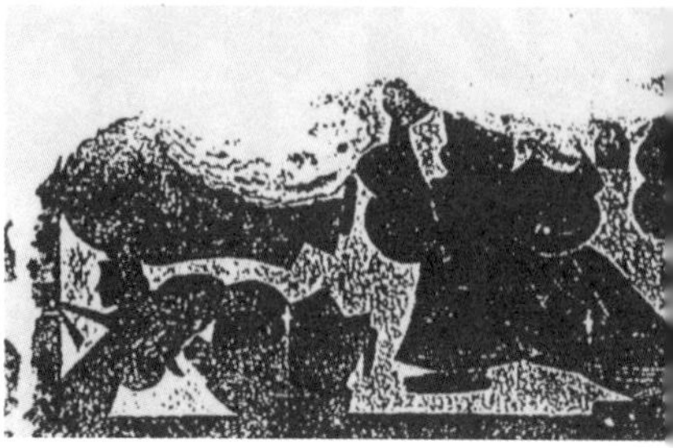

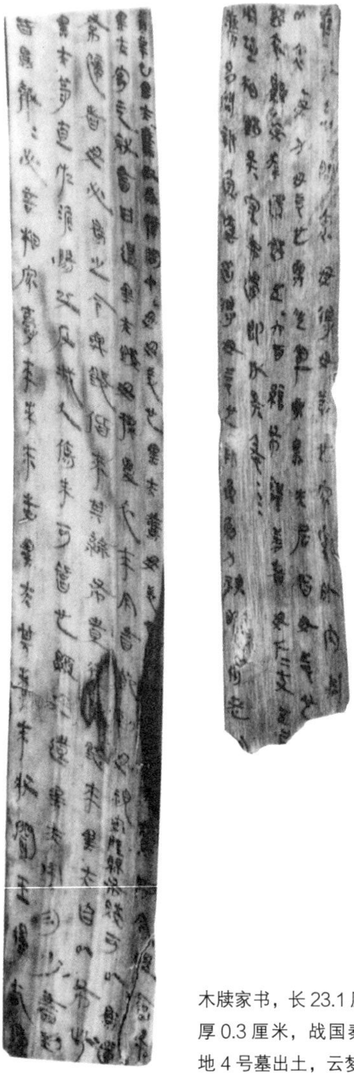

木牍家书，长 23.1 厘米，宽 3.4 厘米，厚 0.3 厘米，战国秦，湖北云梦睡虎地 4 号墓出土，云梦县博物馆藏

木牍家书

云梦睡虎地 4 号墓里，还有名叫“黑夫”和“惊”的两位士兵的家书木牍，两面都有墨书，350 余字，说他们冬天离家，没有带夏衣，急需夏衣，如安陆丝布便宜，就做成衣服，托人带到淮阳来，若价贵，就托人带钱来，他们在淮阳买。安陆原属楚地，白起攻破楚郢都后，才落入秦手。

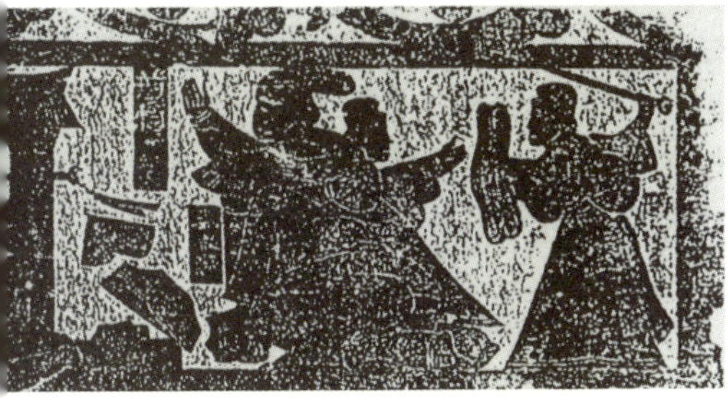

荆轲刺秦王画像石，山东嘉祥县武氏祠前石室第十一石

荆轲刺秦王画像石，山东沂南县北寨村汉墓出土，中室西壁北段之下格

荆轲刺秦王画像石，山东嘉祥县武氏祠左石室第四石

荆轲刺秦王

这个故事发生在战国末年，那个时候嬴政还只是秦王，但秦王嬴政欲吞并天下、为天下共主的野心已昭然若揭。山东六国危殆在即，齐人义士荆轲以燕国使者的名义，前往秦国实施暗杀，未遂。汉人很喜欢这段历史故事，民间刻画的版本多多。其实，从某种角度来说，暗杀符合经济学原理，暗杀比大规模战争更人道。

错金鄂君启铜节，舟节（左）长 30.9 厘米，宽 7.1 厘米，厚 0.6 厘米，有错金铭文 9 行 165 字；车节（右）长 29.6 厘米，宽 7.3 厘米，厚 0.7 厘米，有错金铭文 150 字，中国国家博物馆藏

齐子中姜镈上的铭文，齐国灵公器，铸齐国文字，器中铭文，字体瘦长，线条纤细

错金鄂君启铜节

水路、陆路通行证，铸有楚国文字，错金字，鸟书体，可免税运货 50 辆车，或 150 只船。铜节分舟节和车节两种，用时双方各持一半，合节验证无误才可通行。

小篆体十二字砖，长 30.8 厘米，宽 26.7 厘米，厚 4 厘米，秦代

战国秦韵刻石，为中国最早的石鼓铭文，故宫博物院藏

小篆体十二字砖

砖文："海内皆臣，岁登成孰，道毋饥人。"十二字，为秦小篆，帝国多么自信。秦早期文字，有石鼓铭文，称大篆（籀文）体，字体似西周金文，李斯删繁就简，始皇看了很满意，敕命为国家标准书体——小篆体，用于诏书类正式档。李斯和赵高又编辑《仓颉篇》、《爰历篇》和《博学篇》，为统一临摹本。但小篆繁曲，使用不便，于是，隶书产生，"云梦秦简"，皆为隶体。

龙纹玉合璧，直径 7.6 厘米，厚 0.4 厘米，一璧切成两半，似合璧使用，战国，故宫博物院藏

始皇廿六年铁权，高 19 厘米，底径 25 厘米，重 31.6 千克，秦代，甘肃秦安县上袁家村秦墓出土

始皇廿六年铁权

秦统一后，创建了前所未有的大一统君主集权国家的制度，影响了中国两千年之久，正如谭嗣同所谓“二千年来之政，秦政也”。秦制：君主称“皇帝”，下设三公九卿行政制，运用“五德终始”为秦朝建构续正统的合法性，秦为水德，周是火德，秦续周火德大统。秦始皇在儒生的怂恿下，东巡泰山封禅，举行王朝续统合法性大典仪式。秦全国行政区划除分封，设郡县。去险阻关卡，迁富豪于关中，销毁兵器。统一文字，统一度量衡，统一货币，统一驰道，重农抑商，开凿灵渠。修筑长城，移民戍边，北伐匈奴，南征百越。

“权”，衡器，类似秤砣。铁权上镶嵌一块铜诏版，上刻诏文“廿六年，皇帝尽并兼天下诸侯，黔首大安，立号为‘皇帝’。乃诏丞相状、绾，法度量，则不壹，歉疑者皆明壹之”。“廿六年”即公元前 221 年，秦始皇统一天下，黎民百姓不再饱受战火的创痛，始皇的第一个举措，就是下诏令丞相隗状与王绾，将统一落实在日常细则上。“法”为规范，“则”指准则，“歉疑”是欠缺与疑惑。诏文六行四十个字，说明了秦始皇统一细则的过程。另一铁权出土于内蒙古赤峰三眼井，是秦权出土最北的地点之一。

始皇廿六年诏方升，长 18.7 厘米，宽 6.9 厘米，容量 215.65 毫升，秦代，诏书三行，与铁权内容同，容量与商鞅方升近，始皇廿六年诏文四十字，与廿六年铁权同，上海博物馆藏

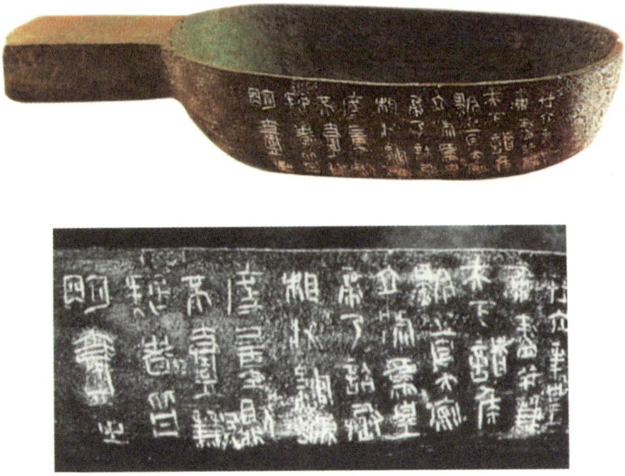

始皇廿六年诏椭量，高 4.4 厘米，口径 18 厘米，秦代，外壁刻秦始皇廿六年诏文四十字，与廿六年铁权同，天津博物馆藏

始皇廿六年诏八斤权，高 5.5 厘米，底径 9.8 厘米，重 2.064 千克，秦代，周围二十二行刻文，内容同廿六年“升”“量”“权”刻文，又有阳刻文“八斤”字样，中国国家博物馆藏

丽山园缶，高 44 厘米，口径 19 厘米，秦代，应为修建秦始皇陵时所用的实用量器，素身，器底有铭文“丽山园，容十二斗三升，重二钧十三斤八两”两行十七字，西安市临潼区博物馆藏

高奴石权，通高 17.2 厘米，底径 23.6 厘米，腹围 76 厘米，重 30.8 千克，秦代，陕西西安三桥镇高窑村出土，陕西历史博物馆藏

高奴石权

上有铭文三段：一面阳文铸造“三年，漆工配，丞诎造，工隶臣牟。禾石。高奴”。另一面阴刻四十字与“升”“权”“量”皆同，多落款“高奴”字。在此诏文之后，又刻秦二世元年（前 209 年）诏文，如下：“元年制诏丞相斯、去疾，法度量，尽始皇帝为之，皆有刻辞焉。今袭号，而刻辞不称始皇帝，其于久远也，如后嗣为之者，不称成功盛德。刻此诏，故刻左，使毋疑。”

珠重一两十二圜钱，直径 3.9 厘米

秦始皇、秦二世两诏版，长 10.1 厘米，宽 6.65 厘米，秦代，传清道光年间陕西长安出土，中国国家博物馆藏

始皇廿六年两诏铜权，高 7 厘米，底径 5.2 厘米，重 250 余克，秦代，阴刻小篆字体，秦始皇廿六年诏与秦二世元年诏，甘肃秦安县上袁家村秦墓出土

秦始皇、秦二世两诏版

“两诏版”指先刻秦始皇诏又刻秦二世诏。这是一部青铜质法令诏书。上面刻有统一度量诏文和秦二世元年诏文，与“高奴石权”同。秦始皇统一度量衡诏文，基本上还是采用秦孝公用商鞅变法时所制定的标准，二世即位续刻诏文，表示继承始皇法度。

02

游仙也是政治

秦始皇帝泰山封禅之后，以为革命就已完成。他要将革命的成果保留下来，把它刻在永恒之石上。

上邹峄山，立石，与鲁诸儒生议，刻石颂秦德，铭曰：“皇帝躬圣，既平天下，不懈于治……远近毕理，咸承圣志。”

同年，又跑到琅琊台上去刻石，铭曰：“皇帝作始，端平法度，万物之纪……圣智仁义，显白道理……群臣相与诵皇帝功德，刻于金石，以为表经。”

次年，又镌石之罘，铭曰：“大圣作治，建定法度……”

东观刻石曰：“圣法初兴……群臣嘉德，祗诵圣烈，请刻之罘。”

后来，又于会稽山刻石，曰：“秦圣临国，始定刑名……”

如此频繁刻石，实为前所未有。其刻石范围，重在齐鲁之地。此地乃儒学发源地，皇帝行于此，如入无人境，诸儒言圣化，称始皇为“大圣”，颂其能尽“圣德”，发扬“圣意”，而为“圣法”，其功“圣烈”，其政“圣治”，用尽“圣”字，而言不及孔子，不仅博士儒中无孔裔，就连以博士儒为主流的“王圣”运动，也将孔门排挤在外。有秦一代，孔门被彻底边缘化了，从此走向革命。

皇帝已受天命，圣王功已告成，革命已被终结，圣化已然完成，剩下的问题，也就是最根本的问题，就是死，他还要在生死之间，解决死的问题。

于是，他从圣化转向仙化，欲以游仙的方式，超越生死。

他本有两大愿景：一者期以圣化，而为千古一帝，由博士行之；二者期以仙化，而为万世神仙，以方士行之。圣化告成，博士休矣；仙化方兴，方士来焉。

老子之学，在秦岭一带，经由韩非解读，而被王化，其于淮河下游，则仙化。老学王化，乃韩非“君道同体”所致，故其仙化，亦以“君道同体”为根底。

而司马迁则以为，方士是学邹衍之术而趋于游仙的齐人，他们喜欢像邹衍那样不着边际地“谈天”，而与老韩之学不沾边。不过，我们还是认为，皇帝的来路，是从老韩之学出发，通过君道同体，通往游仙之途，在游仙的去处，遇到了邹衍之徒。

齐人仕于秦朝，多为邹衍之徒，其中，有道阴阳五行之术，同儒家革命论相结合，发展出五德终始的历史观与国家观的博士，也有谈天说地言神仙之术，而与道家养生炼丹相结合的方士。皇帝用博士帮他解决国家观问题，用方士解决人生观问题。

皇帝的人生观问题，不是普通的伦理问题，而是终极的生死问题。从君道同体出发，他坚信，若道不死，则君亦不死。他以死亡打天下，欲以不死求永生。

君道同体，本来就不是一个具有真理性的命题，它可以为君主赋能，但不能当真。然而，权力使人产生幻觉，最高的权力产生最高的幻觉，而使幻觉成真，还必须辅以药物，通过不断地服食药物，使幻觉得以维持和延续，一旦中断，回归现实，就会感到恐惧。若在现代，这就叫吸毒，回到古代，那就是游仙，方士用药物引导皇帝游仙。

阴阳五行之术，用于政治，虽有怪迂、苟合处，但五德终始说，自成一体，仍不失其思想的庄严，可一入方士之手，就另有一副“谈天衍”的派头，上自天文，下至地理，海阔天空，无所不谈，从皇帝小九州，谈到神仙大九州，引导皇帝新追求。

皇帝的个性沸腾激越，不受自然规律束缚，不被思想意识牢笼。有了君道同体这把钥匙，他就打开了宇宙本体，彻底解放了自己。六国尚在，天下未定，他不妨屈己；六国已灭，其个性飞矣。他赚来的家业，比继承来的多得多，因而，他敢对传统指手画脚，他可以为所欲为，尽情挥霍和享受他的利润，他可以圣化做圣王，也可以游仙做神仙。

在他眼里，一国之君算什么？要做，就要做皇帝，做开天辟地以来从未有过的皇帝；皇帝的事业，是前所未有的事业，皇帝的抱负就是中央集权的大一统。

统一文字，统一货币，统一度量衡，修驰道统一六国之地……他用秦国的力量完成了兼并六国的事业，还要用天下的力量实现大一统；他不仅要做亘古未有的皇帝，还要超越生死做神仙；他不仅要用王权统一小九州，还要用神权统一大九州。

总之，他用术士兼并天下，用博士行大一统，用方士搞大九州。他的信念，来自君道同体，道超古今，无生死，与之同体者，必也如此，而这岂非神仙？两条游仙路线，一从老韩出，一从邹衍出，此二者不期而遇。

其自我之矢，飞向历史，自谓功过五帝；其超我之镝，鸣于未来，鸣向万世一系，为游仙而鸣矣。以其自我观之，当为千古一帝，然其超我，则迷失于方士。其自我也，不愧为思想者王，然其超我，却被方士牵了鼻子。自我是理性的，要有对手存在；而超我是理想的，不妨自恋。

相争时，他不失其思想，一旦自恋起来，就会停止思想而迷狂。

他有充分的理由自恋，13 岁即位，22 岁亲政，仅用了十年时间，就兼并了六国，再用了不到十年时间，就实现了政治文化大一统，秦王变成了皇帝。他在二十八年里的所为，没有任何一个存在了几百年的王朝可以相比，连汉唐盛世也不能比。

所谓秦皇汉武，不是说他们并驾齐驱，而是说二人一前一后。历史上，真能为秦皇“二世”者，实唯汉武而已，唐宗宋祖之流属于不同量级。

然而，皇帝自恋，因其过分爱惜和崇拜自己，往往变得怕死。一旦怕字当头，思想就钝了，面对死亡，思想者王不再思想。

皇帝的身边，除了有一个博士集团，还有一个方士集团。博士集团的重镇在齐、鲁之地，方士集团则活跃于齐、燕之地。

方士虽无官职，却朝夕往来于“天地人主”之间，备受青睐。

博士欲行大一统，但难以消除皇帝对二世、三世乃至万世之隐忧。

方士却说，用不死药，就能长生不死，做神仙可保江山万世。

博士儒要他“垂拱”做“泰皇”，对此他很警惕，怕被架空了。

而方士则声称，他可以随心所欲，去做一个自由自在的神仙。

博士儒簇拥他革命，做了圣王，可圣王只是小驿，供他稍息。

他的目标，是做神仙，求仙以祈生命永恒，以祈万世之王权。

燕人卢生，为了开脱久寻仙药未果之罪，曾以“真人”劝谏：真人者，入水不濡，入火不热，陵云气，与天地久长。

他听了，就说“吾慕真人”，从此，自称“真人”，不称“朕”。

皇帝驾驭博士集团，不乏哲人王的眼光和手腕，而他面对方士集团，态度却天真而诚恳，寻仙求药，他从来不怕投资，从未气馁过，也不曾怀疑过方士。

可他为什么就不想一想，他正被人当作小白鼠，做药物实验呢！

帝王的命运，多半就是如此，自以为无所不能，无所不知，结果，反而成了白痴，因为他再也听不到异议，也无需异议，他需要的是绝对的言论统一。

他若想不死，你就不能说人皆有死，若这样说了，你就必死无疑，你只能顺着他的想法因势利导，说做人是小意思，做神仙才是大道理，于是，求仙问药去。

那些方士，并非有意要骗他，先是为了迎合他，才不得不骗他，后来，则是害怕骗局破了，总有图穷一日，为了自保，而想方设法地骗他，骗得他失魂落魄。

公元前219年，皇帝泰山封禅之后，并未回返，而是一行浩荡，前往渤海。抵达海边，皇帝登芝罘岛刻石，纵览海天，只见云海之间，有山川人物若隐若现。

于是，齐人徐福上书，言海中有三神山，曰蓬莱、方丈、瀛洲，山上有仙人居住，可以去求仙问药。皇帝依了徐福所言，就赐重金，命徐福率童男童女入海寻求。

皇帝本人留在海边，等候徐福归来。徐福果然归来，声称遇到海神，但海神嫌礼轻，故未得仙药而还。皇帝闻言，增派童男童女三千以及百工技艺之士，总之，他让徐福带着一个文明的体系重新出海，而他继续留在海边等待。可徐福却没回来。

据说，徐福渡海到了日本，催生了日本的弥生时代。在对弥生文化遗址的考察中，有人发现，东京弥生町出土的文物，有许多铜器，如铜剑、铜钺、铜铎、铜镜等，其样式、原料、技术均来自中国，就如同当年青铜时代进入中国，不光是青铜进来，更是以青铜为标志的文明体系的到来。除了百工技艺之士的事，还有文字和稻种，以及国家观念等。

近人黄遵宪说，日本传国重器有三，曰剑，曰镜，曰玺，皆秦制也。显然，这些都是徐福带去的，它们是可以代表国家文明样式的器物。

不过，这些器物都是有形的，虽然重要，但还不是最重要的。最重要的，应当是无形的国家观念以及据此观念而形成的国家制度。在这里，我们不妨猜想一下，徐福给文明之初的日本带去了怎样的国家观念，这观念的种子在国家制度里究竟发了什么芽。

都说徐福是鬼谷子的学生，有可能。我们看他能弄皇帝于唇舌之间，就知他的纵横之术应不输于苏秦、张仪之流。但鬼谷子的学生都是吃国际饭的，在国与国之间纵横捭阖是他们的本事，可国家统一了，中央集权，一竿子到底，取消了分封制，国际也就不存在了，他们吃什么？没得吃了，必须转，或转化为博士，或转化为方士。徐福就是转化为方士的一类，所以，他与别的方士有所不同，是个有着国家理念和国家理想的方士。

他怎样说服皇帝，太史公语焉不详，只说了“求仙问药”这样一个理由。我们认为，光这一个理由，是不足以说服皇帝派三千童男童女和百工技艺之士一同随去的，皇帝之所以同意，应当还有另外一个理由，那就是开发大九州。凡日月所照之地，天地所覆之处，皇帝都要统一，更何况像三神山那样的仙境，更应该纳入皇帝大九州的版图。

以此看来，徐福东渡，很可能是一场以求仙问药为名发起的国家规模的殖民运动。对此，太史公只说了一句：徐福“得平原广泽，止王不来”。此见于《史记·淮南衡山列传》。徐福为何不归？按照太史公的说法是，徐福自己立国当王了，还回来做甚？

可他当个什么王？还记得秦博士议帝号时提出的那个“泰皇”吧？当时，皇帝去“泰”，取“皇”，用“帝”，自称“皇帝”，那个在秦朝没用了的“泰皇”，就被他拿来用，他把“泰皇”里寄托的文化中国的理想带到日本了。可以说，这“泰皇”就是后来日本的天皇。从泰皇到天皇，有两点一脉相承，一是无为而治，二是万世一系，因此，有人直截了当就称徐福是日本第一位天皇。

这样的说法，在我们看来，有点为时过早，因为，一粒国家观念的种子，从落地、生根，到发芽、长大，再到开花、结果——结出国家制度的果，需要很长的时间，正如王朝中国在中国的发展，从夏就开始运行，直到殷才得以完成。从“泰皇”的国家观念到“天皇”的国家制度也是如此，经历了从徐福到圣德太子那样一个漫长的历史阶段。

不管怎么说，“泰皇”并非一个空想的国家观念，它被徐福带到日本做了实践，太史公说徐福“止王不来”，他已做了比皇帝还要高贵的泰皇，还回来做甚？

读中日文化交流史，我们总感觉到，不管日本人怎样派遣唐使来学习中国文化，他们对于国体的自信，总有一分难以企及的贵气，有可能根源就在徐福那里。

作为鬼谷子的学生，徐福的成就，不仅超过了《战国策》里的苏秦、张仪，甚至，堪与作为“千古一帝”的秦始皇帝分庭抗礼，因为，他从秦朝带走了泰皇，那是文化中国的重器。历史上，日本人常以“中国”自居，盖因其骨子里早就有了泰皇的底气。

几年后，皇帝再度莅临渤海，登碣石，那徐福还是没有回来，刚好，卢生派的人从海外归来，奏录图书，曰“亡秦者胡也”，皇帝听了，就发兵三十万北击匈奴。

奇怪的是，皇帝居然会接受“亡秦”一说，他是那么自信，既要万世一系，还要长生不死，这“亡秦”二字，本已犯了他的逆鳞，当数罪该万死，可他偏偏就接受了这么不吉利的进言，这说明卢生摸着了他的软肋，触及了他的隐忧，看出了他的意图。

开发大九州，那三神山，还是有点虚无，最现实的就是胡，皇帝视野所及，溥天之下，只有胡人胡地尚未纳入他的帝国版图，这早已成了眼中钉，他必欲拔除。

皇帝用博士议帝号、封禅仪，关键时刻，都是自己拿主意，可他用方士，则完全放弃了自己，只一句“亡秦者胡也”的谶语，就发兵三十万，北击匈奴，还修缮原秦、赵、燕三国北长城，西起临洮，沿黄河北至河套，由阴山向东，经燕山至辽，依山而筑，龙盘万里，堪称大一统的标志。为防胡人南下，他竟然用了如此经天纬地的大手笔！在整个地球上，其规模之大，无与伦比；其历时之长，亦世罕其匹。据说，它是在月球上也能看到的人间奇迹，可从历史上看，其实用价值，远逊于文化意义。

卢生诱其深入，对他说，求药不得，求仙不遇，是因为皇帝治天下，未能恬淡，他请皇帝淡于政事，隐居起来，然后不死之药可得。听此言，他果然神出鬼没，服食仙药。可方士总要有交代，自知难逃一劫，遂罗列其罪状，称“未可为求仙药”，逃了。

至此，他才如梦初醒。皇帝被方士如此捉弄，其震怒，可想而知。于是，不由分说“使御史悉案问诸生”，“犯禁者四百六十余人，皆坑之咸阳”。此与“焚书”仅隔一年。其本意，原要惩戒方士，可从坑杀的四百六十余人来看，其中，有不少是儒生。方士跑了，就拿儒生来问罪，此真可谓“城门失火，殃及池鱼”，儒生被方士连坐了！

可皇帝还是痴心不改，又命博士为仙真人诗，令乐人弦歌之。

泰山刻石残石，残高 115 厘米，宽 53 厘米，山东省泰安市博物馆藏

秦刻石

秦刻石应该是中国最古老的碑文。秦统一后，秦始皇出巡六次，五次东游，或威吓或怀柔山东六国。公元前 220 年，秦始皇第一次出巡陇西、北地，前 219 年第二次东游出巡，登泰山封禅，顺便视察他设立的郡县制，并在泰山刻石颂德，将他的丰功伟绩铭刻于泰山石上，以昭示后代，有“峄山刻石”“泰山刻石”“琅琊刻石”。前 218 年第三次东游求仙，在蓬莱留下“之罘刻石”“东观刻石”，归，至博浪沙，有 30 公斤重铁球击中副车，传张良主谋。前 215 年第四次出巡东游，留“碣石刻石”。前 214 年

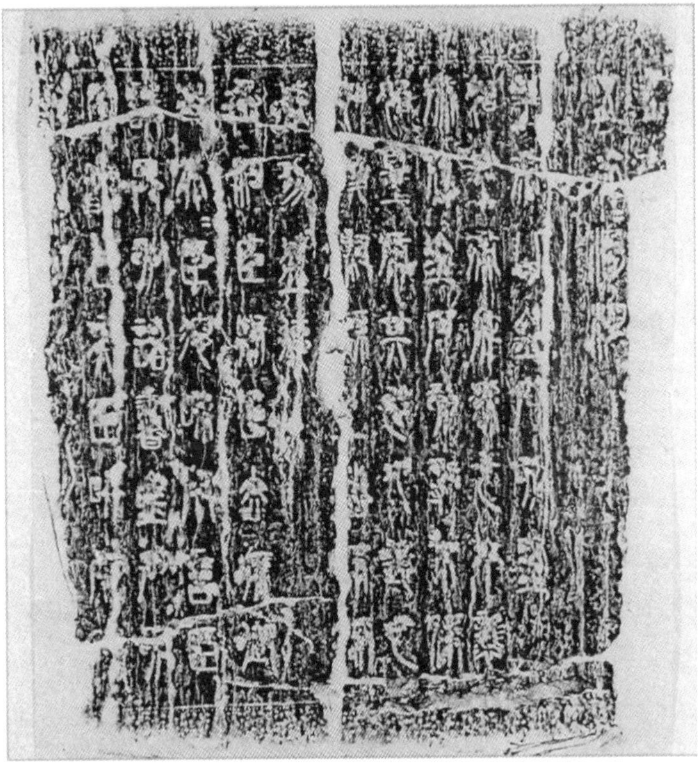

琅琊刻石，高 129 厘米，宽 67.5 厘米，原在山东诸城琅琊台，现藏中国国家博物馆

第五次出游。前 210 年第六次东游远至江南会稽，留“会稽刻石”，归，病死在邢台沙丘宫。皇帝在游仙中死去，出巡六次，刻石七座，又称“秦七刻石”“秦七碑”，大多残损无存，仅存“泰山刻石”“琅琊刻石”。

在中国大一统的历史上，李斯留下的笔墨尤为浓重。秦始皇巡幸天下，所到之处，皆用“小篆”刻石颂德。据说“泰山刻石”“琅琊刻石”“峄山刻石”“会稽刻石”等，均由李斯书写。历来对李斯小篆评价颇高，鲁迅谓之为“汉晋碑铭”的祖师。如今这些刻石似乎也深深篆刻着早已冷却的热情。李斯的热情，还是历史的？

03

泄了六国王气

尽管皇帝气吞天下，但他经营时，还是分了主次以及轻重缓急。他把重点放在山东六国，在“东南—西北”一线，来来回回巡视。

其时，秦方以兼并取六国，六国未安，皇帝欲以六国为郡县，实施中央集权，故以规划对六国“王气”加以破坏，使之丧失独立性，仅为中央行政之地方政权。

泄“王气”说，始于秦始皇帝。据载，当年秦始皇帝派人“望气”，望者曰“东南有天子气”，故南巡至江宁，凿方山，断长垄，引秦淮河水入长江，以泄王气。

这是常见的一说，但已有人表示怀疑，殷维翰在《南京山水地质》中指出，方山秦淮河河谷，并非人工开凿，而是自然形成，在两百万年前，秦淮河就已流入长江，并留下四十米厚的泥沙沉积，南京城就建筑在这块沉积的土地上，泄王气不会在这里。

如果秦始皇帝没有在方山下手开凿秦淮河，那么他会从哪里下手呢？

史书上已有四种说法，即凿“钟阜”，堑“北山”，掘“连冈”，断“长垄”。说法虽然不一样，但所指的却是同一个对象，即从钟山到石头山这条连绵山冈。

若以钟山余脉言之，那就叫作“钟阜”；因其位于都城以北，所以称为“北山”；观其山势连绵，那便是“连冈”；山体低而长，即“长垄”；皇帝在这里出手了。

泄王气，用的不是秦淮河水，而是玄武湖之水。玄武湖水域，主要来源于钟山北麓，其泄留，有南、北两个出口，经由北出口，进入长江，由南出口，入秦淮河，再往北，亦入长江。北出口，很明显，是自然形成的，因为玄武湖本来就是古长江遗留下来的一部分。而南出口，则是由人工开凿的，很可能就是秦始皇帝为了泄金陵王气而开凿的。

皇帝不仅在这里开了口子，还开出一条河道，玄武湖水从这条河道进入秦淮河，因为有了这条河道，才有了秦淮河的名称，而此前，叫它什么？叫句容河！

句容河，是秦淮河主源，它的名称，来自那位句吴先生，因此，比秦淮河之名早了约一千年。当这条河流入南京城时，便分了两支。一支，从东水关入城，在城里，汇入钟山月牙河水和玄武湖水后，形成了内城十里的秦淮河，然后，出西水关。另一支，绕城而行，汇合了从西水关来的一支，使整条河都变成了秦淮河，再北上流入长江。

秦淮河的“秦”，与句容河的“句”一样，“句”，出自句吴，“秦”，当然就来自秦朝。句吴，是周朝在江南的发祥地，秦克周，不光要夺取周的中原王畿及其分封的山东六国，还要镇压江南王气，秦朝以水德取代了周，秦淮河自然就要代替句容河了。

可为什么要称“淮河”呢？此前，江南未有此称呼，如此称呼自秦始，汉人反秦，反掉了“秦”字，称“淮水”。须知秦岭—淮河一线，为中国南北分界线，也是中原王朝的生命线。秦据秦岭坐天下，楚人以淮河反而亡秦，故秦汉之间，淮河实为关键，两朝皆以“淮”名水，一方面，欲以中原王气压制句吴，另一方面，又欲以“淮”水遥控江南，一如秦之淮河，故“秦淮河”者，乃秦之江南淮河也，其形胜之于东南，一如淮河之于中原。

司马迁说，天下事，发起于东南，而收成于西北。他至少有两个例子，一是殷周之际那场革命，就是由太伯和仲雍发起于东南，而文、武二王收成于西北的。还有就是楚汉相争，也是由项羽发起于江东，而刘邦收成于关中的。

革命起于东南，可改朝换代在西北，这一帝王学案例，是王朝文化所独有的，在天下观里，革命初露端倪，那就是王气。“王气”说很模糊，是个综合指数，总之，跟天、地、人都有关，而其根本则是一个气字。气行于天，而有灿烂星空，行于地，而有壮丽山川，行于人民，而有文化普及，而有英雄辈出，这样的气，大概就是所谓王气了。

本来，王气遍地是大好事，可一代王朝对此却如临大敌，居然不惜耗尽其人力、地力、财力，以泄其自由活泼、蓬蓬勃勃之王气，而唯欲聚之于京师，独占之。

秦始皇帝之于金陵，以战后凋敝之地、疲敝之民，凿山引水，折腾东南半壁，一如秦筑长城万里，无非欲耗尽其地力、人力，攻其民以制王气，摧毁立国根基。

“攻民”说，出自秦法家。按秦法家理论，民不欲其富而强，故常攻之，使之贫而弱。民贫则易治，民弱则易使，这就是秦法家专制主义。秦法家还有一理论，那就是中央集权。中央集权首先就要消灭方国文化，尤其是那些冒出王气苗头的方国，更要逮哪灭哪，攻其民以灭之。皇帝命蒙恬率秦军三十万北击匈奴，取阴山下黄河以南之河套地区，然后，沿着阴山和燕山山脊修筑长城，名曰拒胡，实则欲以长城围灭燕赵之地的王气。

燕赵之地，本多慷慨悲歌之士，这在中央王朝看来，就是方国王气。

长城筑在山脊上，本没有什么战略意义，却有着帝王风水学意义。以长城跨越燕赵山地，从风水学上来说，就等于切断了山体龙脉，围堵了燕赵王气，如同监狱一般，监管着燕赵之地，使之萎靡，不再出现像赵武灵王那样雄伟的人物，也没有了像荆轲那样风萧萧兮舍命一击的勇士，被那大一统灭了燕赵文化的生机。

战国之时，赵以一国之地战匈奴，犹绰绰有余，秦统一天下后，却以举国之兵力暴师于外十余年以击之，以举国之民力筑万里长城以拒之，何其反不如赵也？

秦为方国时，其势尚且足以胜赵，统一后，当更胜之，然其筑万里长城于阴山者，非如其公开所言，欲以之拒胡也，其实，是以长城围燕赵之地，欲攻王气也。筑长城，看似对外出击，实为对内镇压，长城居高临下，俯瞰并威慑燕赵大地，如同一监狱。

《史记·蒙恬列传》说，蒙恬死时，自问“我何罪于天，无过而死乎？”仔细一想，他好像明白了什么，又自言道：“恬罪故当死矣！”何以言之？他是这样说的：“起临洮属之辽东，城堑万余里，此其中不能无绝地脉哉，此乃恬之罪也。”

人将死，方道出秦筑长城而绝燕赵地脉的用意，但他又怕长城逶迤，绵延数万里，一个闪失，不知在哪里就挫伤了秦朝地气，人道天机不可泄也，王气岂能泄乎？

所谓“王气”，便是国家形成的地理条件，建立中央集权，就必须实施郡县制，以郡县制的行政规划，重新划分山东六国，改变其国之所以为国的地理条件，分割其自然地理和人文地理的完整性，使之丧失作为独立国家的可能，从而依附于中央政权。所以，一代王朝，不仅要在制度安排上一竿子到底，彻底取消分封制，还要改变方国赖以形成的地理格局，疏导山川运势，使之朝着有利于中央集权，有助于方国瓦解的方向运行。

如果说秦朝的“王气”形成于秦岭造山运动，那么山东六国的“王气”则是由燕山运动带来的，前者造就了秦统一和汉唐盛世，后者则以宋元明清，起而代之。

从地质学上来看，高耸的燕山和沉降的玄武湖，都是以“燕山”命名的中生代地质运动的产物。在燕山运动中，燕山隆起，拉动江南宁镇山地，造就天然湖盆。湖盆中，有钟山水和长江水汇入，就在钟山北麓，形成了“北湖”。山北为阴，山南为阳，阴为后，阳为前，所以北湖又称“后湖”。

“玄武湖”之名晚起，大约出现在公元5世纪，秦称“龙藏浦”。据说，龙藏浦里有潜龙，秦以水德立国，其色尚黑，故称黑龙。《后湖志》说，后湖之南，黑龙出现。现代人据常识之合理性解释，说是扬子鳄。这话若对秦始皇帝说，他会相信吗？常识里的世界，未必能合于帝王的胸怀。如果他相信常识，认为黑龙就是扬子鳄，那他还会在燕山上筑长城、来龙藏浦泄王气吗？

支撑他思维的不是常识，而是玄学的君道同体和神秘的天人合一以及超越古今生死的游仙意识，他用了掀天揭地大手笔，筑长城，以抑制燕山隆起，凿钟山，以泄金陵王气，这天南地北的两手，于冥冥之中，他居然都触及了“燕山运动”的天机。

天机不可泄，可他泄了，所以，秦二世而亡。这样的说法，本来只是一种价值偏好，没有必然性可资依据，然而大家都这么说，说着说着就成了民意。

秦始皇帝，显然不知道燕山运动是怎么回事，但他有方士为他望气，看出了燕山运动留下的生机勃勃的地气。他虽然不知燕山运动决定了中国大地构造及其地势地貌，但他对万世一系的执着及对一统江山的关注，使他从中看出了某种趋势——王气。

我们不能不佩服他的眼力，他想得深，看得远，汉唐以后，王朝中国的演变，就走出了东西向的南北分界线——秦岭—淮河一线，转折为南北向的“南京—北京”一线，燕山王气和金陵王气在地表上被一条贯通南北的运河相连。宋元明清四代王朝就在这条线上演变，挡不住的王气奔腾，它与秦岭—淮河一线相交，形成王朝中国的命运十字架，皇帝想阻挡它，可能吗？在决定中国大地构造的燕山运动面前，即使是千古一帝，又算得了什么呢？历史的尺度，至多不过千年，把它放在动辄千万年的地质年代里，它只是一缕沙痕。

所谓“万世一系”，就是要终结历史，把人类历史变成“石头记”。

然而，即使在地质运动中，也会有“王朝”更替，有新的造山运动，总会造出新的山系来君临大地，正如翁文灏在《中国东部中生代以来之地壳运动及火山活动》中指出的那样，中国东部造山运动，古生代末为秦岭期，中生代为燕山期……这与中国古代史有点相似，上古史为秦岭期，中古史为燕山期……人类栖居的大地，是个历史化的空间，但那只是表面，还有更深层的地质运动尚未进入历史的渊源。因此，在史学的地盘里，要保留想象的领域，有时要让实证稍息，或暂时退出，以诗意来栖居，想象一下历史和大地。

泗水升鼎，山东嘉祥县武氏祠左石室第三石

泗水升鼎

据《史记·秦本纪》载，秦灭东周时，“九鼎入秦”。《史记·秦本纪》云：“宝器也。禹贡金九牧，铸鼎于荆山下，各象九州之物，故言九鼎。”秦始皇曾祖秦昭王攻陷东都洛邑，俘获周王朝最后一王周赧王。灭东周、取九鼎，其中一只飞入泗水中，余八只尽入秦国。“九鼎”象征天下之重器，有八鼎在握，可“问鼎中原”，为秦统一买下胜利的筹码，不出三十年，秦始皇统一中国。

《史记·秦始皇本纪》也有记载，秦始皇第六次东游巡视，是要彻底清除他内心的恐惧，通过凿山换水泄掉东南的王气。回返，过彭城（徐州）时，他惦记那只“飞”走的鼎，要找回才会彻底安心。于是，沐浴斋戒祝祷，准备打捞沉于泗水近百年的周鼎。“使千人没水求之，弗得。”

泗水升鼎，江苏铜山县大庙村出土

泗水捞鼎（局部），河南南阳出土大型空心画像砖

如今“泗水”已成历史，地图上早已没有这一水系了。彼时的泗水源于山东泗水县蒙山南麓，有四个源头，称之为“泗水”，为淮河下游第一大支流。金后自徐州一段为黄河所夺，元后成为大运河的一部分，明万历年间泗水的泗源皆被引入新运河，清咸丰年间黄河北迁，泗水消失。

汉人得天下，凡秦人事即市井谈资，附会“泗水升鼎”的各色版本也不少，还上了汉画像砖，尤以河南南阳大型空心砖的画面意喻丰富，以桥为中心，两拨人分头拉鼎，桥中间击鼓庆贺，还有官车督战，骏马仰首嘶鸣，浑不知桥下蛟龙跃出水面，回首咬断绳索，鼎倾欲沉，极富艺术感染力。“飞鼎”找到了，又没入渊底。汉人当然要这么说，天下苦秦久矣，暴秦不是真命天子，楚虽三户，亡秦必楚，所以大汉必取而代之。

04

强扭的风水变祸水

皇帝离开死地，到东方去，听说那里有神仙，能超越生死。

他把自己交给方士，从此看不到死。看不到死，就以为无死。

但死却追随他。他在博浪沙遭遇伏击，侥幸不死，便以神仙自居。

等他看清了方士们玩的把戏，方士已飘然而去，他找不到那些骗他的方士，就拿儒生来出气，一气坑了几百个儒生，就像踩死一堆蚂蚁，他根本没当一回事。

有使者夜过华阴，山高月冷，无边寂静，忽闻一声：明年祖龙死！

真是吓掉了魂。回来赶紧报告，皇帝问卜，得一卦，曰：往东去。

他一直往东走，走到陆海交接的尽头——成山角（即今日山东荣成）。

当年，他来到这里，看海上日出，喟然而叹曰“天尽头”。可徐福告诉他，此地并非尽头，海外还有仙岛，那岛上有仙人，能长生不死，可以向仙人求仙药，只是海上有鲛，凶猛异常，人不敢去。皇帝听了，遂命千人射鲛，万弩齐发。海通了。

而今，徐福已无影，往事犹如昨，皇帝重来仙境，徒增郁闷。

来之前，又有天降陨石，陨石上，竟然刻有“始皇死而地分”。

他派人去追查，怎么查也查不出来，就处死了好多会写字的人。

此时，李斯提笔，在他身边，也写下六个字：“天尽头，秦东门。”

这六字，颇有谶味，仿佛就是对陨石上那六字的注释。果然，他病倒了，死亡在“天尽头”招手，要带他走。可他并不认为自己病了，更不觉得自己会死，他以为这是服食仙药后的反应。常人看来是病，他却飘飘欲仙——鹤舞白沙，我心飞呀！

这样的仙药，现在看来就是毒品，那吸毒的感觉，便是游仙。方士用仙药控制了他，使他吸食成瘾，嗜幻如真，在迷幻中，他自以为远离死地，遁入仙境。

传说，他在游仙时，幻觉中，杀死了他的妻。或曰成山附近，有一片湖，那是泪水湖，是他妻子的泪水所聚的，美丽的天鹅从天上飞来，栖息在她的泪水里。

她真的死了吗？死了。是皇帝下令处死她的。为什么要处死她？

游仙时，皇帝曾调集人马，填海造桥，为求仙药，他要造一座一望无际的跨海大桥，通往仙岛，还命令他的妻子，听到锣声响，就送饭来。没想到，来了屎壳郎，一阵乱飞乱撞，使锣声叮当。妻子急忙送饭来，坏了他兴头上的游仙，而被他处死。

可他并不认为妻子已死，因为他的妻，常常出现在他的游仙里。他坚信妻已成仙，而他自己，还处于仙凡之际，他为此而叹息。

他的故事里，有两位深情女子，一位是孟姜女，在他死后，哭倒了他的长城，而他有所不知，还有一位，便是他的妻，被他处死，灵魂化作天鹅，仙化矣。

美丽的女性，总能赋予历史以温情。只要还有温情在，那历史啊，是虽苦亦美，虽难亦乐的。长城何曾挡住过胡人？可那使长城倒下的哭声，却能同化胡人。

皇帝游仙失魂，成了暴君，而有美女献身，化为天鹅，长空一鸣。

他近来常害怕，怕仙药断了，因为方士跑了。没了仙药，怎么游仙？不游仙，怎能成为仙人？成不了仙人，就得死！如不免一死，那就该回到自己的死地去。

自从方士跑了，他就停了填海工程，而去扩建他的“山陵”。

什么叫“山陵”？东汉辛氏在《三秦记》说，天子坟云山。在秦朝，叫作“长山”，在汉朝，叫作“陵”，把这两种称谓合起来，就叫作“山陵”。

他那“长山”啊，依山而建，凿穴而成，有一座皇城在地下。

皇城，以皇帝为中心，分内、外城，设有宫殿和城池，亭台楼阁之外，还造了江河湖海，连日月星辰，他都做了安排，当然，他不会忘了梦寐以求的瀛洲、蓬莱。

据《三秦记》载，他在咸阳的寝宫兰池宫，引渭水环绕，并筑土为山，以水为东海，以山为蓬莱，还刻石为鲸鱼，其长二百丈。他造陵，也模仿蓬莱仙境，骊山东北，原来有一条河，由南向北流，入渭水，他在骊山脚下，挖深池，积土筑坝，拦断河流，取土造“长山”，使河流改道，从东北折向西北，环陵绕行，《水经注》曰“鱼池水”。

此外，“长山”东侧，还有温泉水，来自骊山神女。传说，他在骊山与神女相遇，惑于神女美色，而猥亵之，被神女唾之，其身溃烂，不得已，求神女化解，神女曰：试以温泉洗浴。果如神女所言，试以温泉一洗，便神清气爽，完美如初矣。

那温泉啊，岂不就是神仙水？服食仙药，兼泡仙浴，美！

以仙浴催化仙药，悠悠然，俯仰于骊山，而觉天高云淡。

有两条水，一条鱼池水，一条温泉水，左右分流，各自循环。一自东北向西北，一自西南向东南，滔滔不绝，环绕“长山”。

骊山，为秦岭支脉，在临潼一带，山脉呈对称形态，从渭河北岸望去，似一巨大屏风，立于山陵之后，登陵南望，山脉如弧，拥陵入山，与山浑然一体。

赫赫皇陵，何以选位于此？其依山带水自不待言，又有“其阴生金，其阳多美玉”一说，更有近年来，见卫星所摄之图，从骊山到华山一线如龙，而陵位，恰好就在龙眼上，筑陵于此，乃“点睛”之神来一笔。至于“风水”二字，要看怎么说，自其兼并六国言之，不妨称其为风水宝地，自其二世而亡言之，则“宝地”二字，从何谈起？

大地上，原本自然流淌着的一条河，被他一声令下，就改变了用途，变成了为他守陵的鱼池。此河，从南向北流，乃地势使之然，可他非要让河流改了道。

强扭的瓜儿，当然不甜。强扭的风水呢？多半要变成祸水。

还有温泉，是神仙水，还是祸水？也是“花开花落两由之”。

如杨贵妃与华清池，那是福亦由之，祸亦由之，说不清的。就拿皇帝本人来说吧，以如此惊天地、泣鬼神的功夫造陵又如何呢？到头来，还不是死于非命。

近乎完美的工程，其实难以确定，谁能保证他寿终正寝？

除非他自己为自己守陵，提前自己把自己当作尸体看守之。

可他才 50 岁，还没有想过自己会死，更何况他还要游仙呢。

对于他来说，那陵非用来存尸，人们欢呼他万岁，他很当真。

真人不死，在帝国的驰道上，他以六马驱帝车尽情奔驰。他往“天尽头”去，自西向东，驰于三川东海道，经由豫、皖、苏、鲁四省，直至胶东半岛。

从“天尽头”返回秦宫时，一路上，他虽感不适，却并不着急，没有从来路返回，而是按照原计划，沿并海道向北，然后，转向邯郸广阳道，返回咸阳。

他从济南西北平原津渡过黄河，进入河北地区，巡视燕赵大地。

每一次东巡，皇帝除了游仙和封禅，同时，还要盘点一下江山。这一回，游仙未果，封禅凑合，而江山是盘不动了。他无论如何也没有想到，自己居然会倒下，对于自身的反应，他本来有数，只要有仙药在，就不成问题，可方士跑了，这才成问题。

他这一生，有过六次游历，五次都向东方，只有一次往西去。他的每一次游历时间都很长，尽管修了驰道，交通不成问题，但他毕竟受了交通工具的限制。他才做了不到十一年的皇帝，几乎每两年就要游历一次。

看来他待在东方的时间，比在咸阳还要长。他要处理的政事，基本上是解决六国遗留问题，问题归结起来，无非“统一”二字。他即使游仙，宗旨也不离统一，将天、地、人贯通，当然就是统一，而且是大统一，统一之理论方式，如君道同体、天人合一，都是思想活动，还须以某种相应的实践，在仪式上来表现，例如，封禅和游仙。

封禅，就算告一段落，可游仙，至今未果，方士弃他而去，一句“未可为求仙药”，是来要他命了。在“天尽头”时，他的身体就有了反应，如能及时服药，或许会更加快活，可他的一腔苦衷，向谁去诉说？没有药，他就得忍受折磨，还得活！

他身旁，只有赵高和李斯，一个为他料理家事，一个帮他处理国事，分工是这样的，身份亦如此。还有一个儿子跟着，那儿子名叫“胡亥”。“亡秦者，胡也”，他怎么将这句谶语忘了？高灯远照，他能见天边“胡”，而灯下黑啊，难知眼前“亥”。

他让长子扶苏监蒙恬军，以驱逐胡人，却没让扶苏去提防胡亥。

自游仙以来，他就无视死亡，而死亡，如影随形，就伏在他身上。

若在40岁以前，他早已嗅出死亡气息，预知死亡出击，可他现在却讳言病，忌曰死。死亡已然出动，他却茫然无知；死亡从哪里来？没人问，坐以待毙矣！

鎏金龙凤纹银盘，高 5.5 厘米，口径 37 厘米，底径 21.1 厘米，
重 1.705 千克，山东临淄出土，山东省淄博市博物馆藏

鎏金龙凤纹银盘

盛食器，银质。口沿与内外腹部各装饰三组变体龙凤图案，内底錾盘龙三条，纹饰皆鎏金，工艺极为精美。据说是战国的器皿，铭文以及铭文的内容皆为秦时期。秦统一时间甚短，来不及自产，多半为六国旧物，也许这件颇具楚风的鎏金龙凤银盘来历如故。此盘口沿背面刻“三十三年左工□名吉七重六斤十二两廿一铢奇千三百廿二斩□□六斤十三两二斗名东”铭文，外底刻“容二斗重六斤十三两御羞I”铭文。其中“三十三年”应该是秦始皇三十三年，即公元前 214 年，距秦始皇暴亡还有四年，而此盘却出土于齐王陵陪葬坑，位于山东淄博；可能是秦亡后，流落到齐国。

05

李斯的野心独白

死亡，如癌细胞，一动就扩散了。可谁动了这一下呢？

当然是李斯！胡亥有意，赵高建议，可唯有李斯下笔。

这个刀笔吏头子，把持着皇帝文玺，捉刀代笔是他的拿手好戏，出卖是他的看家本事，当年，他出卖主人吕不韦，就赚了一个廷尉，食客三千，唯成就他一人。

当游士被秦驱逐，他赶忙上了一篇《谏逐客书》，为游士鸣。

而今，他已为丞相，又到存亡关头，只要他刀笔一动，“二世”就出生了，谁要那胡亥动了“二世”的念头？机会又来了！这一回，他要当家做主了。

按皇帝吩咐，“二世”应为扶苏。可皇帝死了，哪能做主？

活着的时候，皇帝从来没想过要立扶苏，他以为万世之事，都能由自己做主，这都是被游仙所误，现在他已经死了，不能再做主，这就怪不得我了。

皇帝呀，我在你跟前，唯命是从，让你做了一辈子的主，你死了，就让我咸鱼翻身，也做一回主吧！后世如有人问，李斯啊，你为什么要这样做？难道真以为胡亥要好过扶苏？我眼睛又没有瞎，人也不傻，请不要把我当弱智呀！

还有人会问，李斯呀，你这样做了，会有什么好处？胡亥待你会好过扶苏？哈哈，这些我都不想了，我只想着，能像皇帝那样，当一回家，做一回主。

我本是个绝对专制主义者啊，却被人专制了一辈子，请想想啊，那是什么滋味？说起来，我是个万人景仰的丞相，其实，我就是奴隶，是皇帝一人的奴隶。

自从我跟随思想者王，我就没了思想，就如同被阉了一样。

思想者王的思想，就是统一思想，所有思想都要定于一尊。

王者通吃，当然要统一思想，可奇怪的是，越是那些不思想就不能活的家伙越主张统一思想，百家争鸣，实为争霸，就像我老师荀子，他主张《非十二子》，将十二子都“非”了，自己怎么活？还有韩非写《五蠹》，他也不想想，他自己就是一蠹。

都说是我害了韩非，这可能吗？秦王要用他，我能废了他？秦王想留他，我敢害了他？我早就以王之所是为是，王之所非为非了。我已非我，就一喽啰。

我不仅没有思想，连想法都没有，有意见都是多余的。

我是一件工具，是一把锤子。人说“不为铁锤，即为铁砧”，以为铁锤能砸，而铁砧欠揍，但铁锤呀，不会自由落体，没有独立意志，只能为皇帝刻石。作为铁锤，我必须时刻牢记，否定自己，服从最高指示。

就这样，我被人提着脑袋过日子，年复一年，日复一日，每时每刻都在提醒自己。这样的日子，过得哪像个粮仓里的老鼠？连粪坑里的老鼠都不如。

多少年过去了，人们都说我富贵已极，谁知我火热水深？韩非还有选择，最起码，他还能选择死，我呢，连死都不属于自己，要听命于皇帝的圣旨。

那一天，我提了一壶毒酒，去狱中，要打发韩非下地狱。见了韩非，我开口就说，韩非老弟，要怪你就怪我，此事与秦王没有关系，是我妒忌你。

韩非扬眉一笑，哈哈，老兄此言，那是从何谈起？如果妒忌，当初就不会荐举，今日也不会来见小弟。

我说，当初荐举你，是因为吕氏，那吕氏搞了一个思想体系，让秦王很是着急。老师当年说过，秦无儒，难统一，那吕氏，居然就以大儒自居。

我们老师还在啊，“大儒”二字，也轮不到他来顶替。

那部《吕氏春秋》，算个什么东西？不过拼盘而已，杂拌而已，跟我们老师怎么比？挂在城头，居然一字千金，不光向秦王示威，而且向天下挑衅。

天下大儒，唯我老师，老师，三为稷下祭酒，诸子之尊也，吕氏公然挑衅者，岂止秦王而已？欲以此举表明，秦有大儒在此，而天下皆归于吕氏矣！

秦王要收拾他，我就推荐了你，论帝王学，谁能跟你比！

秦王读了你的文章，果然夸你有帝王学的根底，说是能见你一面，哪怕他死也愿意，可见他那时多么需要你，有了你的君道同体，他就彻底抛弃吕氏。

秦王那么倾心于你，说实在的，我真的很妒忌，今天我特来敬你一杯，不瞒你，此乃毒酒一杯，请你喝下去，不是秦王非要赐你死，而是我出于妒忌。

韩非笑道，我知你会来，也知道自己会死，但死的原因，却不是因为你妒忌，而是因为我太大意，我忘了老子有过的教诲，把我所想统统都写在了书里。

还是老子高明啊，他早就说了大道无言，是不能说清楚的。所以，他把思想写成了诗，令人咏叹之，而莫测其高深矣。

而我一上来，就奉献了王权主义的真谛——君道同体，还有两把屠杀思想的刀子——以法为教，以吏为师，可没想到，第一个被屠杀的，竟然是我自己。

这岂不弱智？不过，临死之前想明白了，还算对得住自己。

秦王让你来，不会不给我选择的机会，只是让你难以启齿，因为你知道，让我韩非像你一样，放弃思想而赖活，还不如为了思想去死——我思故我死。

毒酒在此，我会喝的，可还有几句话，我要先交代一下。

韩非老弟呀，我接过他的话茬儿，说：我李斯啊，早就知道了你的心思，在此，我郑重地向你承诺一句，你为思想的尊严而死，我会把你的思想贯彻到底。

我对不起你呀，但我要对得起你的思想，对得起你高贵的死。

你属虎啊，要在深山里住，每天都要站在山头上如虎啸日出。

而我属鼠，从粪坑到粮仓，那下水道就是我往上爬的青云路。

老子之教，争人所不争，要善于处下。别看你韩非《解老》又《喻老》，可你呀，只知老子有天道，不知老子还有下水道，让王居天道，自留下水道。

而你却自居于天道，秦王来了，也不让道，你不让道，他怎能与道为一？既然君道同体，你还想染指？当年颛顼“绝地天通”，现在秦王要“绝天道通”。

可你呀，你能让道吗？你只能活在天道上，哪能像我一样？！

若要活下去，你只能像我一样，活在下水道里。可你在天道上活惯了，不像我在下水道里，活得轻车熟路，游刃自如，高傲的你怎能从老虎变成老鼠？

我从来没有在天道上住，只要下水道通往粮仓，我就很满足。

人只要在天道上住过一次，就再也不愿下来，哪怕为之而死。

可是，天无二日，道无二主，天道虽广，却不能承载两个思想者王，因此啊，我擅自做主，拿来毒酒一壶，敬你毒酒一杯，把你送上那天道的不归路。

说罢，我深深一揖，说，愚兄罪该万死，但我只能如此。

韩非说，兄如此言，我死无憾矣！人之将死，其言谨记。

我说那秦王啊，他成也君道同体，败也君道同体；秦兴也以吏为师，亡也以吏为师；最后的时刻到来时，你要自己给自己拿主意，要切记啊，切记！

现在，皇帝突然死了，这是最后的时刻，轮到我来拿主意了，可我呀，从里到外，连魂魄都在发抖，从头到脚都在战栗，我早已丧失了拿主意的能力。

做惯了老鼠，怎能一下子就变成老虎？我虽然早已熟悉了下水道，但天道还是我的陌路。我早就期待着当家做主的这一天，可这一天来了又觉得突然。

我还没学会站在天道上发言，我还不习惯表达自己的观点。

胡亥虽愚，却比我能拿主意，赵高虽阉，却比我更有权欲。还是听他们怎么说吧！

他们说啊，胡亥要当秦二世，请支持。

我说，先帝有遗嘱，他已选扶苏。

赵高说，这才要请你支持。

我问，如何支持？

他说，一要秘不发丧，二要修改遗嘱，让胡亥当二世。他还说，我把心里话都说了，这条命就交给你，要么将我处死，要么就请支持。

怎么办啊？韩非老弟，此时此刻，请告诉我啊，该怎么做？该我拿主意时，我却没有主意。可我这一生啊，却总有一颗野心在跳，它无论如何都要反叛一次，才能安顿自己。为什么要反叛？什么都不为！或者说是为反叛而反叛，反叛本身就是目的。

要怪，只能怪自己没有主意。既然自己没主意，那就跟着胡亥去反叛一次。皇帝已经死了，这是我一生中反叛皇帝的唯一一次机会，无论如何都要反叛一次。

瞻念前途，我已不寒而栗，韩非老弟，求你在天之灵给我启示……

秦山刻石拓本

政客标本

古人有姓，有名，有字。李斯，姓李，名斯，字通古。通古有点意思，通古才能知今。那意思是做一个官家粮仓里的大老鼠，做一般的老鼠，随便混混就行了，想做大老鼠，就要通古。他是楚国上蔡人，投在吕不韦门下，给秦王上了一篇《谏逐客书》，从宰相食客一跃成为王家食客，在王权的大锅饭里掌勺。如果说秦始皇是千古一帝，那他就是千古一相了。他“通古”而不法古，主张以吏为师，自任吏首，为天下师。高处不胜寒啊，

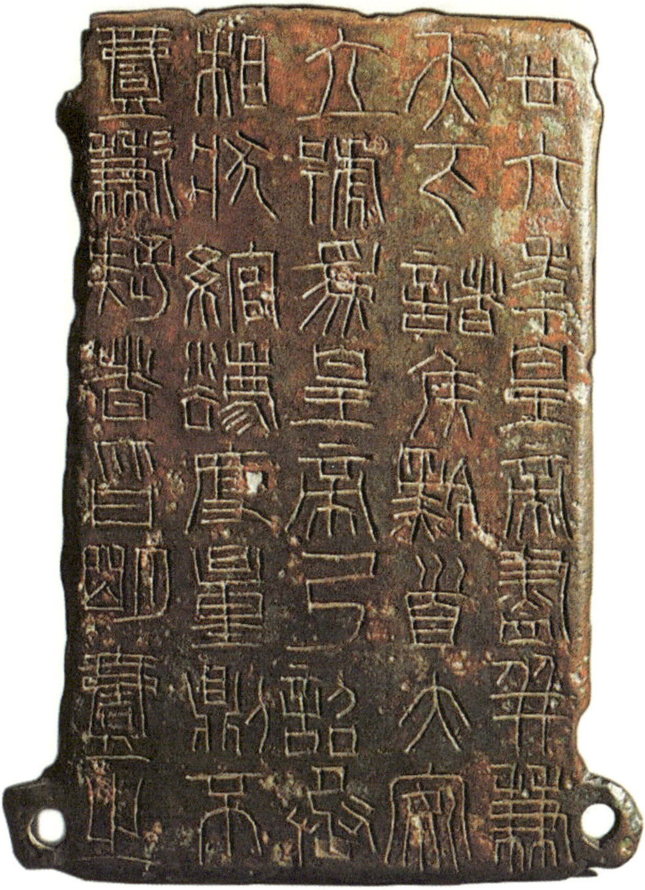

秦始皇廿六年诏版
泰山刻石拓本与秦始皇、秦二世两诏版上的字皆为秦典型之篆文

君王地带，要好自为之。他算计了天下英雄，结果却被阉人赵高算计，报应就是如此。

秦王统一天下的具体重大措施，基本出自李斯。废分封，设郡县；统一度量衡，统一货币；车同轨，书同文。书同文指统一文字，统一于小篆。篆文作为标准统一了全国文字，但并不方便书写，流行时间也不长，不久就被更为简洁流畅的“汉隶”所取代。

第2章

通往帝王之路

革命

01

农民也有帝王思想

楚国亡时，楚人留下一句话，叫作：楚虽三户，亡秦必楚。

楚人不服啊！统一后，秦人在楚地没少下功夫，可楚人就是不服。

不光楚人不服，六国之人皆未服，这应验了“得民心者得天下”那句老话。打天下靠军事，以战争消灭敌对势力，得天下靠政治，要以政策来争取人民支持。人民支持的前提，便是那政策要能得民心，而秦却以打天下的方式对待民心——“攻民”。

秦始皇帝虽然以“打天下”取得了胜利，却从未想过“得天下”的问题，他想当然地把“打天下”和“得天下”当作直接的因果关系，以为“得天下”就是“打天下”的继续，只要把“打天下”进行到底，自然而然就“得天下”了，所以，大都顺着“打天下”的惯性治理国家，除了“君臣上下一日百战”，还有就是以“攻民”为导向的治民之术。

“民心”二字，似乎从未上过国家政策的台面。对国家而言，人民就是纳赋税、服徭役的户口，是国家的财力和兵力，可以用数字来统计，无所谓“民心”问题，而“攻民”，就是以压迫的方式，像榨油一样，不断榨取户口利润，使国家利益最大化。

我们可以说，皇帝明于法术而陋于知“民心”，他对于治下的人民，并不真懂，也不屑于去懂。他哪里知道，他的人民，虽在草根安身，却多有凌云之志呢？当他以郡县制“灭国”、以兴徭役“攻民”时，就有一位楚国的农民坐在田埊上，对同伴说“苟富贵，无相忘”，同伴听了直摇头，这位农民就望着天空慨然而叹曰“燕雀安知鸿鹄之志哉！”

皇帝以郡县“灭国”，会遭遇六国贵族的抵抗，以徭役“攻民”，会导致民变，这应该都在皇帝的意料之中。对于六国贵族的想法，他将心比心，大都清楚，对于“民心”，他虽然不会从民本的立场去考虑，但也会有个基本判断。他无法搞懂的是个体，从农民的群体中会产生怎样的个体？他无论如何也想不到，从农民的心思里会产生帝王思想。

他对六国贵族的举动——实施全面监督和镇压，以防其复辟。连泄王气都用上了，可他万万没有想到，王朝的“千里之堤”会溃于民心之中一念起动的“蚁穴”，一句“王侯将相宁有种乎”犹如神矢击中了一代王朝和一个帝国的阿喀琉斯之踵，使之轰然倒塌。

从一个农民的嘴里，居然说出了这样一句话，天地为之变色，山河为之流血。就如同“汤武革命”和“君道同体”解放了君王，这一句“宁有种乎”解放了农民的思想。在历史的舞台上，农民不仅作为耕战之士的群体登场，还要作为个体的帝王将相登场。

如此说来，那便堪称农民运动的先知或农民起义的先王了。承蒙太史公不弃，将此人载入史册，使之如孔子般，按照王侯规格，进入“世家”系列，留下其姓名。

因此，我们知道了此人姓陈名胜字涉，他还有个搭档，姓吴名广，二人皆为楚人，被秦“攻民”，驱往渔阳戍边。此时，皇帝刚死，二世才登基，在一个谁也没注意到的地方——蕲县大泽乡（今皖北宿州），发生了一件可以预料到的事情——戍卒遇雨戍边误期，在举国上下一浪接一浪的“攻民”大潮中，这本来是经常发生的事，可谁能想到，不起眼的戍卒九百人中，偏偏就有一位不平凡的人物，而这人物身上，偏偏就产生了帝王思想。

不是所有农民都会产生帝王思想，只有中国农民产生了帝王思想，这跟中国经济以农业为基础、政治以农民为本位有关。中世纪欧洲和日本的农民，生活在封建领主制的庄园经济里，还被农奴制束缚着，从来没有成为国家政治的主体——上升到耕战和耕读。在欧洲，国家政治的主体，除了贵族，就是市民，没有农民的份，历史上，虽也有过几次农民起义，但都没能建立政权，这与动辄改朝换代的中国农民起义相比，不可同日而语。

中国历史上，有两个制度安排，解决了农民问题：一是秦汉以来的军功制的安排，解决了农民耕战合一的问题；另一是隋唐以来的科举制的安排，解决了农民耕读合一的问题。有了这样两个制度安排，农民就有可能“朝为田舍郎，暮登天子堂”，就像在舞台上呈现的那样，一边是“出将”，一边是“入相”。当君主无道、制度失效、国将不国的时候，农民还有一项权利，那就是革命。那权利，无须制度安排，已在“民心”中存在，被陈胜用一句“王侯将相宁有种乎”大吼出来，一句顶一万句，成了中国历史的最强音。

让我们回到两千多年前那一刻。那是公元前 209 年，亦即秦二世元年七月的某日，陈胜、吴广等一行九百人，长途跋涉，来到了蕲县大泽乡。一路上，大雨淋头，洪水当前，再也难以前行，可按秦律，误期当斩。陈胜、吴广密议，曰：此番戍边，度已失期，进亦死，退亦死，反正是一死，不如为国家而死。于是，陈胜纵论天下大势，如是曰：“天下苦秦久矣。吾闻二世少子也，不当立，当立者乃公子扶苏。扶苏以数谏故，上使外将兵。今或闻无罪，二世杀之。百姓多闻其贤，未知其死也。项燕为楚将，数有功，爱士卒，楚人怜之。或以为死，或以为亡。今诚以吾众诈自称公子扶苏、项燕，为天下唱，宜多应者。”

此等高论，当可媲美于诸葛亮之《隆中对》。如果说《隆中对》成功地规划了一个三分天下的战略，那么陈胜则提出了一个推翻秦朝的战略。“天下苦秦久矣”是对天下大势的一个基本判断，光是这一句话的分量，便可称千古名言，抵得上一篇《过秦论》了。接着，陈胜便提出一条攻秦的政治路线：以扶苏号召秦民，用项燕发动楚人。实践证明，这条路线是正确的，不仅吴广听了直点头，九百戍卒听了跟他走，连六国贵族都响应了。

勇如荆轲，不过图穷匕见而已，智若张良，亦只能伏击于博浪沙之途，都不如陈胜那掀天揭地的一吼，那席卷天下的一手。最难能可贵的是，他能把农民起义与儒者革命相结合，开辟了一条中国历史发展的新道路，此岂徒逞一时之智勇的荆轲、张良辈所能为哉？连不可一世如项羽、刘邦等恐亦不如矣！我们感谢司马迁留下了这一段宝贵的历史资料，但他的评价，却未达应有的高度，至少，还没有达到当年孔子评价荷蓧丈人的高度。

有人说，他也许就是农家许由一派的传人，一个隐于耕的革命者。因为，他在起义中所表现的高度的文化素养，在历代农民起义中都是罕见的，一个能使“鲁诸儒持孔氏之礼器往归”者，一个能使孔子之孙为其博士而与之俱死者，是不能以“其事至微贱”“才能不及中人”来打发的，更不能以“以秦禁其业，积怨而发愤于陈王也”，来解释儒者“负孔子礼器往委质为臣”的行为，他们必定是在这位“陈王”身上，看到了自己心中的理想。孟子说，人皆可以为尧舜，农民也有圣人气象。郭沫若在《青铜时代》一书之《秦楚之际的儒者》中说道：陈涉在其仓促之间，还设置了博士，可见他并不是一位像楚霸王那样的有勇无谋的贵族暴徒，也不像刘邦那样动辄谩骂儒者的流氓无赖，司马迁把他写得太少了。

陶量，高 34.8 厘米，口径 40 厘米，底径 25 厘米，容量约 31 100 毫升，内蒙古赤峰出土，赤峰市文物工作站藏

戴在罪犯脖子上的铁项圈，陕西西安秦始皇陵出土

始皇诏陶量，高 9.2 厘米，口径 20.5 厘米，底径 17.7 厘米，容量约 1000 毫升，山东邹县纪王城遗址出土，山东省博物馆藏

秦朝是个短命王朝，它一出场，除了修筑第一个王朝国家的各种大型工程外，就是统一度量衡的各种标准器，用以统一人口的税收。

在秦始皇、李斯甚至整个秦帝国的观念里，“民”是什么？民是一张“口”。口除了吃饭之外，就在“口”前面加上一个“人”字或“户”字，称“人口”或“户口”，重在“口”字上。“人口”是纳税和服劳役的数据，“户口”便于国家通过户籍管理掌控“人口”。“人口”是国家的财力与兵力。围绕这一主题，秦国采取了“攻民”“弱民”之术，这一点秦始皇不陌生，他视

秦始皇陵兵马俑坑出土现场

韩非若“海伦”，不惜以一国兵力强抢，就是基于韩非君主集权的思想魅力。其实他的祖父秦孝公用商鞅变法时，最重要的就是鼓励“耕战”，人口无论出身，只要多交粮食和多割敌人的首级，皆可升爵。秦始皇统一后，立即下诏“使黔首自实田”，虽然承认土地私有化，但建立在国家奴役制下的“人口”依附关系上的土地私有化，仍然是国家奴役人口的手段，而不是目的。他们只要“口”，而不要“人”。他们驱赶这些“口人”为他们修筑万里长城、巍峨宫殿、辉煌陵寝，交粮纳税，杀人盈城等，把人们驱赶到物质生存的底线或边缘，这就是法家规定的“人的本质”，至于人除了追求基本的物质生存之外，还有更高的精神生活需求，那都是法家要消灭的“五蠹”。经历了轴心期洗礼的先秦“人口”，毕竟有先秦诸子的思想底蕴，亦不乏先秦诸子的徒子徒孙们对于人的觉悟，于是，“人口”起义了。

02

儒者要革秦朝的命

我们在此，不妨多问一问。先问一下：何以儒者要革秦朝的命？

当秦统一之际，儒者本是秦朝统战的对象。为了改变“秦无儒”的局面，秦设博士，欲兼并各国之儒——兼收并蓄。但儒者对秦统一所持的立场有所不同，齐儒积极参政、议政，纷纷入秦，鲁儒持不合作态度，抱经隐匿，以至于秦始皇帝泰山封禅时，至鲁地，只字不提孔子，也未见有鲁儒追随，而燕赵之儒则紧跟本土任侠风气，走向刺秦一路。

至秦二世，胡亥以侏儒之材登基，秦亡，已可指日。二世虽未取消秦博士制，但秦博士已然“焚坑”之余，犹如惊弓之鸟，已无宁日，秦博士制早已有名而无实。

天下苦秦久矣！而其实秦统一仅有十余年，风声鹤唳，几无一日平安，如此说来，乃物理时间与心理时间的差别，秦政之下，人民惶惶不可终日，可谓度日如年。

焚坑之际，博士儒的“王圣”梦灰飞烟灭，儒家圣人革命的理想从朝廷转向民间，从仕途转向江湖，革命的主体亦从官本位的博士儒转向民本位的革命儒。

再有一问，那就是陈胜起义后，六国贵族群起响应，何以作为革命儒代表的孔子后裔八世孙孔甲，不去投奔其来有自的贵族复辟，而要投奔揭竿而起的农民起义？

就因为他从农民起义中看到了一种新的历史趋势，他顺应这一趋势，带来了寄托着儒家政治理想并作为国家认同标志的礼器，对这次农民起义给予了最高的礼遇。

须知，秦召天下博士议国是，他避世不出，始皇帝亲至鲁地，登泰山封禅，他并没有带着礼器出来迎接，他在等待，等待着革命的号角。谁来吹响革命的号角？

一个胸怀大志的农民，在历史的转折点和关键时刻，吹响了革命的第一声。这一声，源远流长，源于文化中国理想，那理想，不光以诸子的思想运动来表达，还以平民的政治运动来实践，两者共生，形成了农民起义与儒者革命相结合的新的历史发展道路。

知识分子走与工农相结合的道路，似乎为近代以来所提倡，其实早在两千多年前，就由孔甲开始了，孔甲与陈胜合作，形成了这样一条历史道路。因此，秦汉迭代，楚汉相争，最有历史意义的事件，并非一代新王朝产生，而是一条新的历史道路出现。

这一时期，最重要的历史人物，并非争夺新王朝的项羽、刘邦，而是抱着革命理想开辟新的历史道路的陈胜和孔甲。一代王朝，新兴的汉朝，前汉后汉加起来，几百年也就过去了，可那一条历史道路，一代又一代接着走，走了两千多年，似乎还没走到头。

所谓“成王”，他所成就的，不过一代王朝，而“败寇”们所开创的，则是越来越宽广的历史道路和越来越宏伟的革命洪流，陈胜和孔甲，就是这样两位“败寇”。

“焚坑”之后，儒与秦势不两立，江湖革命儒兴起，与受秦迫害的儒余孽会聚起来，形成了历史上前所未有的儒者革命队伍。适逢农民起义爆发，两股革命洪流，在民本主义的旗帜下统一起来，这是儒家有史以来，第一次用真刀真枪来印证其革命理论。陈胜虽为“瓮牖绳枢之子，甿隶之人，而迁徙之徒也”，虽无“仲尼、墨翟之贤”，但其鸿鹄之志，如孟子言，也具备了圣人的一面，其“斩木为兵，揭竿为旗”，乃“诛一夫”之革命也。

秦以兼并得天下，非正统所谓“受天命”者。以前，天子“受命”——受上帝命或天命而抚有四方，必革去前代天子所受之命，因此，革命本身，也就是“受命”。但是，二者也有区别，若以汤、武革命言之，汤所受命为帝命，而武王所受之命为天命。

天命与帝命的分别在于，“帝”被人格化了，而“天”为自然化。帝命，自上而下，为神本位；天命，自下而上，为民本位。因此，汤革命，其正当性与合法性，均来源于上帝，而武革命，其正当性与合法性，则源于天，基于民，而有“天听自我民听”。

秦虽兼并战争的赢家，若按汤、武革命理论，却无受命资格，也就是说，秦受命，既非受以神为本的帝命，也非受以民为本的天命，秦要受命，必须另辟一蹊径。

于是，“五德终始”登场，以五行相生相克作为革命依据，故秦所受之命，既非受帝命，亦非受天命，而是受以王朝为标志、以历史为本位的自然循环的五行之命。

当然，我们也可以说，“五行说”是对天命观的一种结构的功能性阐释，五行相生相克，表现了天命的程序化和形式化原则，用相生相克的拟人化的自然规律取代民本主义，其术数之原理，源于《周易》，乃荀子所谓“制天命而用之”的理性化的工具。

工具化的天命观，扬弃了固有价值本体——民，秦始皇帝溺于此，埋头去玩革命的数学游戏，而不问民心、民意。如果说，他“泄王气”还有个下手处，对于民气，则不知其为何物，唯以攻民、弱民行之，而不知民气本受“载舟覆舟”之命，能发“改天换地”之力。当其“泄王气”自谓有成却不期而亡时，不料，民气则在一个农民身上爆发了。

秦始皇帝启动大一统工程，所恃者神，而非以为民，其受命亦如此，按儒家革命理念，受命于天者，必受命于民，可秦始皇帝啊，宁受命于神，也不愿受命于民。

然而，他所谓的“神”，并非如殷人的“帝祖合一”的上帝，而是从五行相克中解放出来的神仙。从上帝那里，人还知道自己有限，需要神的庇佑才得以安然，可是，从神仙那里，他却得知人能无生死，无古今，进入永恒和无限，其中的关键，便是游仙。

他用儒家革命论，使诸侯兼并变成了王朝革命，用五德终始说，使王朝更替与自然循环同步。革命在他那里，并非原则，而是策略，正如他以战去战、以杀去杀一般，其目的，是以革命终结革命，故其封禅仪，非行圣人革命之大典，乃终结革命之表演。

当其抛弃儒者，恰如老子所言，是以儒为“刍狗”也。“刍狗”是草扎的狗，祭祀用，用的时候很重要，可用完了就扔掉。“革命”对他来说，当然很重要，可他玩一把就算了，以“革命”为“刍狗”。对五行说，他也如此，用“五行相克”的原理克掉了周朝，这也就够了，不能再克下去，否则，就要克到自己头上了，因此，要到此为止！

终结革命的理论前提，便是君道同体，而其实践，则为游仙。

他欲以游仙，超越革命，解构五行，结果，却落入方士彀中。

其泄六国王气，欲防六国复辟，但他没想到，王气可泄，而民气不可泄，革命犹在，只是性质发生了变化，形式已然改观。革命先驱，从王者变成儒者；革命主体，从贵族变成农民；一种新的革命——儒学运动与农民起义相结合，开辟了历史新范式。

明人绢画“焚书坑儒”

王权黑了

秦人尚黑，焚书坑儒——突破底线的黑！

不知儒服是否屈服于黑色，但那下面鲜活的肉体，却被黑土吞噬了460具。17世纪，明人绘制的绢画讲述一段黑色的历史，画面却金碧辉煌。那些头戴方巾的儒士，分明是明人模样。草根皇帝朱元璋发明文字狱，有明一代，“横竖”风险，“撇捺”无常，一点一钩，皆有杀机。可见汉字翻云覆雨的功夫。

秦始皇用博士儒议政，但思想要用法家的度量衡，言论要纳入王权的“方升”中，不入者，焚之坑之。丞相李斯献计：凡史官非秦记皆烧之。非博士官所职，天下敢有藏《诗》、《书》、百家语者烧！有敢偶语诗书者弃市！

03

让思想上山去

秦统一，乃历史统一性之预演，而非其终结。

秦之亡，为历史统一性的选择，而非其易辙。

统一之路，其势已成，不因秦二世亡而不行。

秦以兼并行统一之道，其并天下之日，即失天下之时。六国之复辟、楚王之霸业，以及楚汉相争等，此乃拨乱反正之过渡，为历史必然性的小插曲。

统一当以革命行，以革命行则“顺乎天而应乎人”。

秦汉之际，发生了从兼并到革命的巨大历史转折。这一转折，揭示了此后中国历史的一个特殊规律：凡以武力并天下、以阴谋篡王权者，其国早夭，秦与隋，皆二世而亡，西晋窃取，亦为一短命王朝；而以革命取天下者，皆有数百年之国运。

革命的模式，多半就是儒学运动与农民起义相结合。而模式的形成，就在秦汉之际，为革命的儒者首创。

三代之革命者，汤克桀，武王克纣，皆为王者。战国时期，孟子行仁政，其着眼点，也放在各国诸侯身上，以百里之地而王，而非立足于儒者自身。“焚坑”以后，儒者已无枝可依，体制内，连趋炎附势的博士儒也混到要指鹿为马的地步，实在混不下去了，更别说抱残守缺、持不同政见的隐士儒了。

这两支儒者，后来，也都先后加入革命儒的队伍。

革命儒的代表是孔甲。孔甲，名鲋，孔子八世孙。《史记》说他“年五十七，为陈王涉博士，死于陈下”。他呀，是孔氏家族为了革命而牺牲的第一人啦！他带着礼器去投奔陈胜，并非走投无路时的选择，而是受儒家自孔子创宗以来就已形成的民本主义的感召，向那历史深处，纵身一跃：“古池寂，蛙儿飞矣”——那是向着死亡飞呀！

歌者咏蛙，多咏其“鸣”，无咏其“飞”，以“飞”咏蛙，自日本俳圣芭蕉始，把它用在革命之圣裔的孔甲身上，那是多么贴切呀！此前孔门子弟，皆革命之鸣蛙，百家争鸣时，鸣出儒家，“焚坑”劫余，鸣蛙已无声，万籁俱寂时，蛙儿飞矣……

向着革命飞去！那飞蛙呀，就是孔甲，抱了孔门礼器，向着国家起源的入口处，纵身一跃，去叩问国家的本质，去倾听权力来源的正当性：革之时大矣哉！

鸣蛙，是有常之蛙，耳得之，为蛙之实然者，而飞蛙，乃无常之蛙，于一刹那，起飞了！“飞鸟之影，未尝动也”，那是人用理性，测量时间与空间，一瞬，又一瞬，一点，又一点……这就是存在呀，被形而上学定格。飞蛙呢，动了吗？动了！它必须降落实然之域、古池之上，扑通一声响！飞蛙跃入，猝然破寂，天地因之变色，世界为之惊栗。

那就是死！一响之余，复归于寂，此乃英雄之于历史。从此，儒学运动，从鸣蛙转向飞蛙，投入革命洪流了。

历史啊，你低估了孔甲他那决然的一飞呀！如果说孟子是王道之鸣蛙，那么孔甲就是革命的飞蛙，若无他那舍命一飞呀，试问孔子如何能圣化？

从老古董里走出来，从故纸堆里走出来，从礼仪教条中走出来，将传道授业与农民起义相结合，他开启了儒学运动的新方向，开辟了历史发展的新路径。

与农民兄弟共患难，同生死，这在儒家，还是第一次。

刘邦祭孔，也许是听了陆贾的《新语》，也许是出于叔孙通制定的礼仪，但从根本上来说，则是基于孔甲的革命精神以及孔甲之死对于革命的号召力。史书皆曰“沛公不好儒”，然而，个中缘由谁知？其麾下之人说道，沛公见了儒生就骂，还扯下儒冠撒尿。刘邦一泡尿，是检验真儒与假儒的试剂。多少假儒、贱儒、小人儒，在这一泡尿下原形毕露？

坑儒之时，诸儒互相告发，丑态百出；博士儒笑骂任汝，好官自为，他们在秦政权里混，实在混不下去了，就来投机革命，他们成事不足，败事有余。

真正的革命儒，羞与此辈为伍，恰好那一泡尿，使诸儒逃之夭夭，真正的革命儒反而投他来了。看那高阳酒徒，头戴儒冠，大步走来，充满了革命气概。

高阳酒徒，郦食其也，陈留高阳人，好读书，家贫落魄，人皆谓之狂生。刘邦过陈留时，他去谒见，人语其“状貌类大儒，衣儒衣，冠儒冠”，刘邦不以为然，想以“未暇见儒人也”将他打发。他勃然大怒，瞋目案剑，大喝一声：“吾高阳酒徒也！”刘邦听了，吓了一跳，赶快将他请来叙话。他见了刘邦，劈头就说，你“智不如吾，勇又不如吾”，还摆什么架子！其狂也如此，刘邦反而“敬闻命矣”。

儒者的浩然之气，战胜了豪杰的生理本能。刘邦认定，能喝酒的儒者，必定是革命者，当年，他就是因为喝醉了酒，斩了一条蛇，才走上革命之路的。

刘邦求教若渴，郦生即以王道说之：“臣闻知天之天者，王事可成；不知天之天者，王事不可成。王者以民为天，而民以食为天。”其立论之高，直承孟子；而行事之明，又通荀学。洒脱的风采和没遮拦的气概，展示了狂与死的美学境界。

而儒者叔孙通则为另一类——“秦时以文学征，待诏博士”。

陈胜举事，二世询之，博士诸生三十余人皆曰：此乃造反，罪死无赦，请发兵击之。二世怒形于色，诸生仍喋喋，独叔孙通知几，谀曰：明主在上，安敢有反者？不过几个鸡鸣狗盗之徒而已，派人抓来就是了。二世尽问诸生，或言反，或言盗。结果啊，言反者，被下吏问罪；言盗者，安然而归。唯独叔孙通以一言得宠，被拜为博士，诸生又妒又羡。可他心里，反而越发不安。此时，他心态已与诸生完全不同，诸生还想在秦王朝里混饭吃，还要以秦二世为靠山，而他却早有二心，想乘机一走了之。

诸生之于秦也，可谓受尽磨难，人格全无，忍辱偷生也就罢了，然而，趋炎附势之心不死，像窝窝头一样，被冷落了许久，二世来顾问一下，便竞相进言。

二世顾问，乃拷问诸生之心术也，言为心声，是以，认定诸生言反者必有反心。此法家形名责实之术，诸生哪里懂得这一套？结果，当然中了秦二世的招。

叔孙通则乘机逃走，没有投奔陈胜，而是投在项梁麾下，革命了。

后来，他见项羽志在霸业，便改投刘邦，在刘邦麾下，灰溜溜。但他知进退，能与时变化，一见刘邦讨厌儒服，立马改换楚衣。刘邦见他乖巧，是个可用之人，就拜他为博士。可出人意料的是，那刘邦啊，竟然称他为“稷嗣君”。谁说刘邦没文化？一个“稷嗣君”的称号，真要令当时所有文化人都“尽折腰”了，它发出了一个最动人的信号——自由化，而它就来自稷下。

此号一出，思想就从“以法为教，以吏为师”的统治下解放。

解放，多么令人向往！不需要思想者王，只要落草，思想就欢唱。

不管霸道王道，不管老韩之学，还是老庄之道，统统去落草。

让思想上山去！山上有天，山上有云，天高云淡，山花烂漫。

天命在深山，云深不知处。云起山坳呀，那儿有思想的源泉。山，是思想者的摇篮，真理在山中醒来，上山去！从芒砀山到井冈山，两千多年来，革命者在呼唤……

站在山头，有人放眼望去，而觉那山河大地啊，唯我可恃。

山有真理之溪，
文明化为流域；
山有真理种子，
文明生生不已。
他从山中来，
带来了真理，
那是仁的种子，
义的蒂，
天命播种之。

弄狗厨印铜印，高 1.3 厘米，长 2.5 厘米，宽 2.3 厘米，
秦代，河南省博物馆藏

弄狗厨印

秦子婴是个匍匐在地小心翼翼的亡国之君。有关他的身世，至今说法不一，他是秦始皇的弟弟，还是秦二世的兄长或侄子?

赵高谋杀二世，企图自立，但阴谋家的骨骼里，缺了龙筋，只好迎立子婴。因天下反秦，秦地缩水，赵高诫子婴勿称“帝”，称“王”而已。秦王子婴在位 46 天，做了两件事情：即位 5 天，计杀赵高；第 46 天，投降刘邦。“弄狗厨印”是秦狗肉膳房长官之印，子婴就像俎上之狗，又被项羽杀死。

四神云气壁画，长 550 厘米，宽 350 厘米，西汉，河南省永城市芒砀山柿园汉墓出土

汉家发祥地

豫东大平原东端永城外有座小山，是刘邦事业的发祥地。

这山不高，海拔 150 米，也不大，14 平方千米。但王气四溢，弥漫豫、兖、青、徐，刘邦在此“斩蛇”起义。

刘邦当年，孤身亡命芒砀中，据说头顶有紫气缭绕。

山上，有孔夫子避雨处、夫子庙、陈胜王墓，昭示了汉家儒者革命和农民起义的来历。以梁孝王为首的 20 多座汉墓，最见芒砀山的滋养功夫。梁孝王刘武是刘邦的孙子，孝文帝的儿子，景帝的胞弟。爷爷庇护孙子，孙子为爷爷守护着革命老区。

敦煌前的敦煌

芒砀山有座柿园汉墓，墓里一墙彩绘壁画，被誉为“敦煌前的敦煌”。画面青龙飞舞，舌卷玄武，朱雀、白虎随侍左右，绶带穿壁，云气缭绕，色彩艳丽，线韵豪迈，尽显楚龙风采。

04

山河王气与天命之歌

山中之路，与京师对立，两条道路，此消彼长。

秦方二世，便如日之将夕，悲风骤至，而有山民起。

皇帝营造骊山大墓，使“京师贫”；赵高指鹿为马，使“京师贱”，此二者，使“京师之王气泄”，王气何处去？“山中之王气聚”，刘邦得其先机。

“京师贫”而“四山实”，“京师之人贱”而“山中之民贵”，“京师之势轻”而“山中之势重”，“京师如鼠壤”，如垃圾场，而山自有天道，可上天堂。

因此啊，山中有大音起，天地为之钟鼓，神人为之波涛！

刘邦带着山头王气，由山中入京师，与秦民约法而治。那三章啊，便是来自山中的天地间最简单的真理。他用这三条最简单的真理，进行自由化管理。

这在儒家，就是三代之治；而在老、庄，则是无为而治。

那刘邦啊，起于沛县小吏，虽出身于市井之中，但老子当年毕竟在这一带隐居，故其文化底蕴里，那一番天人之际的自由化气象，显然渊源于老、庄。不过，其来路，或如孔子所言，非学而知之者，乃生而知之者也。

张良与人言兵法，人皆不悟，语之沛公，则举一反三，张良叹曰：沛公殆天授也！

当年，沛县之人为吕公贺寿，刘邦虽然身无分文，却大笔一挥，写“贺钱万”，遂居上座，谈笑风生。事后，吕公不以为意，反而赞许。

试问这是什么兵法？乃逍遥游之兵法，殆天授之大兵法。

“北溟有鱼，其名为鲲，鲲之大，不知其几千里也，化而为鸟，其名为鹏……”其智若此，大而化之，不为小节所拘，其天性里，自有老庄之道为根底。

秦亡以后，楚汉相争，霸道与王道，终以兵戎相见。

真理是恶，必然性的恶，要用无量之鲜血来检验。

项羽驰入关中，那是贵族中的贵族，英雄中的英雄，从来就不可一世，见了秦始皇帝，却不以为然，只淡淡地说一句“彼可取而代之”，便仿佛无事。而刘邦则羡慕皇帝，远远望见，就说：“大丈夫当如此！”

两种说法，代表了不同的价值。项羽是复仇者，其理想为复辟，所以，他不把皇帝当一回事，而刘邦却是个平民出身的皇帝迷，表白自己想当皇帝。

这就是太史公史笔，两人各一句，就区分了两人的本质。

漫不经心地道来，细掂量，乃见其千锤百炼的功力。

鸿门宴上，刘邦用弱，自处于“材与不材之间”，一副“安时而处顺”的样子，任凭处置。可这却是最好的防御，敞开了门户，反而让项羽无从下手。项羽用强，当其破釜沉舟，决战章邯时，可谓用强之极。但面对弱者，他却不知从哪儿下手，尤其像刘邦这样用弱，如影随形，如丝绸贴身，若欲下手击之，难免有所顾忌，稍有一点松懈，他便溜之大吉。

后人讥项羽，说他以“妇人之仁”落空鸿门宴，其实，也是项羽一直没有下手机会，二人毕竟曾经结义为兄弟，不能如对待秦卒一般，说坑就坑的。

项羽灭秦，志在复辟，并非想当皇帝，其宏伟愿景，不过为战国之雄与春秋霸业，而非三代之治，故其分封诸侯以后，据说，还放了一把火，就走了。

他把刘邦分封到望不到头的山那边去了，那地方叫汉中。

汉中是汉家天下的发祥地，在秦岭以南的山坳里，看起来很封闭，《史记》说：“秦岭，天下之大阻也。”可这条“大阻”啊，乃中国历史之轴，堪称天下之脊。

此乃山中之民的理想地，可项羽不知。他见刘邦翻山越岭而去，还烧了栈道，便以为刘邦已断了争天下的念头，只想待在那绵延的大山里过安稳的日子。

其实，那群山之中，藏着沃野千里，此乃天府之地，而项羽却以为那是个山窝窝，把刘邦塞进去，委屈在那里。刘邦还用一把火，佯示他已死心塌地。

那一把火啊，乃用张良计，他怕项羽反悔，跟踪追击。

两个道家之徒，用弱用到底，把个英雄项羽蒙在了鼓里。

项羽不想当皇帝，也就不讲天下大势，不问山川之利，把个聚宝盆当作了窝窝头，将先他入关的刘邦，祸水般地泼在聚宝盆里，真个是“祸兮福之所倚”。

刘邦因祸得福，他正做着帝王梦，项羽就送上了帝王枕。

起初，刘邦并不乐意，可他还是隐忍着，听取了萧何的建议。那萧何说呀，汉中，号称天汉，以此为王，可以南取巴、蜀，北定三秦，使天下定于一。

鼓一敲就响，烛一点就明，刘邦连二话都不说了，立马就去。

刘邦入关中，诸将取财宝、美女，唯萧何清点户籍、土地，并且在关键的时刻，一句话提醒刘邦，其一言兴邦，如《读史方舆纪要》言，“帝业遂基于此”。

项羽分了江山，反倒招来叛乱，按下葫芦起了瓢——战！

没完没了的战，项羽疲惫不堪。刘邦趁机发兵，兵形似水，行于“天下之大阻”之间。有了“大阻”屏蔽，汉军休养生息，当其还定三秦，才能出其不意。

人语项羽之败，曰：有一范增而不能用也。范增何许人也？一江湖阴谋论之术士也，项羽尊之为亚父，却教项羽以霸术。

鸿门宴上，项羽不忍，犹有仁者之心，而范增示意，必欲杀之，益见其小人作态矣。孟子曰：不嗜杀人者能一之。此非无当之言，乃革命之真谛也。然，范增不以此教项羽，项羽坑秦卒二十万，他视若无睹。

暴秦虽已灭，继以暴楚横行，以暴易暴，楚亦失人心。秦虽无文，犹向往之，项羽无文，竟毁灭之；始皇焚书，犹留余地，项羽之于秦宫，则一焚而已。项羽火烧阿房宫，范增不劝；杀秦子婴，弑楚怀王，也不劝；使项羽先失秦民之心，又失楚人之心，先不敢据关中，而终不敢回江东，正所谓进退失据。

不讲天下之道，不明天下之势，唯恃力与计。项羽之力，范增之计，一时所向披靡，最终一败涂地。何也？此二人者，不明天时，不知地利，不通人和也。

秦末大革命，有两条政治路线，指引中国往何处去。一条是以陈胜和孔甲为代表的农民起义与儒者革命相结合的王道路线。历史教科书里，一提起这场革命，就以“陈胜、吴广”言之，其实，吴广只是陈胜的合作者，他并无革命的代表性。就此次革命的性质及其历史意义而言，称“陈胜、孔甲”起义较为合适，因为这两人各有其代表性，陈胜代表农民，孔甲代表儒者，他们合作，代表了历史运动新方向，开辟了革命新道路。陈胜、孔甲之后，刘邦继以革命儒，成了这条路线的代表。另一条，是以项梁和范增为代表的贵族造反与六国复辟相结合的霸道路线。项梁初起事时，亦尊陈王，陈王首义而败，范增说：不立楚后而自立，其势不长。故项梁改弦易辙，立楚王后裔为“楚怀王”，以楚人而成霸业。

项梁之时，这两条路线结成了统一战线，共诛暴秦。项梁死后，刘邦、项羽虽分道扬镳，仍合力攻秦。亡秦之后，两条路线就开始对立起来，且势不两立。

即便以霸道言之，项羽的霸业也入历史末流，为霸道之落日余晖也。其成就，不仅与春秋霸业相去甚远，就连与战国时代的霸业相比，也不禁黯然失色。

霸而有道，其道在信，春秋五霸能“挟天子以令诸侯”，就以信。

秦自商鞅起，以耕战之士立国，论功行赏，以法为教，亦以信。

而项羽，自命为西楚霸王，却霸而无信，其分封也，迁刘邦于汉中，徙义帝于长沙，封降将于三秦，皆以一己之私心。霸无信不立，从此，天下乱纷纷矣。故其分封完毕，就四面受敌，因其不讲政治，故以善战而疲。

其善战也，每战必胜，却越胜越弱，刘邦屡败，却越败越强。何也？

形势使然也！霸亦有势，势在地利，秦以地利成其霸业。

秦从穆公到始皇帝，二十余君皆为霸主，岂世世贤哉？其居地势使然也。项羽入秦，非不知秦地利，然而却不据关中，何也？孟子曰：地利不如人和。项羽嗜杀，焚秦宫室，掠秦财富，秦人恨之，项羽据秦地，如坐针毡，如临火山，又安然稳居？

故其欲东归也，其真意在此，却以衣锦还乡为借口，乃自欺欺人。

继以弑义帝，又失楚国人心，英布、彭越之徒，亦纷纷起而效之。

悲哉！项羽非王者，亦非一霸者，乃不世出之英雄也！以一人而敌天下，犹能战无不胜，且有美人、宝马相随，可谓孤独之人，而遇千古知己，何其悲也！垓下之围，韩信“十面埋伏”，张良“四面楚歌”，以楚歌呼唤楚人，楚人皆思归，而楚军溃；以十面埋伏而围溃军，项羽犹能匹马杀出重围。突围时，悲声四起，万马骤至，飞矢如雨。

项羽牵乌骓马，欲别美人虞姬，心头一酸，怆然而歌曰：

> 力拔山兮气盖世，时不利兮骓不逝。
> 骓不逝兮可奈何？虞兮虞兮奈若何！

或曰愤怒出诗人，此非虚言也。英雄的思想与个性，乃历史之烙印；英雄的悲情与豪情，乃天命之诗性，“刘项原来不读书”啊，其长叹之诗出于天命。

虞姬聆咏而悲，闻歌而泣，拔剑起，剑花绽，而血花开矣。

佳木已摧，良玉已毁，大势已去，美人已萎……执子之手，与子偕死。他唱着歌，跨上乌骓马，带着他的美人，在十面埋伏中，杀进杀出，一如当年出江东，还是那样的“万人敌”。

他说，我一生无败呀！对此，他至死不疑。他本已杀出重围，可以像刘邦那样逃去，可他不逃。他说，我要证明自己——唯天能亡我，能亡我的人还没出世。那个钻裤裆的家伙，怎能打败我？十面埋伏算什么！只要我一冲杀，所有铜墙铁壁，统统都要倒塌，那山一样压过来的血光耀眼的铠甲，怎经得起我乌骓马那风驰电掣一般的践踏？！

看我杀进去，挡我者死；看我杀出来，追我者亡。几进几出，我数不清了。乌江边上，我突然顿悟。我不求胜利，但要证明自己，砍了那么多头颅，如西瓜，在马蹄下滚踏，这就是铁证，他们不行！可如此证明法，要用多少头颅？他们人多势众，头颅无穷，我岂能把他们都砍了来做证？我要用最节省的方法来证明——只用一颗头颅。

谁的头颅？我自己。没有人能杀死我，能杀我者，唯我自己。

背靠乌江，我已没有了退路，犹如当年破釜沉舟，那一次，我一人砍了多少秦军头颅？头颅堆成了山丘。他们应该记得那时的情景，我往江边一站，就是神！

刘邦靠山，他只要进了山，其智就如千沟万壑，神出鬼没；我靠水，只要背靠江河，我就是胜利者，勇气和力量，就会源源不断。说秦居水德，那是胡说，是我在漳水边，九战九捷，一举将秦军主力歼灭，你说，是秦居水德，还是我居水德？韩信学我背水一战，他那点兵法，在我看来，不过小菜一碟，所谓十面埋伏，只是一些破铜烂铁。

看啊，他们果然在退缩，那铁一样的方阵，生锈了，一片片松动、剥落，呵呵，还需要证明吗？我本不想做皇帝，只想证明自己一生无败，天下无敌，能杀我者，唯我自己！可从今以后，世无英雄，只有皇帝。我求死而死，死得其所矣。刘邦兄弟，我将这颗大好头颅送给你，你去做皇帝，让我和虞姬待在一起，留一点纯粹的美和绝对的死。

总有一天，历史需要英雄，而不需要皇帝，那时，你就会懂得什么是纯粹的美和绝对的死，而我们，将从历史深处走来，与你相会，来看你作为皇帝如何死。

他终于割下了自己的头颅，奋力一掷，再也不带杀气，奔向美……

从汉中到长安

刘邦，徐州沛县人，秦末任泗水亭长，负责泗水防御治安职事。某时押送刑徒，一路有逃亡，无奈将所剩无几的刑徒全部释放。可放走犯人当斩，他只好藏匿芒砀山中。陈胜起义，建立张楚政权，与秦王朝抗衡。刘邦趁机啸聚三千子弟呼应，攻占沛县，自号沛公。后又投奔楚国贵族项梁、项羽叔侄。陈胜死，刘项合兵，继续与秦战。在那期间得高阳酒徒郦食其、谋士张良，羽翼渐趋丰满。西征，先于项羽进驻西安灞上，接受秦王子婴投降，秦朝灭亡。趁势废除秦朝苛律，约法三章，等待项羽进关。鸿门宴后，刘邦接受项羽削兵封爵为汉王，西进巴蜀汉中，烧毁栈道，以示断念逐鹿中原。

刘邦是善变的，忽儿啸傲庄子之浩大，忽儿反刍老子之阴柔，而周身活跃的是社会底层——江湖的生活智慧。

周秦以来，王运巡秦岭以北，关中之地。汉中，坐落在秦岭以南，为天然粮仓，养兵胜地。楚汉相争，刘邦示弱，被项羽迁入汉中。刘邦乐得休养生息，蕴养王气，潜龙勿用。时运一到，就飞龙上天，翻越秦岭，入主长安了。

怪只好怪秦始皇当年在泗水没有打捞上沉鼎，没能泄掉泗水的王气。

鸿门宴，纵 23 厘米，横顶 140 厘米，底边 193 厘米，西汉，洛阳古墓博物馆藏

千年一宴

项羽，泗水下相（今江苏宿迁）人。楚国大将项燕之孙，勇猛好武，颇有乃祖之风。秦末随叔父项梁起兵反秦，有楚庄王问鼎中原的霸气，也有楚怀王的简单鲁莽。霸气成就了他的英名，而鲁莽却使他功亏。火烧阿房宫，杀秦王子婴，彻底灭秦后，自封西楚霸王，号令分封天下。完成六国贵族的复国运动之后，衣锦还乡，终为刘邦所灭。

可他高贵，而且爱得纯粹。

鸿门宴上，他占据了历史制高点，却让阴谋退出，诚信放光。还是喝

酒吧，喝吧，管他明朝剑戟蔽日，还是血如残阳呢……微醉的欲望浮泛着青春的嫩色，那是人内心固守的一方净土，留给爱人，也留给敌人。让政治的异化、权力的蹂躏，统统见鬼去吧！这是项羽的魅力。

河南省洛阳市烧沟村61号汉墓大型壁画，背靠山峦，九人野宴。右起，二人正在烤肉，炉左二人席地对饮，紫衣举杯者项羽，刘邦赭服，项伯拱手后立，左蹲一座虎头怪兽，左起立三人者分别为项庄、范增和张良。这是汉人欣赏鸿门宴的杰作。

第3章

大汉王者与歌者

01

帝王的悲歌和咒语

刘邦接手了天下这个摊子，他还要收拾。天下纷乱，他要收拾，收拾了，天下才会安定。民不聊生，他要收拾，收拾了，他才能得民心。

他自己的家里，一直就乱糟糟的，让他最头痛了。他本想换个太子，把老实的盈儿换了，换上他喜爱的儿子如意，可大家都反对，他也就罢了。

还有匈奴扰边，他原以为，一发兵，就赶走了，谁知那匈奴居然强悍无比，将他围起来，差一点把他搞死。他用了陈平一条美人计，才救了自己。

家里收拾不动，边境不敢收拾，更何况战后民不聊生，那就与民休息，让老百姓自己去收拾。这在黄老，叫作无为而治，在儒者，便是民本主义。

还有儒者革命，也是个问题，汉家天下的一半就基于此。

陆贾《新语》说，马上得天下，可马上不能治天下，要以诗书治天下。以诗书治天下，还不就是用儒生治天下？这也是那些儒生来向他要权的表示。

不知是谁给他出了个主意，让他路过曲阜时，去祭拜一下孔子，别像那秦始皇帝，对儒家圣人视而不见，爱理不理。刘邦开了皇帝祭孔先例。

此例一开，儒家中了帝王学的头彩，其中便含有对革命先烈孔甲的缅怀。虽然过去的历史书上都没有这么说过，但事件本身，却有这样的前因后果。

秦末那次起义，人皆称之为“陈胜、吴广起义”，从揭竿而起那一面，可以这么说，但还有另一面，那就是陈胜称王以后，革命的属性有了转变，从暴力属性向文化属性转变。称王，要有文化认同，一个农民称王，孔门后裔居然不嫌草莽，就带着礼器来投奔了，这是儒家思孟学派民本主义思想——“天听自我民听”的第一次实践，就其对中国政治文化和政治思想史的重要性而言，我们理所应当称之为“陈胜、孔甲起义”。

明乎此，才能懂得刘邦何以要祭孔了。若非孔甲参加革命，孔子恐怕要被埋没，因为孔子述而不作，并没有真正属于自己的著作问世，被后世称之为“半部《论语》打天下，半部《论语》治天下”的《论语》，也是孔子得到帝王家认同之后，才由他的徒孙们编纂出来的。至于《春秋》之“微言大义”，那就更是从属于帝王家的专利了，帝王只是借了个圣人孔子的名义，并非孔子先知先觉特意要为几百年后的汉家天下立法。

所以，我们说若无孔甲革命，就没有帝王学里的“孔圣人”。

祭孔之后，刘邦起用叔孙通，让他带了一班儒生去制定朝仪，从此，儒者追随皇帝，渐已出人头地。接着，又设五经博士，以儒家经典为王朝中国奠基。

秦朝虽亡，可秦制还在，汉承秦制，儒者不服，所以要继续革命，他们不仅要亡秦，还要改制，号称孔子著《春秋》，是为汉家立王法，以革命建王制。

儒者只管改制，可天下纷纷，谁来收拾？此非儒者所能，只有靠他自己了。他要收拾谁呢？当然是那些分了他天下的异姓王，例如，韩信、英布、彭越。

儒者继续革命，不会去革那些异姓王的命，因为他们不是革命的对象。当然，他们也不是革命的同党，他们只会要钱、要地，拥兵为王，没有革命理想。

收拾那些异姓王，只能靠他刘邦自己去做，无人可以替代。

家里乱糟糟，那毕竟是家务事，而异姓王是天下事，内外有别。

儒生天真，以为马上得天下已经完成，治天下要靠他们的书本。其实，统治者是只能上马，不能下马的，马上打天下，还要马上治天下，打中有治，治中有打，但，不管打还是治，治还是打，都要随时备好马，及时出发。

幸亏他还没有下马，可不，这又要出发啦，因为英布造反了。

打英布时，乱箭之中，有一支箭射中了他的胸膛，他马上拔出箭来，却用手去捂着脚趾，示意脚趾被箭射中了，这个细节不起眼，但它也许就决定了历史。

打完了英布，他的心情很悲凉，不光是因为他受了箭伤，还因为他心伤，他发现自己是在为他人作嫁衣裳。彭越、韩信是怎么死的？还不是吕雉做的手脚。逼反了英布，再逼他上战场，结果呢？英布死了，他也受了伤。

以后会怎样？瞻念前途，后果不堪想。他知道自己将不久于人世了，可他的戚姬和如意儿怎么办？落在吕雉手里，会很惨。他无奈，喝了两口酒，就唱歌：

> 大风起兮云飞扬，
> 威加海内兮归故乡，
> 安得猛士兮守四方！

有人说过，鹰击长空从来不唱歌，唱歌的都是被鹰抓捕的小雀。

项羽破釜沉舟，决战章邯时，没有唱歌，在十面埋伏中却唱歌。而今刘邦觉得自己也在十面埋伏中了。埋伏从何来，由谁安排？

祸不在萧墙之外……总之，他忍不住要唱歌了，歌声冲口而出，没有遮拦，那气象，当然还是帝王气象——风起云涌啊，拥戴帝王。可歌声难免悲凉。帝王，是一代人的光荣与梦想，他把这份光荣与梦想带回故乡，大风尽情地吹呀，使他威名远扬。

他悲上心头，忧从中来，末尾“安得猛士”那一叹，何等沉重！

猛士呢？他的猛士呢？当年那些与他风云际会共取天下的猛士呢？

一个个，都被他收拾了。猛士不在了，他忽然觉得山河空了。山河大地，一无可恃，可恃唯我。可他已是受伤之余，抱病之躯了。世无英雄，而女子难养。这首《大风歌》，是为江山唱，也为他的戚姬唱，无限豪迈里，那最后一声叹息，就是为了戚姬。

戚姬善乐，帝常拥之倚瑟而歌，歌毕则泣。天下英雄，皆服其多智，却不料他还一往情深。“时来天地皆同力，运去英雄不自由”，“时来”矣，“运去”耶？

最是帝王不自由，不自由！近来他很儿女，悲情如噎，而欲放歌耶？

帝悲而歌，姬忧而舞，侍婢数百人和之，宫中放声高唱《大风歌》。

及见太子，已有商山四皓在侧，帝叹曰：太子羽翼已成，难动矣。戚姬含泪而泣，帝曰：为我楚舞，吾为若楚歌。于是，击筑而歌，唱道：

鸿鹄高飞兮，一举千里，
羽翮已就兮，横绝四海。
横绝四海兮，当可奈何？
虽有矰缴兮，尚安所施！

歌罢，他做了一个梦，梦里失魂落魄，那是一个噩梦。他梦见，如意被毒死，戚姬被活宰，做成人彘，盈儿看了人彘，惊吓之余，从此一病不起。盈儿不是猛士，却以孝悌一死，立汉家百年根基。秦二世而亡，其所以亡者，就是缺了这一点孝悌。

梦醒了，他要赶紧回去，安排好后事。想当年，他一文不名，却以“贺礼万钱”娶了吕雉；想当年，他斩蛇起义，让吕雉搞了一些鬼使神差的小把戏，什么赤帝子杀了白帝子啦，什么他的头上有天子云气……债要还，报应要承担，这是规矩，他当然懂。

当年的债，他来还，还了吕家何止千万？当年的报应，他来担，何以承担？就用这条命来担。吕雉领了太医来给他疗伤，他把太医撵走了。此时，他才懂得了项羽为什么求死，求死而得死，可谓死得其所矣。生死由命，可命不能交给别人。把命交给吕雉，被她玩于掌股之间，那才叫不得好死。把命交给太医，听由之，还做什么皇帝！

他自称，大丈夫手持三尺剑，纵横天下，哪里会惧怕这一死？不过，临死前，他却要群臣立个誓，给吕雉留下不可磨灭的咒语：“非刘氏而王者，天下共击之！”

《帝鉴图说》上篇《圣哲芳规》27 诏儒讲经，（明）张居正编纂，彩绘绢画，法国国家图书馆藏

儒生为王权守成

刘邦称帝，群臣喧呼，拔剑击柱，依旧当年草莽绿林气。

儒生叔孙通率弟子，制定皇宫朝仪。用儒家礼仪提升草莽皇帝。长乐宫落成，大殿上行朝仪，无人敢失礼。儒生陆贾著《新语》，劝谏“马上得天下”的刘邦，要以诗书治天下，用儒学塑造皇帝。

剪除了 7 位异姓王。除长沙王吴芮外，诸侯王以及公主戚亲，皆刘姓盘根错节。刘邦过鲁地，亲自以太牢之礼祭祀孔子，开皇帝祭孔先例，发出儒生取代猛士的信号。

“汉并天下”瓦当，直径 17.5 厘米，西汉，
陕西省西安市汉长安城遗址出土

“长乐未央”瓦当，直径 15 厘米，西汉，
陕西省西安市汉长安城遗址出土

安得猛士兮守四方

长陵是汉高祖刘邦和吕后吕雉的合葬墓，位于陕西咸阳市近郊窑店镇三义村。

长陵陪葬坑也有矩阵汉家军“兵马俑”，他们就是刘邦的猛士，3000个彩绘陶制武俑，从容。

一如韩信来了，一介王孙，天纵之才，他的兵法，何等脍炙人口？暗度陈仓、背水一战、十面埋伏等，但他不会应帝王。

彭越来了，他才识不及韩信，骁勇不如英布，一个乐在捕鱼的自由汉，却成了中国战争史上后方游击战的鼻祖。可他惨啊，吕后杀他全族，刘邦“醢刑”他，他的肉酱被遍赐诸侯。

长陵汉家军，步兵俑高 48 ~ 50 厘米，西汉，陕西省咸阳市杨家湾出土

英布也来了，来时，汉王坐在床上洗脚，不理他，他连死的心都有啊。可刘邦又送了很多金钱和美女给他，他一下就乐开了花。刘邦这一生的最后一战就是跟他打的，刘邦将他打死后，自己也死了。一个篱笆三个桩，三个英雄桩都倒了，剩下一个篱笆怎么活呀？

陕西栎阳遗址出土了一块瓦当，据说为汉高祖宫殿所用。瓦当上模制有“汉并天下”四字，还真有一副“威加海内”的气势。

汉俑与秦俑不同，他们自信放松，自由的眼神里，充满了快乐的光辉，从地下拱起，似有天命之力。

“临湘令印”滑石印，高 2.6 厘米，印面长 2.8 厘米，宽 2.7 厘米，西汉，湖南省长沙市陈家大山 1 号墓出土

“临湘令印”

临湘为长沙国都城，今称长沙。据《汉书·韩彭英卢吴传第四》记载：“吴芮，秦时鄱阳令也……项籍死，上以铜有功，从入武关，故德芮，徙为长沙王，都临湘。”西汉与所封的王侯之国还配有一套行政制度，如郡以下设县，万户以上为大县，设“县令”；万户以下为小县，置“县长”，管辖县内所有政务。这枚“临湘令印”，虽为冥器，应该仿长沙县令官印。

长沙王吴芮

刘邦剪除异姓王，为什么没有杀异姓王吴芮？

据《史记》，《汉书》，四库本“都会郡县之属”的《江西通志》《江南通志》《广西通志》，以及鄱阳鸡峰《吴氏宗谱》等记载，吴芮是句吴始祖周文王大伯吴太伯的三十三世孙、吴王夫差的十一世孙。公元前 473 年勾践灭吴，开始追杀吴国王族子弟，直到前 306 年楚灭越国。前 248 年吴芮的父亲吴申出任楚国一地方小吏，后被贬至鄱邑（鄱阳湖），后又迁至余干，前 241 年生吴芮于余干，前 201 年吴芮逝。

生于战国群雄纷争时代，吴芮青年时开始专注研习《孙子兵法》与《吴起兵法》，带领亲族子弟与南下军士的后代，收留流民，演阵习兵，抵御流寇抢劫，保护一方乡亲。不愿留下的，还给散兵回家的盘缠，一时队伍不断扩大。18 岁时，吴芮已是拥有一万七千多兵马的大统领了。兵马分布于鄱阳、余干、浮梁一带。吴芮听从母亲梅氏的建议，藏兵于民，兴农鼓励通商，解决军队给养。势力范围北到安徽祁门，东至赣浙边界，南达福建，西接都昌、鄱阳。在治内，他革除弊政、轻徭薄赋、兴修水利、劝农励商，自保一方。不愧姬姓后代，遗传基因里就有民本传统。

秦统一后，鄱阳成为第一个秦郡县制在江西推行的行政级别县，吴芮为县令。公元前 207 年 2 月，秦面临各地起义割据的困局，秦二世采纳李斯谏言，封吴芮为“鄱君”，授予他整个鄱阳地区最高行政职权，中央不给财政支持，亦不收税。吴芮接受祖父的建议及祖父给他的“太衍水”流域图，借助朝廷给予的合法身份，在此重建一个祖先的“太湖流域”。“太衍水”即景德镇“昌河”，吴芮带着队伍，从昌河到鄱阳湖，清除水盗，开通航运，发展渔业，尽地力于农业，在湖岸建城，是为今日江西鄱阳县。而正是这一年，秦二世被赵高心腹阎乐逼迫自杀于望夷宫，是为秦二世三年。

吴芮是第一位响应陈胜起义的秦吏，呼应项羽，攻陷赣、湘、桂一带，一些秦旧吏率部归附或响应，如勾践后裔闽越王无诸、越东海王驺摇，淮南义军首领英布亦闻名投奔而来，能征善战，吴芮纳英布为女婿，命其攻秦。自己率部追随项羽，攻占咸阳后，项羽封他为衡山王，建都邾（今湖北黄冈），封英布为九江王，定都安徽六安。

吴芮是有复国抱负的，他要从鄱阳湖到洞庭湖再造一个太湖流域的吴国。公元前 204 年，他率军攻陷长沙，在湘江水岸建长沙城。守护辖区平安稳定，一时收容了许多因北方战乱而南下的移民与商家；占领南越后，又迁徙技术移民，教当地人种植水稻，号称“芮稻”。

偶遇是一种难以言喻的历史诱因。一次，吴芮在洞庭湖一带巡视，结识了张良，视为莫逆。在张良的劝说下，开始拥戴刘邦。项羽败后，吴芮以吴王的身份，与韩信拥戴刘邦为帝。

公元前 202 年，刘邦封吴芮为长沙王，下辖长沙、豫章二郡，一并将赵佗据有的南海、桂林、象郡归属长沙王，直到公元前 196 年重归赵佗辖制。

刘邦得天下后，分封了八个异姓功臣为王，随后又与吕后合谋杀了七位异姓王，代之以分封亲戚子弟屏藩中央，建立具有宗族血缘关系的“同姓九国”，楚、荆（吴）、代、齐、赵、梁、淮阳、淮南、燕，唯留长沙王吴芮得以善终，又福及四世无子嗣而止。

据说张良辞归后，曾在吴芮家小住。吴芮听从张良为之计，出让大部分封地给刘邦子女，将帐下精锐亲兵拨给刘邦堂兄荆王刘贾，安排第五子吴元带部分家眷返回浮梁瑶里生活。

公元前 201 年吴芮与妻子毛苹一同去世，合葬长沙城西，谥号“文王”。子吴臣袭爵谥号成王，孙吴回袭爵谥号哀王，曾孙吴右袭爵谥号共王，四世孙吴羌袭爵谥号靖王，无子绝嗣国除。汉景帝前元二年（公元前 155 年）封景帝六子定王刘发为第一代刘氏长沙王。

“赵孟頫番君庙碑”云：“番君者长沙王吴芮也，无大功德而千年前后尚祀不绝何也？”赵孟頫所谓“大功德”当然是指为王朝“出将入相”，吴芮没有将相之功，可在江南一带，他的庙祠祀香遍布，且千年不绝，是纪念他在文化江山里的功德。

闻名于世的湖南长沙马王堆汉墓的2号墓主轪侯利仓，到长沙王国任丞相时，已是吴芮之孙哀王吴回袭爵长沙王时，距吴芮逝世第八个年头，即公元前193年，汉惠帝二年。利仓早年追随刘邦征战，因功被封为轪侯，汉初封侯有百多人。1号墓墓主为利仓之妻辛追，3号墓为利仓之子、第二代轪侯利豨。我们没有看到吴芮的墓葬，但从利仓墓呈现的他生前生活的景象中，可见吴芮治下的长沙国之富庶与殷实。

汉家宫阙

西风残照，咸阳古道音尘绝，唯有汉家宫阙。

将秦“兴乐宫”装修一番，改名“长乐宫”，刘邦便在此办公了。萧何又在长安西南隅修建了第一座汉家宫阙——未央宫。

未央宫方形，面积约5平方千米，是明紫禁城的近7倍；有前殿、宣室殿、温室殿、清凉殿、麒麟殿、金华殿、承明殿、高门殿、白虎殿、玉堂殿、宣德殿、椒房殿、昭阳殿、柏梁台、天禄阁、石渠阁。

殿阁富丽，于汉赋中可见，气势磅礴了两千多年。汉赋的气象格局，在重阁味儿中张扬，与汉家宫阙交相辉映。

中国古人以十二支对应方位，“子”北方，“午”南方，“卯”东方，“酉”西方，“未”为西南方，按风水学要求，皇宫选址要在关中之地的西南方，而人主所居要在大地的中央，这两方面结合起来，所以命皇宫之名为“未央”。

未央宫椒房，为皇后正殿。以花椒和泥涂墙，色暖味青，称椒房殿；寓意“椒聊之实，蕃衍盈升”，后世常以“椒房”称皇后。

02

帝国生命线

《史记》里有那么一条线，我们称它为“司马迁线”。

因为，它是司马迁指出来的，是一条农牧文明分界线。

从龙门到碣石，这一线，长城连着阴山，接替中原秦岭—淮河那一线，在与匈奴互动中，发展出一条帝国生命线。谁得了这一线，谁就能成长为一个帝国。

我们来到这一线，就在号称“万里长城第一台”的镇北台上，看到了当年蒙恬筑长城遗留的烽火台遗址，还在新修的城门上，看到了这样一副对联：

> 南蔽秦陇，北瞰河套，榆塞固垒震九边；
> 东连山海，西接嘉峪，万里长城第一台。

“榆塞”，今陕西省榆林市榆阳区，镇北台就位于该区，其地势，“南蔽秦陇”，“秦陇”即陕甘地区，“北瞰河套”，“河套”即农牧分界线上的黄河流域。也就是说，此台向南，可作为陕甘地区的塞北屏障，往北，可以守望河套，而它在万里长城中所处的位置，则是东连山海关，西接嘉峪关，为东西南北之枢纽。

中国历史上，其实不止一个中原，除了两河流域秦岭—淮河一线的中原，还有农牧分界线上由农耕文化与游牧文化融合形成的中原，这个中原，包括了秦汉以来至唐的河套地区以及宋辽金元明清各个时期从阴山到燕山的长城一线，北京就在这一线。

所谓“北京”，也可以说，就是农牧两种文化大融合形成的中原。

从历史上看，我们发现，以长城为界，形成了农耕文化与游牧文化的南北格局，农耕文化的北京，也就是游牧文化的南京，而农耕文化的南京则在长江流域。登上镇北台，放眼望去，河套历历在目，长城一线绵延，抚今追昔，难免感慨系之，诗曰：

白日刷新城一角，天命如斯待子曰。
秦陇烽火河套月，汉家天下匈奴血。

农牧两种文化，此进彼退，谁掌握这一线，谁就占据了历史的主导权。

从某种意义上，我们可以这么说，这条农牧分界线的主权属性，决定了中国历史的进程。农耕文明的宋、明两次转型，都因为对农牧分界线主权属性的丧失而被逆转。因此，这一线的魅力，不仅在于它的地缘政治地位，还在于它的不确定性。这种不确定性，不但会影响一代王朝的命运，还会影响中国乃至整个世界的历史进程。

从殷周到春秋以至秦汉，中国大一统的中心，都在长江与黄河之间的两河流域，其命运线，就是一条东西向作为南北分界线的秦岭—淮河一线，那是历史的中轴线。

汉初，王朝的重心虽然还在秦岭—淮河这一线，但其帝国的格局，却遭遇了来自农牧分界线上的不确定性来袭，故其重心已北移至阴山一脉与

“龙门—碣石”一线。

阴山一脉，乃农牧分界线北线；“龙门—碣石”一线，为农牧分界线南线，两线之间，有一道长城，那是人为的农牧分界线，是为展示华夷之辨而设的文明分界线。

长城一线，顺着阴山蜿蜒，沿阴山一脉，阻隔胡马南下，守护“龙门—碣石”一线，“秦时明月汉时关”的“关”，都在这一线。突破了阴山这一线，“龙门—碣石”一线，就完全暴露在胡马的铁蹄下，越过“龙门—碣石”一线，胡人就一马平川直奔中原。

司马迁写《史记·货殖列传》，东、西以崤山分，还是春秋战国以来的老观点，但他给我们指出了农牧分界线上的“龙门—碣石”一线，则是汉人经营天下独有的慧眼。《春秋》大义——“尊王攘夷”，“尊王”于秦岭淮河之间，“攘夷”则在龙门至碣石一线。

崤山，乃秦岭一脉之东段，据河洛之地，拥函谷之险，为“尊王”之关键。

而所谓“龙门至碣石”一线，则是从太史公的老家——龙门山下出发，往东北方向，沿着黄河边上画一条线，越吕梁山南段，过燕、赵之地，入渤海湾，至碣石山。

这一线，大都在燕、赵之地，想当年，赵武灵王和燕昭王便在这一线以北，筑长城以拒胡马，于自然农牧分界线的北边，增加了一条人为的地缘政治冲突的分界线。

战国时期，秦、赵、燕北边，皆为胡人游徙之地，自西北以迄东北，绵延万里，多有胡骑出没，胡骑飘忽无常，往来不已，与之冲突不断，故三国筑长城以拒之。

率先于阴山筑长城以拒胡人者，乃胡服骑射之赵武灵王也。

赵武灵王筑长城的时间当在公元前307年至公元前300年。赵长城，长六百余千米，分为南、北两列。北列，西起高阙，即今内蒙古杭锦后旗乌拉山与狼山之间的缺口，沿着阴山南麓往东去，经五原、固阳县北境，至呼和浩特西北大青山北麓。南列，西起乌拉特前旗黄河东岸，傍大青山南麓，逶迤东去，经包头、呼和浩特、卓资北境，向南折入察哈尔右翼前旗，而至张北。此为最初之长城。

一百多年前，梁启超先生著文，称赞赵武灵王立马阴山，为“黄帝以后第一伟人”，不惜用了绚烂已极的文字，尽其高扬之能事，他说：痛哉！耻哉！中国民族之外竞史也！自商、周以来四千余年，北方胡种世世为中国患，而我与彼遇，劣败者九而优胜者不及一。其稍足为历史之光者，一曰赵武灵，二曰秦始，三曰汉武，四曰宋武（刘裕），如斯而已！如斯而已！他认为，四役之中，最值得后世子孙为之自豪者，唯有赵武灵王。

赵武灵王是个能冲锋陷阵的王者，有点像亚历山大大帝。同时，他又是个儿女情长的英雄，颇似古罗马统帅安东尼。

如果他很专一，只是个王者，他有可能将胡人统一，而使匈奴难于崛起，也许匈奴早就被他逐出西域，而没有后来那些秦皇汉武故事。如果他能建立一个统一的帝国，那帝国的文明，必定兼有农耕性和游牧性，却以华夏主导之，统辖之，一如后来盛唐君临西域，大清实现满、蒙、藏与汉文明一体。两千多年来，此乃中国历史大趋势，而他早已提撕之。

当其实行胡服骑射时，他便整合了两种文明，而使之一体化了。他把自己的重心，放在了毗邻胡人的代郡。他的代郡班子里，核心人物如肥义、楼缓，都是胡人。可赵国传统的政治中心，却在邯郸，那是赵国贵族势力大本营。他说服了赵国贵族势力的代表——他的叔叔公子成，整合了两套班子。

这谈何容易！赵国两种文化、两大政治势力，一直对立，代郡与邯郸，成为两个据点对峙。而且，代郡势力，已扩展至游牧文化的另一重镇太原郡，而邯郸，则控制了地近中原的上党郡。因此，赵国内政比其他中原国家多了一重矛盾，那就是华夏贵族与有戎狄背景的外族大臣之间的矛盾。此前，赵国曾发生多起政变，其格局，便是一派获得外族大臣支持，以代郡为根据地，另一派由华夏族大臣支持，坐镇邯郸。

邯郸与代郡，分居赵国南、北两地，遥相呼应，握中原、制戎狄。然而，邯郸与代郡之间，却隔着一个敌对的中山国，使得邯郸与代郡交往，都要经由太行山西侧的上党郡和太原郡绕行，才能进入位于邯郸北面的代郡。两个重镇，在民族性与文化质上，本来就存在很大的差异，加上交通上的阻隔，更加大了这种差异。

赵武灵王不能眼看着这种差异发展下去，否则赵国本土就会解体。因此，他必须拔掉插入赵国本土的地缘政治的硬钉子——中山国。

中山国人，春秋时，号称鲜虞，为白狄一支，晋屡伐之，曾亡于魏，而后又复起。赵与齐、魏战，常被其牵制，故赵武灵王下决心根除，欲以胡服骑射取之。

他说，我从来都不怀疑胡服的效果，却怕天下人都来笑我。要笑，就让他们都来笑吧，让笑我者，看我如何取中山国。

于是，他身穿胡服，率领骑兵，从南到北，穿过中山国，直奔代郡。继而，又穿越楼烦、林胡势力范围，一路上，战无不胜，攻无不克。

梁启超《黄帝以后第一伟人赵武灵王传》说，战国七雄，实行军国主义者，唯秦与赵，赵之有武灵王、肥义，犹如秦之有孝公、商鞅也，秦国之主动力在臣，赵国之主动力在君。且一言以蔽之曰：商君者，秦之俾斯麦，武灵王者，赵之大彼得也。

赵以胡服骑射，灭中山国，梁氏赞曰：于是，今保定、大同、宣化诸地，从此归于中国版图。若无赵武灵王，则冒顿平城之祸或不待汉高之时，而已见于中国。又曰：前乎此者，为山甫、方叔之所不能及；后乎此者，为蒙恬、卫青之所不能及。本族历史名誉之纪念，以此为最。蒙恬、卫青，众所周知，为秦、汉时人，山甫、方叔则为周人。

梁氏盛赞赵武灵王，不是赞其内战的武功，而是排外的武功，为此，他用了外战优先的尺度，认定排外高于内战，把赵武灵王的排名，放到了秦始皇帝前面。

我们认为，梁氏赞美，其所据者，乃基于近代民族国家观念，偏袒于军国主义，其狭隘处，显而易见，如称外族为“贱种”等，论史识，不及司马迁深远。

要将赵武灵王的故事放在那条“司马迁线”上来看，我们的眼光才不会像梁启超那样被赫赫武功所遮蔽，于其更为卓越的文治反倒视而不见。何以此言？

那是因为，骑兵好建，而融合两种文明的属性，却很难。

可以说，胡服骑射是华夏族被胡风吹拂而盛开的文明之花。此花，开于赵武灵王，看似一时灿放，实则要有文明的土壤，非积百年功力，潜移默化，难以开放。它要有相宜的天时，开在“战”之时——战国时，开在“革”之时——各国都在变法时，还要有相宜的地利，开在农牧分界之南线，也就是那条“司马迁线”上。

战国时期，变法领头羊无疑是秦国商鞅，其变法欲使耕战合一，全民皆兵，充分挖掘了农耕文明的战争潜力，不惜竭泽而渔，把国家打造成战争机器。而赵武灵王变法则是另外一番景象。他穿胡服，骑胡马，驰骋于阴山下，那里天似穹庐，笼盖四野，撒欢的都是马，马是战略资源。还有，天苍苍，野茫茫，风吹草低见牛羊，牛羊是经济基础。正如农耕文明有田园诗要吟，游牧文明也有长调要唱。

商鞅很冷峻，给人的感觉。他的眉头拧得很紧，那是思想之弓拉满了，连五马分尸都拉不开他那紧皱的眉头。而赵武灵王却很奔放，思想像跑马一样，跑就是目的，目标拴不住他，方向拽不住他，他只管跑啊！变法，是有意，还是无意？他要在农牧混合型经济基础上，建立一个农牧一体化文明的国家，多半没有这样的想法，可他却这样做了。

赵国是华夏系统中与戎狄通婚程度最高的国家，公室与戎狄通婚也比秦国和燕国多。秦国和燕国公室的通婚对象主要指向中原各国。而赵人不在乎他们国君的血统里有多少戎狄之血，也不在乎他们的文化戎狄化。就在阴山下，长城边，文明混血了。

从中国历史上看，秦皇、汉武是一路，为农耕文明扩张力代表，而赵武灵王、唐太宗为另一路，是农耕与游牧混血文明扩张力代表，这两路都以农耕文明为主。而以游牧为主的混血文明，则有元朝和清朝，它们都可以作为国家代表。它们将游牧文明的爆发力同农耕文明的组织性结合起来，形成了胡汉一体的新兴国家力量。

不管来自哪一路的扩张力，它们都必须据有“龙门—碣石”一线。那是一条帝国生命线，正是在这一线，天命将“帝国”授予了王权。占有了这一线，一代王朝才能成长为一个帝国，秦、汉如此，唐、明如此，元与清也如此。退出这一线，便丧失了帝国主动权，或如南朝内乱，或似南宋偏安。

最早盯住这一线，并在这一线上开拓经营的，就是赵武灵王了，尽管他尚未自觉，但他却在这一线上，萌芽了一个帝国的梦想。秦以“亡秦者胡也”的提示，也在这一线开拓，多少有那么一点天命意识了，但还谈不上自觉，真正的觉悟从司马迁开始。

长城，政治上是帝国主权的标志，文化上是华夷之辨的标志，而不仅仅是所谓军事防御设施。赵武灵王和秦始皇帝，都在阴山一带修长城，用长城把农牧分界线上的南北二线——“龙门—碣石”和阴山连接起来，这两线之间，便是农牧文明混合区域。

对于农耕文明而言，唯有守住阴山长城一线——“不教胡马度阴山”，方能于“龙门—碣石”一线立足，其边际条件是能否屯田，能屯田，则能戍边，能拒胡。在河套地区，我们看到了这样的情景，农牧分界线两旁，一边是正春耕的农田，一边是在放牧的草原，中间用木桩和铁丝拉了一条分界线，防止农民继续开垦。

眼前一条分界线，多少传奇在里面。
自有文明分农牧，天下从此不安生。

我们可以想见，若非以统一的行政区划来管理，这样一条薄弱的分界线又有何用？所谓文明的冲突，其实也是生产方式的冲突，如果说游牧民族在军事冲突中凭着游牧带来的机动性而具有一定的优势，那么游牧民族在生产方式上的脆弱性则显而易见。当草原被开垦为农田之后，一旦气候有变，不宜农作，被弃置不用，就容易沙化，这样就压缩了逐水草而居的游牧民族的生存空间。沙化，也是一种地缘政治。河套地区的沙化，除了气候变化的天灾，便是农耕导致的人祸，诗曰：

河套原来是绿洲，而今沙化多旱柳。
自从汉家屯田后，胡马逐鹿不肯休。

欲阻胡马，便修长城。修长城也有各种不同的版本，有人比较过赵长城和秦长城，指出它们的不同：其一，赵长城在阴山南麓，秦长城在阴山山脊或北麓；其二，赵长城烽火台少，秦长城烽火台多；其三，赵长城用土夯，秦长城则多用石砌。何以不同？或曰财力，秦财力强，赵财力弱。或曰战力，赵国靠骑兵，以野战为主；秦以步兵，靠城防。

这些都能说得通，但不是根本，根本在于立国之势及其文化差异。赵武灵王胡服骑射时，胡人势力集中于中山，他灭了中山，将胡人势力打散，在很长的时间里，胡人都不能对他做有效的抵抗，只有被追击和逃跑的份儿，所以，他把主要精力用于组建骑兵，其次才是建筑长城。赵国骑兵，是两种文明混合的产物，其经济基础是牧业的，作战方式也是游牧式的，但其军制、军规、军纪那一套，则来自农业文明。

赵武灵王之前，也有过一些自发的骑兵，但都没有形成有效的战力。骑兵，作为一个新的兵种出现，要有牧业经济支撑，要有国家财政制度保证，要能将游牧文明的流动性与农耕文明的组织性结合起来，如此才能形成有效的国家战力。

长城不是战力，而是标志，是政治文化的标志和帝国主权的标志。对于帝国，赵武灵王还缺乏自觉，而秦始皇帝则具有高度的自觉性。秦长城的气派，就是帝国格局的气派，是农耕文明扩张力的气派。赵武灵王从未以帝王自诩，也就没有帝国的自觉，赵长城相应的也就没有帝国的气派。而赵长城却是野战与筑城相结合的农牧混合型文明的标志，当然，只是作为领土的标志，而非帝国的标志，这符合战国时期赵国的历史地位和地缘政治现实状况。

当然，这也符合赵武灵王的自由化的个性。他的性格，是英雄的性格，而非帝王的性格。他的悲惨结局，应了中国的一句老话：儿女情长，做不了帝王。他灭了中山国，刚将两个中心的赵国整合，问题又来了，他曾经爱过两个女人，有两个儿子，所以，他想把赵国一分为二，一个为邯郸王，一个为代郡王。这样出尔反尔，哪还会有什么好结果？果然，赵国发生了政变。他在政变中，被困在宫里活活饿死。自己否定自己，那还不是找死！他本想安排好两个儿子，就从九原、云中出兵，率领骑兵去攻打秦国。可人算不如天算，他死了！

他死后二十余年，胡人中的一支，匈奴强大起来了。匈奴常来扰边，获利则去，赵将李牧示弱于敌，诱使匈奴大军来犯，然后，集中兵力，出奇计而大破之，杀匈奴十余万骑，丧其元气，其后十几年不敢来侵。梁启超认为，秦蒙恬、汉卫青不及也。

至秦，匈奴之势又起，胡马重度阴山，却被秦将蒙恬拒之于长城外。战国之时，秦以崤山拒山东六国，秦统一后，由崤山转向阴山。秦据崤山，可谓天险，即使六国复起，入函谷关也很难，可胡马度阴山，自云中、九原，仅一日一夜，就能奔袭长安。始皇帝遂命蒙恬率秦军三十万之众，于阴山北麓，筑长城以拒胡。这条长城，就护卫着“龙门—碣石”一线，其间阴山一段，最为关键。

秦亡后，楚汉相争，匈奴再度崛起，灭东胡，逐月氏，万骑掠汉边，蓄势待发于阴山一段。为此，汉高祖刘邦亲率大军，驰赴代郡平城，与匈奴战于塞外白登。这一战啊，刘邦被困七天七夜，用计才逃了出来，尝够了天寒地冻的苦头，从此，一味和亲，不起再战念头，转而收拾异姓王去了。可他念念不忘这地方，不久，就在这里封了一个王——代王，他只是一个六七岁的孩子，这孩子啊，就是汉文帝。

单于和亲瓦当，直径 15.5 厘米，西汉，内蒙古包头市墓葬出土，内蒙古自治区博物馆藏

单于和亲砖范，边长 30.2 厘米，厚 5 厘米，西汉，中国国家博物馆藏

文明混血

秦汉天命意识，不经意间，都落在了一条线上。这条线，叫作“司马迁线”，最早由司马迁指出来，从龙门到碣石，是一条农牧交错线，也是文明混血线。

汉初，国贫，不宜再战。白登山之围后，刘邦采纳刘敬的建议，将皇家公主下嫁匈奴单于，陪嫁大量的丝绸和粮食，单于子孙从此为汉家外孙，和亲定边促成了文明混血。后来，汉势强大，也没有放弃和亲政策。试比较一下，亚历山大向东，使东方希腊化，汉武帝向西，使西域汉化，都是同样的伟大壮举。

03

天命照耀的那一线

刘邦临死前曾留下遗言，说周勃能安刘氏。吕后在一旁听了，没太当一回事，她心里想着吕氏。她想，刘邦当年是什么东西？没有我们吕家，他能有今日？靠了我们吕家抬举，他才出人头地，没有吕家势力，他不过一小亭长而已，那萧何、曹参身份都比他高，肯听他的？吕太公欣赏他，他才有了沛县班底。吕家有钱有势，连县令都被驱使，何况萧、曹之流？至于樊哙、周勃等人，那更是一召就来，一挥即去。吕太公曾经说过，这天下，本来就该属于吕家，那秦始皇帝，乃先祖吕不韦之子，此事天知地知，你知我知，人皆言之，你说天下属于吕氏还是刘氏？刘邦那小子，竟然忘恩负义，想废盈儿立如意，那是为了戚姬，冲我来的，不用我反对，你问问沛县那班底，哪个会同意？只要我还在，谁敢反吕氏？！再说，盈儿自从见了人彘，就对我怨恨不已，以至于抱恨而死，我的盈儿已经死了，我为什么还要以刘氏自居？从此以后，我发誓，要将刘氏统统除去。

可刘氏子孙里，冒出了一位猛士，会唱耕田歌。他唱道：

深根溉种，立苗欲疏，
非其种者，锄而去之。

谁“非其种”？吕氏，还是刘氏？歌声会飞！很快就传遍了长安城，有人听了刺耳，有人听了兴奋，有人一边听，一边在吕氏和刘氏之间，拿捏分寸。歌声在流行，那是时代最强音，吕后岂能听不出其中之音？可她听了却不得不忍，篡夺天下要阴，她的阴谋正在进行……用阴，不能没有刘氏身份。此时，她还不敢公然与刘氏身份决裂。

猛士刘章，正是看出这一点，才用耕田歌来挑明。本为将门之子，将决斗的白手套掷于诸吕跟前。诸吕之中，本来就没有猛士，都在看她眼色，没人敢接招。因此，当刘章以军令行酒，诸吕中有人不胜酒力擅自离席，他冲上去，手起剑落，便取了那厮首级，诸吕面面相觑，没人敢出来阻拦，任他扬长而去。纵然是吕后，也不敢对他下手。从此，刘氏转入强势。

吕后一死，就与刘邦葬在一起，归于刘氏，同诸吕脱离关系。沛县“老革命”周勃、灌婴等人，乘机联手刘氏，诛灭诸吕。

刘邦临死前留下遗嘱说，周勃能安刘氏，恐怕不单指他能诛灭诸吕，“安刘氏”的含义，远远超出了灭诸吕，其关键在于，能为汉家天下立一位好皇帝。周勃“少文”，连说话都木讷，当然不会唱歌，为人太厚道了，就难言洒脱。然而，就是这么一个木讷“少文”之人，竟然为汉家天下立了一位“文帝”。

立汉文帝，本是一件“郁郁乎文哉”的大事，可史家于此，仅以寥寥数语，潦草几笔述之。为什么要立代王，而不立齐王？他们的眼光，多着眼于家务事。

有人说，齐王家外戚强悍，汉臣怕重蹈吕后覆辙，而选择代王。代王的母亲，是薄姬，贫家女，在刘邦诸姬中，最安分守己。这肯定是选择代王的理由之一，但不是唯一，更不是最主要的。而且，这理由也太消极，拿不到桌面上来，只能在桌子底下，彼此踢踢脚，意会一下而已。能拿到桌面上来陈述的，似乎还应该有更加积极的理由。例如，汉初行黄老之治，以清静无为作为最高政治标准。

这当然也是一个很好的理由，齐王兄弟敢作敢为，属于猛士型，显然不符合这一标准，而代王，俭居一隅，安之若素，如易曰潜龙，兵法所谓静若处子者。

还有出于地缘政治方面的考虑，即对于帝国生命线的忧患意识。这当然也是一个好的理由，齐王兄弟扎根于内地，对匈奴却不熟悉，他们哪里懂得守住了龙门至碣石那条农牧分界线，也就等于守住了汉家天下的门脸。

汉朝初期，汉承秦制，其立国之势，亦一如秦时，根本，虽然还在“秦岭—淮河”一线，但根本问题——内忧，则已减轻，而门脸问题——外患，却在凸显。

冒顿单于听说刘邦死了，就派人送信给吕后，自称：我生于沮泽，长于平野，与牛马同域，经常到中国边境，想你独身一人，我也一样，都不快活，何不找点乐子？你缺了丈夫，而我要一个老婆，你缺的我给你，我要的你给我，这样，两个人都快活。

匈奴俗，兄弟死，其妻可以作为遗产继承。冒顿平时与刘邦称兄道弟，刘邦死后，他便按照匈奴的风俗，对吕后提出继承遗产的要求了。信中所言“沮泽”，即燕之沮泽，如齐之社、宋之桑林、楚之云梦泽，都是男女交欢之地。吕后虽怒，却只能屈服，回信道：我老了，头发掉了，牙齿也松了，走路摇晃，你还年轻，应另择美人。

这张门脸，已谈不上有什么面子了，一点矜持，亦化作无耻。吕后虽狠，但还是狠不过战国之时秦国的宣太后。秦国面对义渠，犹如汉初面对匈奴，宣太后竟以半老之身，与义渠王同床共枕，还跟他生了两个儿子。可秦国从内战中一恢复元气，宣太后就出手了，一举谋杀义渠王。于是，秦出兵，灭了义渠国，往西北拓地数千里。此番苦肉计，唯越王勾践可与之相比。

汉初立国，受制于匈奴，高祖丢了脸，太后栽了面，可还得忍！

异姓王与诸吕被收拾以后，匈奴就是汉家最大的政治。对付匈奴，首先要熟悉匈奴那方水土，因此，选皇帝，最好就要选熟悉匈奴水土的人物。刚好有这么一位王子，8 岁就被封到代郡为代王，成长于农牧分界线那狼烟四起烽火连天的门脸上。那里，曾经兴起过胡服骑射的赵武灵王，还来过御驾亲征与匈奴会战而被围困的汉高祖刘邦，天命照耀那一线，仿佛命中注定要出一位宜农宜牧的帝王。

代王刘恒，乃刘氏皇族之隐士。隐有隐的好处，那好处就是，令人难以察觉其缺点，而猛士的缺点往往比优点还要生猛。隐士使人有安全感，而猛士令人不安。隐能保身，隐者知命，大隐隐于边，当吕太后废赵王，要改立他去赵地时，他赶忙推辞，说还是愿意留在代地，他在代地已经待惯了，熟悉牛马之域，逐水草而居。

赵地，乃王家之肥缺，帝王之候选，他一推辞，太后就爽矣。然赵地，岂可一日无王？既然刘氏无人可派，那就派吕氏去。

在太后眼里，刘恒还算识趣，就像他母亲薄姬，有争就让，只想过清静的日子，不像他老子刘邦，没钱也敢充大款，无亲亦自登堂入室，仿佛天下就是自家的。他识趣，那就放他一马，放他在阴山脚下，让匈奴去收拾他。

可匈奴没来收拾他，因为，他坚忍，还很清贫，谁会打劫清贫？就这样，他在帝国生命线上“混”和“隐”，混迹于农耕与游牧，隐身于汉与胡……终于有一天，太尉周勃来了，请他去做皇帝，他还是推辞，“西乡让者三，南乡让者再”，一副清静无为的样子，连周勃都着急了，不是太监急，而是太尉急。急则生变，刘恒就顺其自然，不再推了，带了一班人马去做皇帝。

周勃好眼力，他看清了天时地利，为芸芸众生选了一位好皇帝。

“皇后之玺”玉玺，边长 2.8 厘米，西汉，陕西
咸阳汉高祖长陵附近出土，陕西历史博物馆藏

皇后之玺

西汉初定，刘邦发妻吕雉被封为皇后。她协助夫君刘邦铲除异姓王。刘邦死后，吕氏杀死争嫡的戚夫人母子。太子刘盈在位七年死，吕后扶植了两个小皇帝后，自己临朝称制，开女皇之先河，故而司马迁在帝王本纪里专为其立传，有《史记·吕太后本纪》。至于她想以吕氏家族王天下，机关算尽，手段毒辣，终于没有得到天命那一线的照耀。她死后，还是得与刘邦合葬，暗示了吕后还得姓刘，她终究逃不脱刘邦临死前的魔咒：“非刘氏而王者，天下共击之！”刘邦也想与秦始皇一样，他的家天下，世代不变，乃至于万世。

吕墓被盗，这枚刻有“皇后之玺”四字的玉印，是在长陵附近水沟里发现的，今人断定为吕后所用。

单于天降瓦当，直径 17.1 厘米，西汉，内蒙古包头市召湾出土，内蒙古自治区博物馆藏

单于天降瓦当

司马迁线之北，还有一人沐浴天命之光。

大漠英雄冒顿，游牧人的王，请看“单于天降瓦当”。

楚汉相争，冒顿势力壮大，匈奴有弯弓士卒三十多万，设左、右贤王及二十四长，称雄大漠南北。从先祖淳维，到头曼单于，匈奴人驰骋了一千多年，方始强盛。而冒顿，则尽收北族，统一大漠，觊觎中国。

天命照耀的那一线

西汉前期，行政区划采取了分封制与郡县制并行，史称“郡国并行制”。汉大概有六十多郡，中央只掌握二十多郡。文、景二帝，不断削弱汉家子弟坐大一方的隐患，终于导致了“吴楚七国之乱”。为加强中央集权，汉武帝建立刺史制度，行政区划分为三级制，设州郡县，州行政长官刺史直属中央。

公元前 201 年，高祖六年，刘邦封兄长刘仲为代王。高祖九年，匈奴再次南下侵代，刘仲弃国而逃，刘邦一怒贬兄长为郃阳侯，后因刘仲长子刘濞平淮南王英布有功，封其为吴王。

公元前 196 年，汉高祖十一年，刘邦在平息陈豨叛乱后，封第四子刘恒为代国王，辖领地有太原郡、雁门郡、代郡以及汉长城以外的定襄郡四郡五十三县，定都太原郡附近的晋阳，后又南迁中都（今山西榆次）。

刘恒携母亲薄姬前往代地，第二年刘邦病逝。从此母子二人隐居在农牧分界线上。

设刺史后，代国属于并州，东为幽州，西为朔方州，紧邻汉代北部长城。

04

中国出了个好皇帝

中国历史上，不乏雄才大略的皇帝。但称得上是好皇帝的，恐怕只有汉文帝。

秦始皇帝，人称“千古一帝”，但他不是个好皇帝，他以溥天下之民力，遂一己私欲，游仙，搞专制，搞得秦二世而亡，亡了以后，还要被人骂。

汉高祖刘邦，从民间起兵，也做了皇帝。这样的皇帝，本来应该很民本主义，可他又以无赖行之，两口子同床异梦，但一起算计功臣却不遗余力。

汉家天下里，汉武帝最豪气，打仗、花钱无敌。可他花得都是爷爷的积蓄，他爷爷就是汉文帝。

唐太宗、宋太祖，让道德稍息，靠政变当皇帝。

汉惠帝很仁慈，可他还是个孩子。他无疑是个好孩子，却难以被称作好皇帝。汉文帝是惠帝的弟弟，他像惠帝一样仁慈，却比惠帝更加坚忍。更何况他能将仁慈化为仁政，所以，他成了好皇帝。

好皇帝的标准，当然是民本主义，而非圣人革命原理。圣人革命的目标是做圣王，圣王同好皇帝还不一样。圣王是对理想性的追求，而好皇帝则从现实性来评价。圣王的使命，是使其臣民都来做圣人，如孟子言“人皆可以为尧舜”，而好皇帝让人民休息。

圣王，不光对自己要求高，对臣民要求也高。对于皇帝而言，有了圣王理想，就有了发展方向；对于臣民而言，有了圣人目标，就被圣人一体化了。

中国大一统的精华，不光是统一天下，更要统一人民的思想和理想。做皇帝，只要统一天下，可做圣王还要统一人民的思想和理想，要求更高了。

中国传统帝王，但凡有点理想，都想当圣王，教人民如何做人，没有理想，就什么都不想。想力所能及做一个好皇帝而又能做到的，真可谓少之又少。

汉文帝清静无为，历史上叫作“行黄老之治”，可见他没把做圣王太当一回事。人民当不当他为圣人，他不管，那是人民自己的事，可人民过日子他要管。

他要管，不是管人民如何过日子，而是管好自己的每一日。管住自己的欲望，不要去打扰人民，这就叫作“无为而治”。好在他是跟着母亲过惯了苦日子的人，节俭有如家常便饭。他一节俭，就能减少朝廷的用度，就能对人民轻徭薄赋。他本想修一座露台，一问，才知道要花费约百金，他说，这是十户中等人家的家产啊，停了吧。

他珍惜寸缕，要求自己的夫人穿衣服不能衣角着地，置帏帐不要刺绣，以朴素为美，以简约为美。这正是道家的审美主张，也是墨家的政治思想。

秦始皇帝造陵墓，那真有铺天盖地之势，可他却静悄悄。他的陵墓很平常，依山下葬，不起坟丘，陪葬品也只用了点陶器，没用玉器和贵金属物品。他还规定，送葬一律不准动用车马，不准陈列兵仗，戴孝用的白布，宽度不得超过三寸，治丧期间，不扰民，允许老百姓结婚、祭祀、饮酒、吃肉。

有人献千里马，他不要，还下了一纸《却千里马诏》，可谓幽默之至：鸾旗在前，属车在后，吉行日五十里，师行日三十里。朕乘千里之马，独先安之？换成大白话，他是这样说的：我出行，前有仪仗，后有侍从，好天气日行五十里，坏天气行三十里。你送我千里马，让我一人骑上它，先跑到哪里去呢?

这篇诏书才三十字，可见他不但为人朴实，而且有趣。这样的文字，是第一流的好文字，司马迁写《鸿门宴》也不过如此，不愧“文帝”之谥。

秦始皇帝以自我为中心，不仅让天下人都围着自己转，还让天道附体，以食仙丹求不死，而刘恒却以民为本，把自己下放到民本主义里，从农民那里接地气。他说，农民是天下的根本，我要带头务农，祖上留下的“籍田”，让我亲自来耕种吧，我要用自己耕种的收入，作为祭祀祖先的供品“粢盛”。

按古礼，每年春天到来时，由天子亲自主持，行籍田礼。《说文》曰：籍田者，天子躬耕，使民如借，故谓之籍。耐人寻味的，是那个“借”字，颇有点家与国区分的意思。籍田千亩，乃天子私田，天子以民力耕之，故曰“借”也。《月令》曰：天子三推，三公五推，卿诸侯九推，庶人终于千亩。这是行籍田礼的仪式，天子依据周礼，意思意思，表示表示。可汉文帝刘恒，却把它作为一项基本国策，身体力行之。为了供养祖先，他与皇后一起耕与织，向天下示范孝行和礼仪，教人民如何过日子。他说：我亲率天下农耕，以供粢盛，皇后亲桑，以供祭服。还下令各地官府，春耕前要劝农，贫者贷给粮种和口粮。同时，将农田税，由汉高祖时十五税一，改为三十税一。人头税，由原来每人每年收一百二十钱，改为收四十钱。服徭役，由每人每年一次一个月，改为每三年一次一个月。

没有民主制度时，能有这样的好皇帝，那是人民的福气。

对于汉文帝，我们不应要求过多，再好的皇帝，都不可能给人民带来民主制，圣王也不可能，这是由王权的本质决定的。他可以坚持民本主义，但不可能搞民主制，尽管他倡导的民本主义不仅仅是主义，还是他本人身体力行的措施。

读他的诏书，可谓文如其人，至简至朴。《恤民诏》云：方春和时，草木群生之物，皆有以自乐，而吾百姓，鳏寡孤独穷困之人，或阽于死亡，而莫之省忧，为民父母将何如？其议所以赈贷之。才数十字，便将天地之仁、以民为本道尽。

其文，简明如《老子》，生动似《论语》，岂贾谊辈所能为？

再读其《除肉刑诏》：盖闻有虞氏之时，画衣冠、异章服以为戮，而民不犯，何则？至治也。今法有肉刑三，而奸不止，其咎安在？非乃朕德薄而教不明欤？吾甚自愧，故夫训道不纯而愚民陷焉。《诗》曰："恺悌君子，民之父母。"今人有过，教未施而刑加焉，或欲改行为善，而道毋由也，朕甚怜之。夫刑至断支体、刻肌肤，终身不息，何其楚痛而不德也，岂称为民父母之意哉！读之，其除肉刑。读之，可见其仁者心。

此由仁者之心，发为仁君之诏，发以为刑政，斯为仁政。

然其仁学出于老子，此乃"法令滋彰，盗贼多有"之注也。老子曰："民不畏死，奈何以死惧之？"更何况肉刑也！

帝王，至高无上，天地不仁，他要担当，因为，天上出日食了。那可不是小事，天象示警，天子要有反应。不同的帝王，反应不一样。秦皇向外反应，从不自我反省，听说东南有天子气，便前往镇压之，听说"亡秦者胡也"，就派蒙恬北击之，这样过度反应，其实是不自信，不光殃及其民，还祸及其子孙。可汉文帝没那样反应，本来日食，很容易使人联想起臣弑君或外寇入侵，他却自咎其身，下《日食引咎诏》，只涉及他一个人：朕闻之，天生民，为之置君以养治之，人主不德，布政不均，则天示之以灾，以诫不治……天下治乱，在朕一人。唯二三执政，犹吾股肱也。朕下不能治育群生，上以累三光之明，其不德大矣。令至，其悉思朕之过失，及知见思之所不及，丐以告朕。及举贤良方正能直言极谏者，以匡朕之不逮。他说日食缘起，因其"不德"，与他人无关，先赐一颗定心丸。再趁机提拔一批贤良方正之士来批评他的缺点，指出他的过错。

有没有“引蛇出洞”的意思？没有，他自信，不需要这种阴谋。尽管这种阴谋《老子》有，申、韩之术里更多，可他都不要。为什么？因为他很仁慈，仁者如山，有着伟大的定力。当年，他就靠了伟大的定力，折服了周勃这样的猛士，在他身上，应验了孟子所言啊，仁者无敌！秦以申、韩之术，行君道同体，用老、韩之学“以法为教”“以吏为师”，结果如何呢？秦亡矣。可他，从来就不想以君道同体或圣人革命的方式去受天命做圣王。他认为，做圣王成本太高，在物质和精神两方面，人民都受不了。他不想受天命，只想接地气，受天命的事，只能等他的孙子出世。

阳陵南区第 17 号丛葬坑（局部）

阳陵第 13 号丛葬坑出土的彩陶家畜阵仗

西汉帝陵的分布

西汉 11 个皇帝陵寝，除文帝霸陵、宣帝杜陵在渭河以南白鹿原与少陵原上，其余 9 个都在渭河北岸的咸阳原上，西起汉武帝之茂陵，依次排列至高祖长陵与景帝阳陵，陪葬墓、皇亲国戚、权臣列侯及其陪葬等绵延百里。长陵陪葬规模最大，如唐朝诗人唐彦谦《长陵诗》所云，“长陵高阙此安刘，附葬累累尽列侯”。如果是凌空俯瞰暮色中一座座金字塔般墓冢，也许李白的《忆秦娥》就会随口咏出：“乐游原上清秋节，咸阳古道音尘绝。音尘绝，西风残照，汉家宫阙。”

南岸文帝霸陵是西汉唯一一座依山而建的帝陵，与母亲薄姬薄太后陵墓、妻子窦皇后墓相望。据《汉书·王莽传》载，赤眉军盗掘渭河北岸帝陵，独霸陵和杜陵未动。然而这两座陵寝没有逃过西晋之乱。《晋书·帝纪第五》有记，霸陵及薄太后、窦皇后墓同时被盗，说薄“太后面如生，得金玉彩帛不可胜记”。

真是物是人非，唐朝时，霸陵是唐人进出长安的必经之地，遂成为诗人咏别的浪漫圣地。

陶女俑，高33厘米，西汉，陕西咸阳阳陵陪葬墓园出土，汉阳陵考古陈列馆藏

阳陵之谜

阳陵是汉景帝的陵寝。汉景帝刘启于公元前156年即皇帝位，继续父皇的政治风格，终于为汉家打下了殷实的社会基础，史称“文景之治”。阳陵出土的汉家军阵势，可证“文景之治”果不虚传。石破天惊汉家军，骑在马上威风凛凛，可当年高祖刘邦出宫都要乘牛车。从秦末混战到汉初百业凋敝，估计无法组建骑兵，难与匈奴再战，因此，面对冒顿单于的挑衅，吕后也得隐忍。时势造“好皇帝”，文帝是识时务的“俊杰”，他尚节俭，行仁政，致力于恢复民生，发展社会经济，留给景帝一笔不菲的家业，以便开始削弱各封王子弟的实力，实现加强中央集权下的天下大治，也为汉武帝奠定了大量进口“天马”、开疆拓土的基础。

的确，看汉景帝的陵寝，一派“景气”。除高祖长陵外，就是阳陵了，从葬坑出土了2800多件彩陶汉家军俑，高60厘米，没有双臂。根据坑内

阳陵陪葬墓出土的
彩绘陶文吏俑

残留的蛛丝马迹，考古学者认为，双臂很可能是木制的，且可旋转。不过，这支军队与秦始皇兵马俑完全是两种气质，阵仗和表情都很放松平和，甚至还有240多件女兵俑及女骑兵俑。此外，阳陵陪葬墓还出土了很多精致的彩绘陶俑，诸如管家、侍婢等，还有家畜陶俑——231件彩绘山羊、33件绵羊、456件狗和猪鸡禽等，并码有一层层狗肉羊肉猪肉及90件陶仓装粮食等，至少保证他们的皇帝在地下“足兵足食”，还有肉糜吃。

不过，阳陵还出土了一些铁器，是用来限制犯人自由的刑具。在距阳陵1000多米处，在8万平方米的土地下，埋葬了上万人的尸骨，这些尸骨有可能是在修陵过程中因劳累、疾病或意外死亡的。有谁计算过修建一座皇帝的地下陵寝，需要多少工呢？

在中国历史上，景帝虽不如文帝仁慈，但也是仁君之一，尚且如此。

“利苍”玉印，高 1.5 厘米，印面长 2 厘米，宽 2 厘米，西汉，湖南长沙马王堆 2 号墓出土，利仓私印，《史记》作“利仓”，汉初“仓”“苍”通用

“长沙丞相”铜印，高 1.45 厘米，印面长 2.2 厘米，宽 2.2 厘米，湖南长沙马王堆 2 号墓出土，墓主官印

“长沙丞相”铜印

丞相是汉初朝廷和封国中的最高行政长官。封国丞相印由朝廷直接颁发，代表中央朝廷行使权力。据《史记》载，封国丞相印皆为纯金，此鎏金铜印应该不是原印，或为利仓“冥印”。

汉初诸侯国的丞相，在诸侯国的地位仅次于诸侯王，不但统率小朝廷的文武百官，还掌管小王国的军队，何况利仓还被封为“轪侯”，吴芮虽为一异姓小王国，利仓也是实现了“封侯拜相”的理想。

“轪侯家丞”封泥，长 5 厘米，宽 2 厘米，厚 1.5 厘米，湖南长沙马王堆 1 号墓出土

“轪侯之印”铜印，高 1.4 厘米，印面长 2.2 厘米，宽 2.2 厘米，湖南长沙马王堆 2 号墓出土

“轪侯家丞”封泥

“家丞”，为轪侯之家的总管。封泥始于战国，流行于秦汉，用于公私文书封印。寄信人用麻绳将写有文字的竹简或木牍捆绑系紧，在系扣处用封泥弥合，再加盖印章。有专门盛装封泥的小盒。

“轪侯之印”铜印

朝廷颁发的封利仓为轪侯的爵位之印。《汉书·百官公卿表》载，汉初封侯是“金印紫绶”，此鎏金铜印，刻纹粗糙，显然为冥器。

“君幸食”小漆盘、云纹漆案等饮食器具复原图，湖南长沙马王堆墓葬出土

轪侯

刘邦去世后，吕后代政，当时列侯有180多位，轪侯有封户700户，与食邑最多1.6万户列侯相比，位于第120位。但无论多寡，列侯的地位是仅次于天子、王侯的第三等级，享有许多特权。

据计算，轪侯月薪2万钱，年奉24万，相当于12户中产之家一年总收入，还有700封户的年租亦可收到14万钱。加上，封户会不断增加，皇帝的赏赐，工商经营的收入，受贿贪污也时有发生，以及吴芮为长沙国打下的良好基础。

因此，马王堆汉墓惊世骇俗的奢侈豪华景象在汉初恐怕是不稀奇的。

除马王堆汉墓之外，还有三座大墓，即长沙象鼻嘴1号墓、陡壁山1号墓与望城坡1号墓，被考古学人初步断定为吴氏某代长沙王及王后墓。

仅从马王堆三座墓的陪葬品中，可以窥见秦末汉初政治经济、文化风尚、工艺技术、市井风俗等景象。

陪葬品可以分为几大类，彩绘漆器、丝织锦绣、木雕艺术、帛画帛书、玉食养生等，每一类都体现了当时的最高水平。其中反映秦末汉初最高工艺水准的，除了漆器，最为重要的是丝织服饰与帛画。

“君幸食”漆耳杯，长 18.6 厘米，宽 17.8 厘米，高 3.6 厘米，湖南长沙马王堆 1 号墓出土，耳的背面朱书“一升半升”四字。“君幸食”，意思是“请您用餐”

“君幸酒”漆耳杯，长 22.3 厘米，宽 27.5 厘米，湖南长沙马王堆 1 号墓出土，耳背面朱书“四升”。“君幸酒”三字，意为“请您喝酒”

“君幸酒”漆耳杯

因两耳如雀有双翼，被称为“羽觞”。“羽觞”出现于东周，流行沿用至魏晋，盛酒或汤羹。1 号、3 号墓出土了 100 多个漆耳杯，制作十分精美。据《盐铁论》记载，制成漆耳杯一件，需百人之力，成本十分昂贵，一件漆耳杯的价格相当于十个铜杯，是当时宫廷贵族们的时尚，也是地位和财富的象征。

“君幸酒”云纹漆卮，高 13.5 厘米，直径 13.4 厘米，湖南长沙马王堆 3 号墓出土，盛酒器，器内黑漆书“君幸酒”，底部红漆书“七升”，与马王堆 3 号墓“遣策”（随葬品名单）对照，可知名为“七升卮”

彩绘漆锺，高 59 厘米，腹径 34.5 厘米，湖南长沙马王堆 1 号墓出土

彩绘漆锺

盛酒器，器身用朱红和灰绿彩绘凤鸟、祥云纹，钟底部有“石”。“石”为容量单位，而此钟实测容量约为 19.5 升。这种容量的盛酒器，应该是宴会或祭祖时的礼器。

云纹漆钫，高50.7厘米，盖口长8.9厘米，腹径22.2～22.5厘米，湖南长沙马王堆1号墓出土，盛酒器，出土时器内残存酒类沉渣，遣策称为“漆画枋”，写明“盛米酒”或“盛白酒”

文景之治下的长沙马王堆汉墓

1972年考古人在长沙马王堆发掘了西汉初期的三座墓葬。

生活于文景时代，利仓之家分享到的治世红利令人瞠目。一个小小的长沙异姓王的丞相之家，其财富积累有不胜数之叹。

利仓是谁？他是异姓长沙王第二代、吴芮之子吴臣的丞相。考古人把三座墓葬编为1号、2号、3号墓葬。利仓夫人辛追墓葬保存最为完好，出土文物最多最丰富，较完整地提供了文景之治时一个小王侯之家的生活场景，被排为1号墓。利仓墓葬已被盗墓破坏，被排为2号墓。利仓子利豨墓为3号。

三座墓，1号辛追夫人墓不包括10万钱泥质冥币，随葬品多达1400多件，2号利仓本尊墓因遭受盗掘，许多陪葬品腐朽，能见完整的700多件，加上3号墓千余件随葬品，共有3000多件。从1号墓到3号利豨墓，完全是按照死者生前奢华的生活样式布置的。

彩绘云纹漆匕，柄长 35.5 厘米，斗径 9 厘米，湖南长沙马王堆 3 号墓出土

云纹漆鼎，高 25 厘米，两耳间距 28 厘米，湖南长沙马王堆 1 号墓出土

云纹漆鼎

盛食器。长沙马王堆 1 号汉墓一共出土 7 件彩绘漆鼎。此件出土时，内仍有汤和藕片，经历 2100 多年，清晰可辨。但出土时因搬运震荡及氧化，藕片瞬间消失。表明此前，这鼎汤没有受过震荡。

彩绘云纹漆匜，高 8.6 厘米，口横 23.0 厘米，
口纵 27.5 厘米，湖南长沙马王堆 1 号墓出土

双层九子漆奁，高 19.2 厘米，直径 33.2 厘米，湖南长沙马王堆 1 号墓出土

彩绘云纹漆匜

盥洗器，外朱书“轪侯家”，并有依稀可辨的烙印戳记“城市草”三字。“城市草”是汉代著名的漆器品牌，生产中心位于蜀郡成都。

双层九子漆奁

梳妆奁，双层，摆放大小不一的9件梳妆盒，里面除了化妆品，还有丝巾、香囊等饰品。

1 号墓遣策（食物简），长约 27.6 厘米，宽约 0.7 厘米，湖南长沙马王堆 1 号墓出土

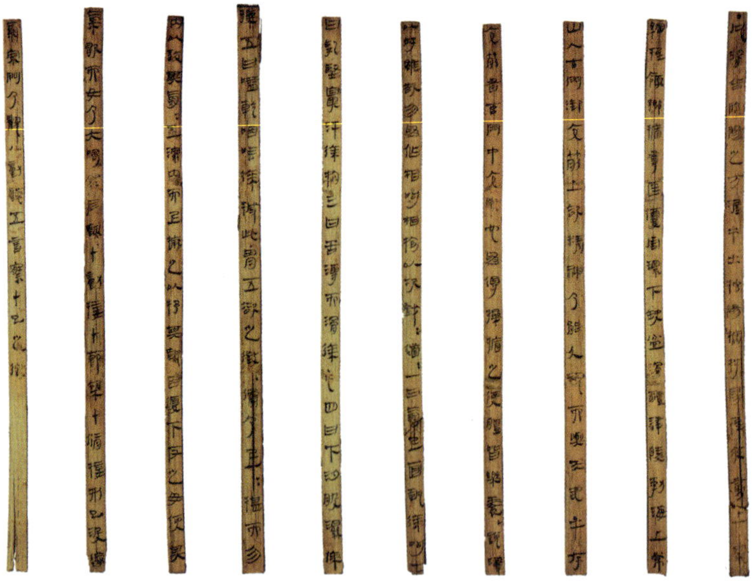

医简（合阴阳）（局部），长约 23 厘米，湖南长沙马王堆 1 号墓出土

“唐扶杍笥”木牌，长 7.1 厘米，宽 5.2 厘米，厚 0.2 厘米，湖南长沙马王堆 3 号墓出土，“唐”即糖，“扶杍”即荸荠

“衣笥”木牌，长 11.1 厘米，宽 4.3 厘米，厚 0.2 厘米，湖南长沙马王堆 1 号墓出土

“鲭兔笥”木牌，长 7.8 厘米，宽 5.9 厘米，厚 0.2 厘米，湖南长沙马王堆 3 号墓出土，“鲭”即腊肉

简策

1 号墓遣策（食物简）为随葬品清单。共有 312 枚竹简，文字为墨书隶体或小篆体，大部分为衣食生活起居用品，并附有各种食物的加工方法。

此外，还有“医方简”，不同质地的丝锦衣裳等服饰的木牌“标签”、养生方并图示操等。

朱地彩绘漆棺，长 230 厘米，宽 93 厘米，高 88 厘米，湖南长沙马王堆 1 号墓出土

朱地彩绘漆棺

四层木棺，第三层通体内外皆髹朱漆，上以青绿、粉褐、藕褐、赤褐、黄白等明亮色彩，绘制龙、虎、朱雀、鹿四瑞兽（又称“四灵”或“四神”），再绘仙人徘徊其间等祥瑞图案。这具椁棺可以说是整个墓葬的核心，不光里面躺着墓主，更重要的是，它的综合工艺以及绘画艺术水准应该是当时主流界的最高代表。画面、线条简洁流畅，有平涂渲染、堆漆浮雕，表现了神秘浪漫的楚人审美风格。

T 形帛画，通高 251 厘米，上端宽 92.0 厘米，下端宽 47.7 厘米，湖南长沙马王堆 1 号墓出土

T 形帛画

马王堆汉墓 1 号墓出土帛画一幅，3 号墓出土帛画 4 幅。据说 T 形帛画是整个墓葬的“旌幡”，似一幅导引招魂曲，展现了逝者在侍女的陪同下升天的情形。画面叙事复杂有序，分天上、人间、地下三段，描绘细腻精致，具有鲜明的楚地风格，甚至是以“楚辞”为神话想象的底本。帛画内容是当时人死亡观念的展开，是对死后灵魂世界的复杂想象和寄托。

帛画《车马仪仗图》，长 219 厘米，宽 99 厘米，湖南长沙马王堆 3 号墓出土

帛画《“太一将行”图》，长 43.5 厘米，宽 45 厘米，湖南长沙马王堆 3 号墓出土

3 号墓出土的帛画，《“太一将行”图》与《车马仪仗图》虽不如 1 号墓的画完好，但尚可辨识。“太一”图，40 多厘米，正方形，上有戴鹿角冠的神祇，根据旁边文字题记推断，很可能是“太一”神，其腋下还有一“社”字，其胯下有三龙并行，是为太一神出行画面。“太一”一词最早出现于战国中期，见于屈原著《楚辞》，可为前文提到屈原与楚简“大一生水”关系的佐证。

《车马仪仗图》，画面尚可辨识 300 多人，几乎全是武卒、车骑、随从，还有数十辆车乘、马匹，表明汉初已恢复尚武的基础。

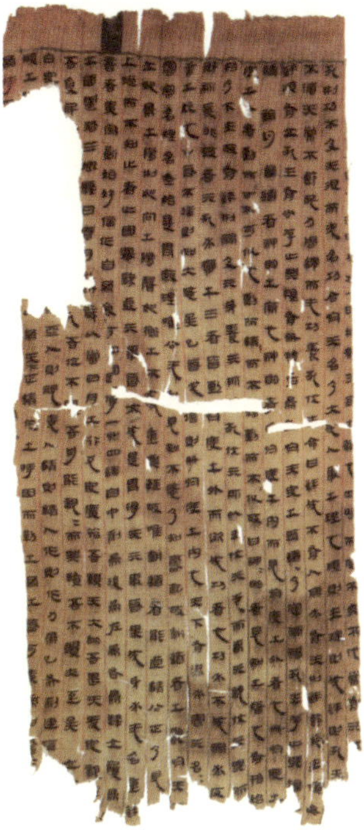

帛书《黄帝四经》（局部），长 25.9 厘米，宽 14.8 厘米，湖南长沙马王堆 3 号墓出土

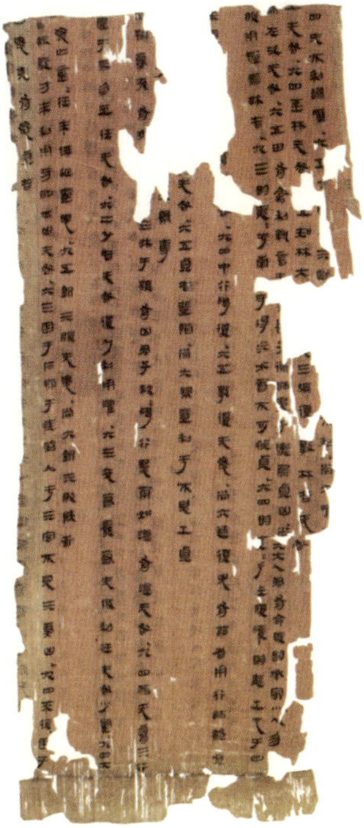

帛书《周易·六十四卦》（局部），长 30 厘米，宽 21.5 厘米，湖南长沙马王堆 3 号墓出土

帛书

基本出土于马王堆 3 号墓，从天文医书，到周易春秋，墓主都要研习阅读。此前，一般用比较实用、普通的书写载体，多为竹简、木牍、石片或陶片，而在丝帛上书写，虽为阅读提供了更为轻便舒适的媒介便利，但那是贵族之家的风尚。这种奢华的阅读风，只能在上流社会流行。

帛书《周易·六十四卦》，93 行 5000 余字，帛染朱红，字以墨书，经文与传文，最古的抄本之一。帛书《黄帝四经》是已经失传的汉初黄老思想的重要文献，涉及法治、施政、行法的权衡度量，以区分轻重缓急，还有宇宙观等。帛书《春秋事语》97 行 2000 余字，记载春秋时期（公元前 722 年到公元前 481 年）各诸侯国的历史事件，从鲁隐公被杀事件记起，到晋国三家灭智氏。不分国别，也不编年，与《左传》不同。

素纱禅衣，湖南长沙马王堆 1 号墓出土，我国现存时间最早、最薄的纺织珍品

漆缅纱冠，湖南长沙马王堆 3 号墓出土，我国迄今发现的保存最好、年代最早的一件纱冠

朱色菱纹罗手套，长 25 厘米，上口宽 8.2 厘米，下口宽 9.9 厘米，湖南长沙马王堆 1 号墓出土。用篆文作织物装饰图案，在我国尚属首次发现

烟色菱纹罗地“信期绣”纹样图

烟色菱纹罗地“信期绣”，长54厘米，宽40厘米，湖南长沙马王堆1号墓出土。
变形长尾小鸟和燕相似，寓意“似燕归来”，因此遣策称这种纹样为“信期绣”

印花敷彩纱，长59厘米，宽40厘米，湖南长沙马王堆1号墓出土，
目前世界上发现最早的印花与彩绘相结合的丝织品

锦衣华裳

马王堆汉墓的又一举世之最，是1号老妇人墓出土的锦衣华裳以及大量丝绣锦缎，手作极为精美。共有15件完整衣物，其中素纱衣最为称奇，薄如蝉翼，轻如浮云，为迄今最早、最薄的丝织珍品，其高超的丝织工艺与两千多年后的机器缫丝精准无差。

据说古人上衣下裳分别穿戴，后来为方便将衣裳缝接起来变成袍。袍有衬里，可填絮；再后来衣裳中间不裁断，为一体，开斜襟或对襟，如素纱禅衣、丝锦袍绒等。同时出土的服饰面料，诸如麻、朱色菱纹罗、印花彩纱，各色锦绣，包括漆缅纱冠、手套鞋袜等，从用料到工艺到审美，皆令今人引颈趋之。

奏乐木俑，高 32.5 ~ 36 厘米，湖南长沙马王堆 1 号墓出土

二十五弦瑟，长 116 厘米，宽 39.5 厘米，高 10.8 厘米，湖南长沙马王堆 1 号墓出土

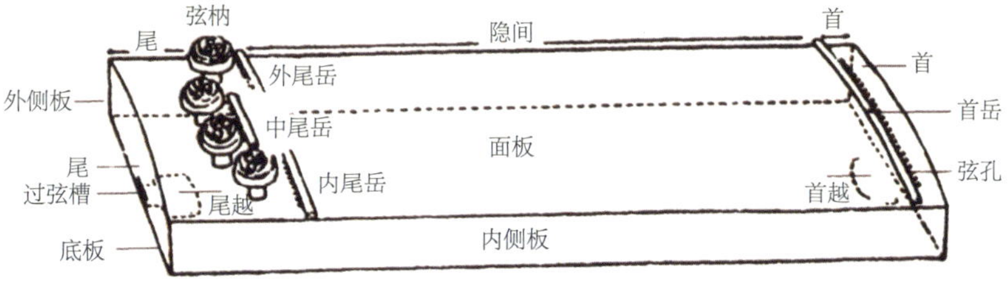

瑟各部位名称图

钟鼎之家

供钟鼎之家笙歌燕舞之礼乐之器，有多种弦瑟以及木俑乐队、歌俑、舞俑等。

05

天子也要有人管

刘恒的孙子刘彻，是一块做圣王的料，通过封禅做了圣王。封禅，如同捐门槛，祥林嫂确信，捐了门槛，命运会改变。不过，天子的门槛太高，以泰山为门槛，你说高还是不高？天子受命于天，先要到泰山顶上去封泰山，然后下山去，在山脚下禅梁父。封泰山是受天命，禅梁父是接地气，刘彻这一辈子，就这样一共玩了八次。

可奶奶窦太后还在的时候，他不敢玩，爷爷去世了，奶奶拿着爷爷的圣旨，要求其儿子、孙子都必须无为而治。儿子刘启还好，接着父亲往下做，做得天下景气，被称为“景帝”，历史上，还将他与他的父亲一起，称作“文景之治”。对此，她很满意，尽管中间有儒者引诱，也亏她该出手时就出手，一点小岔子，很快就被她扭转了。那些儒生没有撼动她儿子，又来撬她孙子，她更加警惕。

刘彻继位时，才十来岁，还是个孩子，就被儒生怂恿，去迎接所谓大儒申公，还议立明堂，要改元建制，一套圣人革命的老把戏，她火了，要他们立马停止。在她看来，这些儒生，一要革命，二要花钱，唯恐天下不乱。论才气，他们谁比得过贾谊？一篇《过秦论》，一篇《治安策》，岂是那些好事之徒所能写的？即便如此，他爷爷也不为所动，何也？治国要厚重，勿以才子气。才气太盛，文章难免浮华，思如泉涌，有时也会流于泛泛，诗曰：

都说西汉大文章，过秦论宏实乖张。
非以仁义取天下，何来未施仁义亡？

《过秦论》滔滔雄辩，笔下如瀑，有一泻千里之势，读着痛快，看着绚烂，才子脾气，书生意气，一起风发，但要说到一个理字，尤其真理，却有点站不住脚。例如，贾谊论秦之亡，尾以一言蔽之曰“未施仁义”，正确，完全正确！但这样的正确，却经不起推敲。秦得天下，未闻其施仁义，何以其失天下，即未施仁义？

诸如此类的问题，想必文帝早已看出，故其之于贾生，欣赏有之，用则未必，盖因其文风尚朴，贵简约，与贾生铺张的赋体、华丽的楚风有别。不但文风有别，而且治术迥异。文帝之治，基于民生，不为诸子学说所囿，无刻意于德治、法治，顺其自然，因民而治，而贾生则难脱其师法与家法的樊篱，最多也就德治与法治并重，阳儒而阴法之。

贾谊，本为一介书生，文采风流，情深义重，何必陷入“阳儒阴法”的窠臼？据说，“阳儒阴法”就是他提出来的。其实，别人早就那么做了，被他说破，可见他老实。老实人偏要摆出一副“阴谋论”的架势，这就难免要堕于“中国式书生”的悲剧。

寸心未能应帝王，孤魂一缕入潇湘。
长安已履阴法处，又来长沙转儒阳。

从长安到长沙，从书生意气到抑郁而死，儒者气数不过如此，只能作为政治花草，难以成为国家栋梁。想当年，窦太后就在文帝身旁，没人比她知道文帝会怎么想。窦太后是个保守主义者。她保守什么？保守着文帝以来的清静政治和俭约政府的主张。

因此，她最反对革命。革命，革什么命？是儒生胡说，还是我糊涂？总之，我就是反革命。秦朝的命，不是早就被革掉了吗？再革下去，岂不要革我汉家的命？

不革汉家的命，那还革什么命！什么？改制，革秦制的命。秦制有什么不好？没有秦制，哪来皇帝！改制，难道还要把皇帝改了去？儒生忽儿讲名分，忽儿要革命，自相矛盾。黄生说得多好，不管秦制还是汉制，帽子都要戴在头上，鞋子都穿在脚下。改制，你能把鞋子改到头上去？想犯上作乱，还要我家掏银子，我瞧他们那副样子，就来气。

那辕固生，成天嚷嚷汤武革命。汤武革命已经结束了，我家高祖早就完成了。汉高祖，就是汉家汤武。怎么了？你不服气，还要继续革命？那你就去革野猪的命！当年，我家高祖革命，就从斩蛇开始，这里没有蛇，可有头野猪，你辕固生革命，就只好将就一下，从杀野猪开始。我儿子景帝好脾气，一再开导他："食肉不食马肝，不为不知味；言学者无言汤武受命，不为愚。"淡化"革命"，把它放到一边去。

可那辕固生不知天高地厚，竟敢当我的面贬低《老子》，说《老子》是"家人"语。谁是"家人"？我是宫女出身，是"宫中之家人"，我推崇《老子》，礼敬读书人，向他问《老子》，他竟然含沙射影，把"革命"革到我头上来了？是可忍孰不可忍！后来，我儿子给我做了解释，说他的本意是说《老子》为"诸子家人"，没有要冒犯我的意思。我才允许儿子给了他一把刀，让他杀死野猪，免了他一死。

除了"革命"，这位天子奶奶还担心另一个问题，是"花钱"的问题：我和丈夫，节约了一辈子，就留了这么一点积蓄，到死都舍不得花。不是我们不想花，而是我们一花钱，人民就不能休养生息，儿子跟我们一起长大，过惯了节俭日子，能理解我们的苦心和用意。可我这孙子，生来就奢侈，他哪里知道，就在这天底下，还有多少人在过苦日子？儒家凡事都讲礼仪，可那礼仪，都是要花钱的，我丈夫生前就说过，他若死了，不许用儒家的丧礼，像秦皇那样厚葬，是要亡国的。

秦皇修墓，没完没了，无休无止，他的墓葬隐然一个天下观的格局。他在地下营造地宫，恨不得将天下都埋葬了，人民诅咒他，让他快死呀！他要不死，天下人就要被他折腾死；秦要不亡，除非天下人死光。老天有眼啊，让他不得好死，他死得像一条烂鱼，生了蛆。哪怕抛尸大荒，喂了鹰和狼，也比腐烂了生蛆要强。

秦皇入墓时，臭烘烘的，尸已非尸，分明是一堆蛆！他怎么死的？还不是听了那些儒生和方士所言，千里迢迢跑到齐国去封禅、游仙。他原本想不死，结果却不得好死；他原本想做圣王，结果反而迷狂。

那些败国败家的儒生和方士，也曾鼓捣她的丈夫，她丈夫心中有数，不受他们诱惑；也曾撺掇她的儿子，她儿子也是无可无不可，以国家大事太多，先放一放再说。可她的孙子啊，太好强，就像那秦皇，早已不满足于规规矩矩当个名分的皇上，因为啊，有儒生对他讲，只要他愿意，只要他敢想，他还可以做皇上皇——圣王。还有不知哪儿来的方士，跑来对他说，不管什么皇帝，到头来，终归都有一死，就连做圣王，也不能不死，可你有慧根啊，能够成为神仙，所以啊，你要去游仙。

但天子奶奶管得严，天子与儒生和方士的交往，就不得不有所收敛。少年天子想得开，反正奶奶年事已高，多听听唠叨，也算是尽孝。心里有此一念啊，他就比秦皇要幸运，后来，他才站得稳，收得住。秦皇生来就父不父、母不母，成人了，做了秦王，还跑出来一个假父，除了死亡管他，没有人管他，为了反抗死亡，他只好去游仙。从来没人管，所以不会反省，一味游仙，才上当受骗。刘彻，从小就有父母管、奶奶管，管的人多了，幸福过头了，有时也会很讨厌，可这样也就培养了他的敬畏心，也培养了他的孝心，而这岂不就是做人的根本?

做人，就要被人管，从小被人管，长大了还要被人管，即使做了皇帝，还要有人管。盈儿，有母后吕氏管；彻儿，有太皇太后奶奶管。不过，这位天子奶奶比吕后强，一来心地善良，二来更有思想。吕后多欲，其实不懂政治，除了铲除功臣、培植诸吕，于国计民生却从来不多考虑，自以为能算计，结果将吕氏一族都赔了进去，赔得很彻底。因此，那吕氏啊，不光是汉家天下的祸水，更是带坏吕氏一族的祸水。而这位天子奶奶考虑的都是大问题，例如，革命问题，是关系到汉家天下前途和命运的大问题，还有花钱问题，其根底在于是否坚持民本主义。“文景之治”，不光有两位皇帝，还有这位奶奶窦氏，窦氏专门管皇帝，连汉武帝，都被她管呢。

长信宫灯，高 48 厘米，重 15.78 千克，西汉，河北保定满城汉墓出土，河北省博物馆藏

长信宫灯

河北保定满城汉墓是中山靖王刘胜和妻子窦绾的墓葬。刘胜是景帝之子，汉武帝的异母兄长，被封为中山王。窦绾是刘胜祖母窦太后的族人。长信宫灯出土于窦绾墓，通高 48 厘米，重 15.78 千克。灯作宫女跽坐执形，可调节亮度和方向，烟炱直接进入灯体，还可拆洗。在灯座、盘、罩、屏板以及宫女右臂、衣角上有铭文九处，共 65 个字，记载灯的容积、重量与持有者。有六处刻“阳信家”，还有“长信尚浴”“今内者卧”等字样，表明这座精致的宫灯，曾侍奉过三位主人。阳信，指夷侯刘揭之家。刘揭因平诸吕叛乱有功，于公元前 179 年（汉文帝元年）受封阳信侯，侯国位于山东无棣东北，在位 14 年，子刘中意袭爵位。汉景帝前元六年，即公元前 151 年，刘中意参与吴楚七国之乱，二世而国除，对于一个侯府之家来说是灭顶之灾。宫灯被少府内者（西汉官名）没收，辗转至长信宫，窦太后的宫殿。又，窦太后赐窦绾。一件宫灯，见证了从文帝到景帝的历史，除了“文景之治”，还有另一幕残酷的宫斗以及中央集团与地方势力的血腥之争。

06

少年天子与《秋风辞》

天子奶奶死了，少年天子从悲痛里终于熬出了头。这样复杂的心理感受，秦皇没有，所以，也就不写诗了。

楚人善感，好为楚歌，“刘项原来不读书”，可都爱唱歌，项羽的《垓下歌》、刘邦的《大风歌》，都是千年等一回的好歌，须如斯之人，方有如此之歌。那刘邦和项羽，都是天放之人，发为天籁之声，直指天命。《垓下歌》仅二十八字，便将英雄气概和儿女情怀以及对天命的感慨，淋漓地表达出来，试问后世诗人，谁有如此大气派？《大风歌》只三句，就将帝王踌躇满志和内心深处的焦虑，化为一声沉重的叹息。明末王夫之叹曰：岂亦非天授也哉！

天授的诗人，是不世出的，而世上多的是从科举制里出来的诗人。不世出的诗人，不一定非得读书，但不能没有天启，于天人感应之际一叹，才能出好诗。而为应试而诗的诗人，有事没事就训练自己作诗，以诗入仕。这固然造就了一个人类罕见的诗歌大国，但也让平庸弥漫了诗歌。而平庸之尤者，莫过于乾隆爷了。据说，这位乾隆爷，一辈子作了 4 万多首诗，就数量而言，快能包办《全唐诗》，可他所有的诗都加起来，也抵不过一首《大风歌》。为什么？就因为《大风歌》两千多年来一直在流传，而乾隆爷竟然没有一首诗能让我们过过耳。说实在的，我们从未拜读过这位乾隆爷的诗，此番领教他的诗，也是借助于中国历史上流传下来的那些书画。那些书画，大都经过他的手，被他在天头上盖了印、写了字，有的还题了诗。本来，进入皇家收藏的书画都是极品，皇帝盖个收藏印也就罢了，可这位乾隆爷，偏偏兴犹未尽，还要在画面上发发诗兴，字俗诗更俗，将画面破坏了。

还是来看看汉朝人怎样写诗。除了天授之诗，刘、项偶得，汉初文坛还有抒发文人心曲、长叹深咏似屈原《离骚》式的骚体诗，代表人物还是那位洛阳少年贾谊。

贾谊被贬到长沙时，觉得自己就是个活着的屈原，整个朝廷都在跟他作对，举国上下都要整他，为此，他做了一篇《吊屈原赋》，一面凭吊屈原，一面为自我立言。原以为，屈原过后，再无来者，没想到一百多年以后，有人步他后尘，来追随他了，当然，没有跟他一样去投江，而是作了一篇《吊屈原赋》，在精神上与他共鸣。这一鸣，虽然有点虚，没有实际行动来证明，但还是惊动了太史公，没人比太史公更理解更同情那一鸣了，所以，在《史记》里，就将这两位相隔了一百多年的知音合为一传了。

可惜那位洛阳少年生不逢时，他那华丽的诗性，碰到了简朴的文帝，始以惊艳，尽情观赏，终觉无趣，任风吹雨打，凋零芬芳。若与少年天子同朝，情形或不一样，最起码，两位诗性少年都有一副婉约的心肠，都能感受到“悲哉秋之为气也”的情绪分量。但两位少年的性格却不太一样，贾生以婉约入忧郁，而有抑郁症倾向，少年天子则难免青春期的惆怅，宜以婉约表达其淡淡的哀伤，不似贾生那般刻骨，却也皱起眉头来萌想。

秋风起兮白云飞，
草木黄落兮雁南归。

兰有秀兮菊有芳，
怀佳人兮不能忘。
泛楼船兮济汾河，
横中流兮扬素波。
箫鼓鸣兮发棹歌，
欢乐极兮哀情多，
少壮几时兮奈老何！

这便是少年天子《秋风辞》，不作苦人语，不带萧瑟意，能婉约矣。《礼记》有言：秋之为言，愁也。愁是青春期感受，有一种对于诗与远方的迷茫与无奈和不由自主的感慨，如春之花儿初放枝头，无人来喝彩，而难免自怜也。

历史上，诗人很少将悲与愁分开，而礼则要区分，并给出分寸。宋玉作《九辨》，开头就叹“悲哉秋之为气也”，此乃老成之人，备尝艰辛，而汉武帝之《秋风辞》，乃快乐少年，欢乐已极，忽生哀愁，初尝人生之心酸味也。

宋玉老成之悲，可谓极言之。天寒凉，物萧瑟，人凄清，秋来矣！草木摇落，雁南游，蝉无声，鸡鸣矣，天地薄寒中，游子独行矣。那游子啊，乃宋玉自谓也，其牢骚似屈原，悲苦如屈原，贾生与之同路，而各有各的心曲。宋玉沉浸于自我的物哀之心理，以美来解放自己，而贾生则陷于自设的政治伦理中，自悲不已，他们都没有像屈原那样走一条形而上学的路，回归宇宙本体。

屈原《离骚》，其言亦悲苦，然其牢骚，昂昂然，犹有凌云志。他曾以神话角色出场，上天下地，从古到今，寻求自我所在。起初，他想在历史中寻找自己，可他发现历史并非就真实，而且从神话进入历史多半是靠不住的，他在《天问》里，一问接一问，就否定了传说中的历史。最后，他在哲学之本体中找到了自己，“大一生水”，他回到水里，成了“大一”。这样一条形而上学之路，后世有《浮士德》可比。屈原与浮士德，一受理想驱动，一被情欲驱使，都有一番“路漫漫其修远兮，吾将上下而求索”的壮志，其终极追求亦颇类似，一回归本体，一回到上帝，虽然同为诗化，但属性有异，一属于哲学，一属于宗教。然而，屈原太高，后世诗人几无人能及，唯司马迁作《史记》，鲁迅称之为“无韵之《离骚》”，尚能继之。然《史记》之追求，亦只是天人之际、古今之变而已，还未能深入宇宙本体，未以形而上学追问人性与政治，而向着论成败得失的帝王学转趋。

可宋玉悲秋，却成了一种独特的感时美学的范式，杜甫咏怀诗云：

摇落深知宋玉悲，风流儒雅亦吾师。
怅望千秋一洒泪，萧条异代不同时。

明末贺贻孙《骚筏》说，宋玉之前，从未有言秋悲者，宋玉悲秋，遂开无限文心，后人言秋声、秋色、秋梦、秋光、秋水、秋江、秋叶、秋砧、秋蛩、秋云、秋月、秋烟、秋灯，种种秋意，皆从“悲哉秋之为气也”出。宋玉之后，悲秋成为一种格调。

《秋风辞》例外，辞非悲秋，而是乐秋，在秋风白云、花草佳人、楼船歌舞的欢乐中，少年天子箫鼓齐鸣，意气风发，乐极而生天纵我材、时不我待的感慨。

《秋风辞》之于汉，一如《春江花月夜》在唐，都以一代王朝气象初开时的青春理想和壮丽景象，来唤醒美的人生，让美在欢乐中带了一点淡淡的飞扬的哀愁。鲁迅《汉文学史纲要》称《秋风辞》曰：“缠绵流丽，虽词人不能过也。”然而，毛泽东词云“秦皇汉武，略输文采”，秦皇无诗，难言其文，可汉武有《秋风辞》问世，输谁文采？

帝王缠绵而能飞扬者，汉武帝也！我们知道，少年天子的无奈，是因为他头上还有一位管着他的老奶奶。老奶奶成了皇帝的监事，使皇帝受了委屈，可她万万没有想到，她这么一监管，反倒管出了一首好诗。

全是兴高采烈，成不了好诗，好诗要沉郁。若无“猛士”之叹，《大风歌》也算不得好诗；若无少年天子“奈老何”的感受伏在诗里，牵引诗绪，《秋风辞》也很难成为好诗，好诗要有抑扬顿挫的风姿。

宋玉悲秋，像烙饼一样，在情绪上翻来覆去煎熬自己——“九辨”。“九”，多也，乃多的极致。可快乐的少年天子，怎会忍心去煎熬自己？他不过忽生感慨，点燃了青春期的焦虑，像放焰火一样，把焦虑从内心深处放出去。灿放的焦虑，带着命运意识，飞向天宇，光昌流丽，依然是帝王气。没有“小楼吹彻玉笙寒”的寒意，也不带“一江春水向东流”的悲绪，而是内心里充满忧郁的花朵，向着天命一展风姿，给无尽的欢乐，带来一声奔放的叹息。

闻一多先生盛赞《春江花月夜》为“诗中的诗，顶峰上的顶峰”。我们是不是可以仿闻一多先生，也这样来夸一下《秋风辞》呢？在汉诗里，我们或许也可以这样说吧。刘邦是歌者，而非诗人，他的诗，乃天纵之，而非自觉之。帝王作诗，而有诗人的自觉意识，始于少年天子《秋风辞》。

鎏金鎏银铜竹节焚香熏炉，通高58厘米，口径9厘米，底径13.3厘米，西汉，陕西兴平豆马村出土，茂陵博物馆藏

鎏金鎏银铜竹节焚香熏炉

通体鎏金鎏银，上浮雕四条鎏金顾龙，龙身从波涛中腾空。炉盖透雕多层山峦，云雾缭绕中加金银勾勒，奢华而不失雅韵，精致富贵亦不失艺术效果。

鎏金竹节华柄，上有鎏金龙三条承载炉盘，正所谓“高杆枝头结华炉”。炉口外有铭文35个字，证实为未央宫之物。

香熏炉的气质如《秋风辞》，不作苦人语，不带萧瑟意，还能婉约惆怅于无常。

该香熏炉出土于茂陵从葬坑。茂陵，是汉武帝刘彻的陵寝，位于陕西省咸阳原，被称为“中国的金字塔”。陪葬墓有李夫人、卫青、霍去病、霍光、金日蝉等。

茂陵所在地叫茂乡，为汉武帝狩猎时看中，于公元前139年开始修建，直到公元前87年完工。它是汉代帝王陵墓中规模最大、修造时间最长、陪葬品最丰富的一座墓葬。其奢华如汉武帝生前，汉代丧葬“事死如生”，汉武大帝生前如何？于其墓葬中可窥一斑。

西汉在咸阳原上有9座帝王墓葬，其中五座最为显贵，以茂陵为首，其次为高祖长陵、惠帝安陵、景帝阳陵及昭帝平陵，为“五陵原”的来源。历史上，似乎只有唐人会写汉人，如白居易《琵琶行》中一句“五陵少年争缠头”，便写尽了纨绔子弟的青楼浮年；而杜甫杜工部《秋兴八首》中的“五陵裘马自轻肥”，则已被惯用“少年富贵”的象征。

第4章

汉初儒学更始与儒术复兴运动

01

马背上的思想家

楚汉之际，陆贾一直不变儒者身份，不改书生本色。他在刘邦面前，不卑不亢，时不时就要称颂《诗》《书》，当刘邦以“马上得天下”自诩时，他立即反驳说：你“居马上得之，宁可以马上治之乎”？

论“马上”事业，刘邦不如项羽，更不及秦皇，然而，秦亡了，项羽败了，昔日马上英雄，都似明日黄花，皆如过眼烟云，对此，他不能无动于衷。于是，他让陆贾“试为我著秦所以失天下，吾所以得之者何”，陆贾奉旨“乃粗述存亡之征，凡著十二篇”，每奏一篇，他无不称善，号其书曰“新语”。

汉人编先秦诸子之书，皆以“子”为书命名，独有孔子言论集，被称为《论语》，刘邦以“新语”二字，为陆贾书命名，除了肯定其“论古代之得失”，可为新朝立法外，亦因该书言必称孔子，代孔子立言也。班固把陆贾的《新语》、萧何的“律令”、韩信的“军法”、张苍的“章程”、叔孙通的“礼仪”，列为定汉家天下的五大支柱。而钦定之《新语》则开了汉初孔子圣化和汉代新儒学的先路。

《新语》一书，《四库全书简明目录》疑其伪，曰：“《新语》二卷旧本题汉陆贾撰。凡十二篇，与汉书本传合，卷数亦与隋志合。惟道基篇末引穀梁传，则非贾所及见，盖依托也。……其大旨主于崇王黜霸，而归于修身用人，持论亦不悖于圣贤。”

从“主于—归于”到“不悖于”，以“崇王黜霸”立言。其书不伪，有余嘉锡先生“四库提要辩证——‘新语’”考之。其实《新语》为陆贾所作，自来目录家已有定论，至《四库提要》作者，始有异议，而疑古思潮又推波，遂成一疑案。余嘉锡撰文评陆贾云：贾在汉初，粹然儒者，于诗、书煨烬之余，独能诵法孔氏，开有汉数百年文学之先，较之贾谊、董仲舒为尤难。

陆贾政论，犹有战国辩士风采，故被司马迁目为“当时之辩士”。当时所谓辩士，不光指权术策论之辩士，如苏秦、张仪等，亦指学理主义之辩士，如孟子和荀子。孟子“辟杨、墨”，荀子“非十二子”，皆一时之辩士。作为策士，陆贾曾“以客从高祖定天下”，为汉家平南越，为刘氏灭诸吕，其足智多谋，亦可媲美张良；作为儒者，弘扬《诗》《书》，传承《春秋穀梁传》，令时儒汗颜；更有《新语》，高举孔子大旗，为帝王立心，为汉家立法，“及时君之门闱”“究先圣之壶奥”，又令贾生难及，使“董仲舒相被服焉”，班固谓其“身名俱荣，其最优乎”。王充《论衡·案书篇》赞《新语》“虽古圣之言，不能过增”。尤为难能者，他虽善于权变，却无曲学阿世，非唯帝王诺诺是从。楚汉之际，刘邦麾下之儒，张良以策士，而非以儒者为帝王师；郦食其以王道自命，却要佯为酒徒；叔孙通则更是低眉顺眼，识时务，摘儒冠，而换楚服。唯陆贾，不改儒服，口诵《诗》《书》，表现出革命儒的气节。这一点，对于儒家命运改变，对于儒家道统确立都非常重要。

汉初，有两条圣化路线，一是王圣路线，另一是圣王路线，这两条路线，差之毫厘，谬以千里。博士儒走王圣路线，以有权有势之王者为圣；革命儒走圣王路线，以圣为王。

以圣为王，就是要以孔子为王。陆贾一扫自荀子以来儒家的“圣人之不得势者”的自卑情结，他言必称孔子，主张“法圣人”，认定孔子的使命是为汉家立法。因此，孔子虽非现实之王，却是理念之王，现实之王都要向他看齐，他为现实之王建立了王的范式和标准——王道，所有现实之王都是相对的，他们鱼龙混杂，在五行相生相克中轮回；唯有理念之王是绝对的，他超越五行，成为永恒之王——“素王”。

“素王”，最早出自《庄子·天道》：“以此处上，帝王天子之德也；以此处下，玄圣素王之道也。”成玄英疏曰：“夫有其道而无其爵者，所谓玄圣素王，自贵者也。”成疏“素王”为“自贵”，差矣。庄子论圣与王，是静与动、下与上之别，庄子主张“素王”贵静而居下。以圣人为素王始于庄子，以帝王与素王相提并论也始于庄子。但认为圣人高于帝王，庄子并非始作者。比庄子年长几岁的孟子，早就提出孔子贤于尧舜，这也就是素王高于帝王。孔子曰：绘事后素。子夏引申为“仁先礼后”，则“素”为圣，“绘”为王，即“权”与“势”为“绘”，乃内圣外王，再引申之，则内圣为素王，外王为帝王。

汉儒多谓孔子自号“素王”，郑玄《六艺论》云：“孔子既西狩获麟，自号‘素王’为后世受命之君制明王之法。”贾逵《春秋序》也说：“孔子览史记，就是非之说，立素王之法。”然，考之汉代古籍，最早称孔子为“素王”者，为董仲舒和刘安。

《汉书·董仲舒传》引董仲舒文曰：“孔子作春秋，先正王而系万事，见素王之文焉。”《淮南子·主术训》曰：“孔子之通，智过于苌弘，勇服于孟贲，足蹑郊菟，力招城关，能亦多矣。然而勇力不闻，伎巧不知，专行教道以成素王，事亦鲜矣。”

在此之前，贾谊《过秦下》已言及“素王”，其言曰：“诸侯起于匹夫，以利会，非有素王之行也。”此“素王”，仍泛称而非确指，似称孔子而难以确认也。

其实，陆贾在《新语》中，就从圣人和无为两方面来建构道统。而无为的圣人，也就是“素王”，他将“素王”的胚胎，从庄子那里，移植到儒学中，他听到了“素王”的胎动，他像先知一样，引导着“素王”的到来。他说了一句“法后圣”，刘邦就带着《新语》走进了孔子庙堂。可他并未捅破“素王”的窗户纸，而是把任务留给了他的后学。清人严可均《铁桥漫稿·新语叙》说他“绍孟、荀而开贾、董”。战国孟子和荀子，是他先师，汉初贾谊和董仲舒，则是他后学。后来董仲舒发现，“后圣”即“素王”，于是，瓜熟蒂落，董仲舒在思想的丛林里捡到了金苹果。宋儒欧阳修《后汉鲁相晨孔子庙碑》说：“甚矣，汉儒之狭陋也！孔子作《春秋》，岂区区为汉而已哉！”狭则狭矣，陋则未必，汉儒立“素王”，顺应了思想运动本身的“理性的狡计”。陆贾可谓汉初“素王”运动的“第一推动者”，连对孔、孟都吹毛求疵的王充，对他却推崇。

陆贾法孔子，其学沿荀子一脉而来，受荀学传人浮丘伯影响。据载，浮丘伯和李斯俱事荀子，后李斯为相，浮丘伯居“白屋之下”。《新语》中，多引《穀梁传》，其春秋学，来自浮丘伯，其诗义，亦为浮氏鲁《诗》说。陆贾“崇王黜霸”，其学似在孟、荀之间。他从荀学出发，而其王道信念却趋于孟子，有见其王道信念者，谓之醇儒；而略知其学术来源者，又称他为通儒。

王利器《新语校注序》言，陆贾著作，见于《汉书·艺文志》，其中《诸子略》的“儒家”有《陆贾》二十三篇，《兵书略》中“兵权谋家”亦言及《陆贾》一书，而今人所见《新语》仅十二篇，当在二十三篇之中，其余十一篇，似为“兵权谋家”言。于《诗赋略》中，还著录有《陆贾赋》三篇，《文心雕龙·才略篇》云：“汉室陆贾，首发奇采。”李学勤《陆贾的易学》指出，陆贾之学出于荀子，不仅可由荀学一脉知之，还可以《新语》为据。《新语》开篇之《道基篇》，其思想和文字结构，都有似《天论》，《明诫篇》之“天道不改而人道易也”的思想，“近人唐晏已揭出其本于荀子的《天论》”。

然而，也有思想方法相似，而其宗旨却有不同，如陆贾主张“法后圣”，就与荀子“法后王”有分别，“法圣”与“法王”是儒门内部两条路线，“法圣”是圣王路线，“法王”是王圣路线。“后圣”即孔子，与“后圣”相应的“后王”则文、武、周公之有势位者。

为了“法后圣”，陆贾还建立了一套圣人史观，把历史分为先圣时期、中圣时期和后圣时期。他说，先圣时期，为上古炎黄时代，要在立国体；中圣时期，夏商周三代之时，重在建国制；后圣时期，往圣衰矣，有后圣出，定五经，明六艺，承天统地，推行国教，即孔子之道谓也。孔子自命“吾从周”，陆贾亦以孔子为三代以下，“后圣”之第一人。

“法后圣”，就是法孔子，行孔子之教，也就是行仁义。仁义，作为批判的武器，直指秦朝，陆贾指出，秦短命，就因为其不仁义。还说，秦以刑罚为巢，不以仁义为巢，所以，没有人会爱惜，一旦风吹，就难免覆巢破卵之患，而有秦二世尚刑而亡；在用人上，秦以厚黑者赵高、李斯为权杖，不以贤圣为德杖，故一遇坎坷，就有倾仆跌伤之祸。

汉初，非但黄老政治要与民休息，儒家也同样主张，不过，儒家以为，休养并非什么都不做，教化应与休养并行，针对秦以吏为师、以法为教，陆贾重启“教化”，以圣人为师。他在《新语》里这样说：尧舜之民，可比屋而封——家家都如今之所谓“五好”家庭；桀纣之民，可比屋而诛——家家都是乱臣贼子。他认为，都是教化使然也。故把教化提升到“功与天地参”的高度，在《新语》中，教化采取了“孔子曰”的形式。

如果说叔孙通的阿谀，还带有博士儒的痕迹，而马背上的思想家陆贾，却以革命者的精神，表现出儒者“从道不从君”的阳刚气象，当刘邦在他跟前以“马上得天下”来否定儒家《诗》《书》时，他当即顶回去：“宁可以马上治之乎？”真是一句顶一万句！只此一句，便大开帝王脑洞，使他成为帝王学里千古不易的帝王师。他不再像博士儒那样，在王权面前矮化自己，而是作为帝王师友，以仁义开启帝王，虽然他在王道面前放弃了自我，这是儒者的通病，可是在王权跟前，他却显示了一个思想者和革命者的高贵与尊严。

孔子继“先圣”“中圣”而起，据乱世，而为后世立法，理所当然，他就是后世圣人——“后圣”，因此，他要求溥天之下，“自天子至于庶人”都要“法后圣”。陆贾与荀子之徒不同，他并没有为孔子是圣人之不得势者而耿耿于怀。他认为孔子“虽非尧舜之君”，但已是尧舜之圣，既然“圣人不空出”，孔子就该生当乱世。他以为孔子因此而叹“如之何者，吾末如之何也已矣”，正是对“言道因权而立，德因势而行，不在其位者，则无以齐其政”的感慨，但陆贾并没有为孔子惋惜，反而为之庆幸。孔子虽不能“移江河，动泰山”，但能“调心在己，背恶向善”，“诵诗书”，倡礼乐，皆“凡人所能为也”，此乃“回也不改其乐”之谓也，虽有困厄，孔子亦在所不惜。

孔子之“道”——仁义，虽不为他当时所用，却为后世乃至于万世立法，而法典就是礼乐诗书，他把仁义提升到自然法典的高度：阳气以仁生，阴节以义降……他告诫刘邦，圣人“执一”，“一”就是仁义，只要“卑宫室而高道德”，就是仁义之君了。

刘邦一生，有两位帝王师，一位是乱世的张良，授之以兵法，并助之以争夺天下，而另一位便是治世的陆贾，从一言之师到一书之师再到一生之师，千古君臣，唯有刘邦与陆贾。二人都是非凡之人，刘邦只一句“马上得天下”，便成为中国帝王学里的根本大法，陆贾与之放对，以一句“诗书治天下”当头棒喝，向刘邦开显文化中国的一角。若论一言兴邦，中国历史上有哪一句比这句更强？只此一句，便奠定两汉四百多年的国基。

《新语》是中国历史上由皇帝本人第一次钦定的政治教科书。《新语》一书，刘邦肯定是读过了，《诗》《书》呢，刘邦也读了吗？

据严可均《全汉文》卷一引《古文苑》，刘邦晚年，曾写过一篇《手敕太子》诏，说“吾遭乱世，当秦禁学，自喜，谓读书无益”，自从做了皇帝以后，为了治理国家才开始读书，从此，他才知道作者的思想对治理国家很重要，所以，他“追思昔所行，多不是”。刘邦的自我反省，显然因读诗书而起，当秦之时，诗书被焚，致使少年刘邦以为读书非但无用，而且有罪，“刘项原来不读书”，是因为他在“读书无用论”中长大。最早引导刘邦读书的是张良，那是乱世读兵书，第二位便是陆贾，陆贾告诉他，治世读诗书。

“千秋万岁”瓦当，西汉，未央宫中央官署遗址出土

未央宫“千秋万岁”瓦当

秦二世而亡，汉家刻骨铭心。未央宫上镶嵌“千秋万岁”瓦当，是一面自省的镜子。陆贾著《新语》，是汉家第一个皇帝钦定为“千秋万岁”的警世语录。

02

继续革命的儒生

作为儒家复兴运动的使者，汉初继陆贾之后，又有贾谊。

贾谊二十年少便见用于文帝，陆贾其时已年届六十。两人同为汉臣，共处一朝，可曾有过倾心相见的时候？惜史无载。陆贾晚年为文帝使南越，不越十年，便过世了，而贾谊正当年，洛阳公子风度翩翩。

汉初，刘邦大封同姓及功臣，与满朝文武立约，一言定汉制："非刘氏不得王，非有功不得侯。"所谓"有功"，乃就军功而言，即以军功助刘氏开国者，故儒者无受封，叔孙通官至博士太常，陆贾官至太中大夫，贾谊亦为太中大夫，皆无爵位。

汉承秦制，初时，文学贤良等，于皇帝身边掌承问对一如秦时，赏军功，封爵位，遵循秦制，皆无创设，刘邦曾"悉去秦仪法，为简易"，文景则尊黄老，尚无为，因循秦法。但秦法禁学、无分封、抑商贾、罢游侠，汉初，百业皆举，弊端亦出。据《史记·货殖列传》载："汉兴，海内为一，开关梁，弛山泽之禁，是以富商大贾周流天下，交易之物莫不通，得其所欲，而徙豪杰诸侯强族于京师。"正所谓"千金之家比一都之君，巨万者乃与王者同乐"。任侠之风，亦应之而炽，钱穆认为"汉兴而闾巷之侠起"。侠士与商贾一样，同为汉初威胁中央集权的不稳定阶层。

另外，还有一个不可忽视的阶层，即秦遗留下来的儒生。汉初尚黄老，无为而治，因循秦法，儒者散落于民间，适逢诸王广招游士，便竞相投奔。吴王刘濞，有齐人邹阳，吴人枚乘、严忌等投奔，梁孝王也有齐人羊胜、公孙诡等寄之门下，而淮南王则招宾客方术士数千人，河间献王则广招经术之士。儒者皆以能被招纳为荣。这些游士食客散走于诸王之间，辞赋奢靡，纵横是非，亦是汉家祸萌。正如《汉书·贾谊传》所云："是时，匈奴强，侵边。天下初定，制度疏阔。诸侯王僭儗，地过古制，淮南、济北王皆为逆诛。"对此，贾谊已有陈述："臣窃惟事势，可为痛哭者一，可为流涕者二，可为长太息者六。"弊端诸多，其势已成，一如抱火放在积薪之下而寝其上，火未及燃，因谓之安。燃眉之际，贾谊上疏陈述政事，多欲匡建时政，汉文帝时，"诸法令所更定，及列侯就国，其说皆贾谊发之"。可见他的主张并非纸上文章，而是"有所列论，多见实施"。

贾谊之论，预告着一个新时代来临，他认为，汉以"革命"得天下，然而，却不以"革命"坐天下，坐在秦的旧制里，无论如何，不能算作一个新王朝。因此，不仅为天下安危计，亦为王朝正统计，汉家都应继续革命，要在观念、制度、风俗等方面建立新文化，使天下从秦制的藩篱和桎梏中解放出来，走向儒家所倡导的王道格局。于是，革命呼唤着孔子的幽灵，而《春秋》则成了继续革命的法典。

以继续革命"匡建"汉家天下，贾谊实为振臂一呼之首倡者。班固"赞"引刘向言，说贾谊"通达国体，虽古之伊、管未能远过也，使时见用，功化必盛"。其赞评，虽亦可谓中肯，却未能看到贾谊在秦军国主义向汉文治主义过渡中的历史作用。

作为思想先驱，他有幸处于与周公相似的历史环境中，同样都面临着继续革命的问题，虽无周公之建树，但继周孔之志，倡文治政府，贾谊可谓功不可没。当陆贾反驳刘邦"宁可以马上治之乎"时，刘邦虽赞同他的诗书主张，却不能即刻从“马上下来”，还要以垂死之躯，扬鞭策马，东征西讨，剪除异姓王，稳定新政权。陆贾也来不及考虑除旧布新的问题，便被刘邦召至马前，驰其口辩，游说诸侯，助刘氏定天下。所以刘邦的仁政，也只能是简化秦之苛法，其他一切均待来者续之。

其实，革命儒在马上的年代，就已经打开了儒家圣化之门。不光是叔孙通和陆贾的努力改变了刘邦对儒者的看法。秦的暴政以及秦对儒者的迫害，也使儒者赢得了民众同情。儒者纷纷参加革命，革命儒的理想主义和英雄气概，使农民起义成为儒家民本主义实践，使儒学及儒者得到广泛认同。刘邦欲废太子，张良让吕后请出“四老”辅佐，加之叔孙通为太子傅，以死谏，刘邦自知大局已定，当他从淮南返还过鲁地时，便“以大牢祠孔子”。

汉初百废，政弱而民野，贾谊著《新书·礼篇》曰：礼者，所以固国家，定社稷，使君无失其民者也。这是总纲领，站在君主立场，替君主着想，欲使民入礼之“目”中：主主臣臣，礼之正也；威德在君，礼之分也；尊卑大小，强弱有位，礼之数也。其“目”有三，礼之正、分、数也，臣民按此对号入座，各安其位，便是礼治。仅以仁义惠及天下，亦有弊端，导致诸侯坐大，豪强横行，必须以礼治理。

贾谊的“匡建”，仁礼并行，仅以道德仁义，非礼不成，君臣、上下、父子、兄弟，非礼不定，礼以立君臣，等上下，德政才有节度，仁义才有分寸。鉴于秦以严刑而亡，他认为，礼是最完美的一种统治形式，若论及“庆赏以劝善，刑罚以惩恶”，他也承认法的作用，但执行法治应信如四时，无私如天地。对于“行礼不如用法，教化不如刑罚”之说，他建议人主，只要引“殷、周、秦事”比较一下，就能发现，礼“可以为万世法程”，可以造福子孙后代。

在《新书·阶级篇》中，贾谊提出“刑不至君子”，认为秦之大臣无廉耻，无尊严，就因为重刑，而破罐子破摔，文帝深纳其言，从此大臣有罪，皆自杀，不受刑。

刘邦入秦，曾约法三章，此外，汉初政令皆出于丞相萧何之手，虽有一些“因民之疾……顺流与之更始”的做法，但没有什么系统性的建树；惠帝废“挟书令”，受到儒者的欢迎；文帝去“肉刑”，也受到百官及百姓的称赞。汉初稍有变革，即为天下拭目。

贾谊由博士迁至太中大夫，立即上书文帝：悉更秦法。他以为汉兴至文帝二十余年，应当改元正朔，一变秦法。而文帝初即位，虽谦让未遑，但“诸律令所更定”，还是由贾谊提出的。

改元正朔，虽是形式上的制度化革命，但其耗费，也会让文帝放弃。文帝曾想建一“露台”，一算账，“直百金”，就说“百金中民十家之产”，不建了。

文帝的取舍，除了本人节俭的习性之外，还有个时机问题。改元正朔，是以诏告天下汉家重受天命的形式，来确立新王朝的合法性，汉自“诛一夫”后，高祖未暇受命，文帝自认德未及、功未至，亦不受命。而贾谊则以为汉之天下不稳，就是因为天子未受天命，故劝文帝：自禹以下五百岁而汤起，自汤以下五百余年而武王起，故圣王之起，大以五百为纪。自武王以下，过五百岁矣，圣王不起，何怪矣！陛下何不以为之？他自信天降大命，以达吾德也！认为圣人就在世上，不受命做圣王，圣就开显不出来，他认定文帝有圣王品质，作为儒生，他多么想把自己奉献给圣王。但文帝终于还是令他失望，惜哉！其生不逢时也。因文帝无为，贾谊生早矣，若生于汉武之时，他的才用不可限量。后来贾谊被排挤，改元正朔之事暂停下来。

不久，又有鲁人公孙臣上书，重提改元正朔。这一次，文帝没有推辞，“下其事与丞相议”。其时，北平侯张苍为丞相。苍，秦时曾为御史，善于算律历，经其推算，还是水德，仍为秦制，张苍便请暂停公孙臣之说。然，“十五年，黄龙见成纪”，文帝又重新召见鲁人公孙臣。不想，中间横插一个方士赵人新垣平，装神弄鬼，败露，被“夷三族”，改元正朔受其牵连又作罢了。文帝也只行了郊祀五帝之礼，还是没有举行受天命的仪式。连司马迁都忍不住了，叹曰：“孔子言‘必世然后仁。善人之治国百年，亦可以胜残去杀’。诚哉是言！汉兴，至孝文四十有余载，德至盛也。廪廪乡改正服封禅矣，谦让未成于今。呜呼！岂不仁哉！”

汉初形势，如贾谊所言，“进取之时去矣，兼并之势过矣”。霸术从前台转向幕后，一味进取的法术之士和专事兼并的耕战一族，已不再是历史舞台的主角。儒虽难以进取，但可与守成。守成非“萧规曹随”之谓也，黄老之守成与儒家之守成迥异，黄老守以清静无为，而儒家却主张继续革命，以革命守成。

汉取秦而代之，只是完成了“易姓革命”，在儒家看来，革命的目标，绝非改朝换代那样狭隘，还要以革命“立心”“立命”。“立心”是教化——“立人之道曰仁与义”；“立命”是受天命，帝王受命非为一己之私，而是为民请命——向天请命。

若谓陆贾《新语》旨在“立心”，那么贾谊《新书》则归于“立命”；如果说“立心”之导向以“素王”为师表，那么“立命”之导向则以帝王“受天命”。

汉不受天命，则无以言其成，既然无成可守，又何来守成一说？仅以马上得天下，不足以言成，成的标志是受天命——为民立命。若汉承秦制，所异者，不过易姓而已，改朝换代以后，其实革命尚未完成，故汉初政治之守成，守的不是汉家之成，而是亡秦遗留之成，将其作为秦王朝的接班人了。

汉以革命得天下，“诛一夫”乃革命之原点，而非革命之终点。革命成功与否，取决于受天命，汉家受天命，才具有合法性，儒家的外王运动才算真正完成，这才谈得上“守成”。所谓“守成”，守的当然就是汉家天命。要守住天命，不仅要以民为本，还要以圣为师，因为众生“必待圣人之教”，“圣人之教”当然要从“六艺”入手。六艺者，圣人之学也；学校者，素王之政也。

圣化，既是儒家革命论，也是汉家守成策。因此，他无法容忍汉初政界包括文帝在内的思想观念上的鄙俗。针对文帝诏曰“且夫牧民而导之善者，吏也”，贾谊大喝一声：夫移风易俗，非俗吏所能为也，窃为陛下惜之。这一“惜”，使多少刀笔吏恼怒？由此可见，他得罪的，岂止一两个军功官僚？而是整个官僚体系。

儒家以民为本，怎能以吏为师？以吏为师是官本位，而非民本位。所谓民本，即国以为本，君以为本，吏以为本，得民之福乃天福，失民之灾即天灾，民虽至贱而不可简也，至愚而不可欺也，圣王之戒也，戒之哉！戒之哉！

儒者圣化有二：一曰“立心”以化己，二曰“立命”以“劝民”。贾谊之教化，重在化民，而非化己，民风随教化而异，以德教民，则人皆可以为尧舜，以法教民，则溥天之下莫非囚徒。儒者的职业，不是杀伐，而是教化，因此尚“德”不尚“刑”。

不是所有的儒者都有做“王者师”的幸运，大部分儒者要以“愚民”为教化对象。“愚民”不是贾谊的发明，早在孔子就已分出“上智”与“下愚”的不同。以“下愚”观民，民萌矣，萌，盲也，教化即启萌，即扫盲，后来“启蒙”一词，即由此转化而来，其意基本近于原出。“启蒙”本身虽含有不平等的意味，但启蒙运动和启蒙者却因此而被圣化。“民”的本质是“萌”“盲”，儒家所谓“启蒙”，就是以儒为教，以圣为师；其治国平天下也，既非耕战，亦非吏事，而是以圣启蒙，使民圣化。

但贾谊未能改变汉初惯识。《汉书·景帝纪》有诏曰“夫吏者，民之师也”，这已不是习惯问题，而是政治立场问题。汉初黄老之学本与法术相通，太史公言申、韩，皆曰本于黄老而主刑名，其因循守旧，既为客观形势使然，亦是主观立场的要求。而贾谊以笔为旗，引领天下，以为改变现状尤要在教育太子、尊礼大臣、阐扬文教、移风易俗上下功夫，引导当时议论从法律刑赏转向礼乐教化，使王权主义由申韩之术转入儒家。

听其言，锥心也，观其行，泣血也，以至于郁郁不得志而终。

龙凤纹玉佩，长 12 厘米，宽 5 厘米，厚 0.3 厘米，
西汉，江苏扬州妾莫书墓出土，扬州市博物馆藏

龙鱼豕纹玉佩，直径9.5厘米，厚0.3厘米，西汉，
江苏扬州妾莫书墓出土，扬州市博物馆藏

舞女玉佩，高 5 厘米，厚 0.3 厘米，西汉，
江苏扬州妾莫书墓出土，扬州市博物馆藏

舞女玉佩

出土于扬州妾莫书汉墓。汉初，扬州是吴王刘濞封国的首府。玉是中国礼制文明的象征与表达。汉初封国综合实力越来越强的诸侯王，早已僭礼越制了，汉家富二代突破了礼制化的生活，玉对他们来说，是财富与美的象征。

俗语说，瑕不掩瑜，玉之美，如汉家美少年，如汉家女儿多佳人。细腻如游丝的白玉，会引发美少年贾谊的感哀愁绪吧，他在《吊屈原赋》中“呜呼哀哉”，感叹他与他的礼制主张皆岁不我与。

03

晁错与匈奴的思想之战

景帝时，有个比贾谊还要激进的人物，那就是晁错。他文学素养很好，却非文学出身，这一点，跟贾谊不同。他先以秦之刑名法术安身，继以伏生《尚书》唯一传人立命，可以说，他是文帝自贾谊以后最为欣赏的少年才俊，所以，文帝派他去辅导当时的太子——景帝。

文帝慧眼，发现两位文治美少年，都开启了他们的悲剧人生。

贾谊于汉初，率先提出“阳儒阴法”，不仅将其作为政治思想，而且提出具体主张，例如，“众建诸侯而少其力”，就很有那么点“阳儒阴法”的味道，到了汉武帝搞“推恩令”的时候，那味道就已经成熟了。在家天下和中央集权之间，“阳儒阴法”尤为重要，但那火候及分寸却难以把握，搞不好就会出人命，可不，晁错就是个牺牲品。

用美少年为家天下献祭，美其名曰“为了国家统一”，是统一于家天下，还是统一于中央集权？从来没人注意到这是个问题，而且是个必须要问一问的问题。

家天下，是个以血缘为纽带的家族联邦制共同体，对内，以宗法制分亲疏，定尊卑，立宗主；对外，以分封制授民授疆土，封邦建国，这是周制那一套。秦改制，以中央集权的郡县制取代分封，至汉，一国两制，周秦之制并举，郡国两套班子，于是发生了从周从秦的问题。

大体言之，以家天下来统一，便是从周，以中央集权来统一，即为从秦。如果说在制度安排上，汉初是以秦制为主，以周制为辅，行“霸王道杂之”，那么在政治文化上，相应的，就应该以周政——礼仁为主，以秦政——刑名为辅，此为“阳儒阴法”。

如果说在政治思想上贾谊为“阳儒阴法”的先驱，那么晁错就不仅从政治思想上而且从政治人格上成为坐实“阳儒阴法”的第一人，并为“阳儒阴法”献身。

在《汉文学史纲要》中，鲁迅对晁错和贾谊做了比较，认为“晁贾性行，其初盖颇同”，所“同”者何？他指出了这样几点：一是，他们都有儒学打底子，晁错“从伏生传《尚书》”，贾谊“从张苍受《左氏》”；二是，他们都有政治改革的主张，晁错“请削诸侯地，且更定法令”，贾谊“亦欲改正朔，易服色”，而且他们“又同被功臣贵幸所谮毁”；三是，他们有着大体相同的文风，“为文皆疏直激切，尽所欲言”；四是，他们都懂刑名之学，一如司马迁所言“贾生晁错明申商”。也有不同，鲁曰“惟谊尤有文采，而沉实则稍逊”。贾谊“文采”，偏于性情，思想中，有意气风发，论说中，有情感飞扬；晁错“沉实”，趋于理性，立论，如鼎之在地，字字有据，说理，似钟之鸣宇，声声落实。

鲁迅还将贾谊的《治安策》《过秦论》与晁错的《贤良对策》《言兵事疏》《守边劝农疏》做了比较，认为它们都是“西汉鸿文”，“沾溉后人，其泽甚远”；同时又指出，“以二人之论匈奴者相较，则可见贾生之言，乃颇疏阔，不能与晁错之深识为伦比矣”。

贾谊“疏阔”，因其文人情怀所致，洛阳公子一往情深，其内心深处犹有离骚余音，此非《左氏春秋》所能安顿，亦非申商之术能搞定，其为文，于立论高峻处常有率性，于论战锋芒中亦多抒情，故其政论，言事理则难致邃密，于治术则未免“疏阔”。

至于晁错“深识”，鲁著点到便止，未曾揭示，我们读其《言兵事疏》《守边劝农疏》，便可知“深识”二字道出了刑名之学的底蕴及其开显的老吏断案的样式。晁错言兵事，全无中国传统里书生谈兵的腔调与习气，倒像个久经沙场老于边事者，对汉胡之形势做纯然客观的审视，笔下行文如判词，判决了汉与胡的优劣。他先回顾了汉与匈奴的战史，发现：胡虏数入边地，小入则小利，大入则大利。就在人们都以为匈奴难敌时，陇西出现了转机：今兹陇西之吏，起破伤之民以当乘胜之匈奴，用少击众，杀一王，败其众，而大有利。地还是那块地，民还是那些民，胜负截然不同，他由此得出一个结论：有必胜之将，无必胜之民，安边境，立功名，在于良将。

临战之际，制胜的关键，一要择地形，二要练精兵，三要备利器。

何为择地形？他指出：山林之地，宜于步兵作战，车骑二不当一；平原广野，宜于车骑，步兵十不当一……他总结了与用兵有关的地形，有步兵之地、车骑之地、弓弩之地、长戟之地、矛铤之地、剑盾之地，在不同的地形，要因地制宜，选择战法。

已经立于不败之地了，能否取胜，不取决于地，而取决于人，主要取决于投入战争的士兵的战斗力。而战斗力之于士兵，无疑要靠训练，练与不练，差别很大，多练胜，少练不胜，而况无练乎？故“士不选练，百不当十”，战时胜负，取决于平时训练。

精兵已成，未必能胜，还要有装备配套。兵器要锋利，铠甲要坚密，弩须及远，射应能中，中当能入，精兵若配以利器，则能以一当五。所以，晁错总结：若器械不利，就等于把士兵的性命交给敌人；若士兵无用，就等于把将军的安危交给了敌人；若将不知兵，就等于把君主的命运交给了敌人；若君不择将，就等于把自己的国家送给了敌人。

对于国家来说，明君、良将、精兵、利器此四者，乃“兵之至要也”。

对于君主而言，良将、精兵、利器，则是其战之能胜的“三大法宝”。

除了军事上的实力对比，决定了战争的基本面，还要通过形势分析，根据国家大小、强弱、险易等地缘政治状况，制定相应的国策与战略。一般来说，小国，要“卑身以事强”；敌国，要“合小以攻大”。对于中国，他提出了“以蛮夷攻蛮夷”的战略。为此，他比较了中国与匈奴的优劣，指出“匈奴之长技”有三：一是战马，“中国之马弗与也”；二是骑射，“中国之骑弗与也”；三是耐饥渴疲劳，“中国之人弗与也”。而“中国之长技”有五：一是平原上，轻车突骑，为匈奴之众所不及；二是劲弩远射，为匈奴之弓所不及；三是坚甲利刃，装备齐全，为匈奴之兵所不及；四是步兵重弩，万弩骤发，非匈奴之盾甲所能抵御；五是下马步战，也非匈奴之脚力所能支撑。

由此可见，中国之长技比匈奴多了两个优势，且兴兵数十万，伐数万之匈奴，以十击一，以多胜之术，造必胜之势。尽管如此，还是要谨慎，因为“兵，凶器；战，危事”，有时大小、强弱的形势转换，也就在一弯腰之间，而“帝王之道”，应“出于万全”，所以，即便中国形势占优，从“万全”之策来考虑，还是要采取“以蛮夷攻蛮夷”的战略。

刚好，就有降胡义渠蛮夷之属来归汉，其众数千，长技与匈奴同。晁错向文帝建议，用中国制造将义渠蛮夷武装起来，加上中国原有军队，中国就处于绝对优势了。在有利于匈奴作战的地形，以义渠蛮夷击之；于平地通道，则以中国原有的轻车材官制之。两军相为表里，各用其长技，匈奴的优势就一点也没了，此万全之术也。

书生谈兵，能谈到这个深度的，实为罕见。谈完之后，他就上奏文帝，曰“狂夫之言，而明主择焉”。文帝读罢，赐一回复——“皇帝问太子家令”曰：尔上书言兵体三章，我读过了。尔书言“狂夫之言，而明主择焉”。现在的情形，我看正好相反，是“言者不狂，而择者不明”，这才是“国之大患”啊！为此，文帝长太息曰：让不明之君择于不狂之臣，除了颂扬之声，还能听到什么呢？“是以万听而万不当也”，朝廷太平庸了呀！

知道狂生是怎么炼成的吗？是明君用明智打造出来的。明君之明，就明在懂得权力的边界和使用权力的分寸，懂得人性与政治的边界和分寸，而明君的明智之刃，则是用狂生的思想之火开显出来的，只有狂生才能产生思想的高温，陶冶并淬炼一代明君。

有明君为知己，乃狂生之幸，一代雄文，要有一代明君来认领。当然，认领也要有分寸，总不能作为权力的衍生物，认到自己的名下，领入自家文集去。果如此，则后人不知有晁错，中国思想史上又多了一名失踪者。好在那文帝，他鼓励臣子们自由思想，独立思考，贾谊和晁错能成为思想家，跟文帝的鼓励有关。

《言兵事疏》得到文帝高度评价，引发晁错更为深入的思考。他想，对于汉家来说，即便打赢了匈奴，那又如何呢？若能战而不能守，则战之何益？若要保留胜利成果，必得用个“守”字，故有能战之策，亦当有应守之策。为此，他又上了一篇《守边劝农疏》，若谓《言兵事疏》堪为晁错战策，那么《守边劝农疏》便是他提出的赖以安边的守策。

我们刚读完了他的取必胜之势的万全战策，再来读一读他的劝农守策。

读罢，我们发现，无论其战策，还是守策，戍边还是屯田，都是农为国本，耕战合一，所以，劝农特别重要。秦时，北击胡，南攻越，大兴戍卒，非“卫边地而救民死也”，但以“贪戾而欲广大也”，故其戍边之战，非正义也，结果便是“功未立而天下乱”。他认为，秦之所以亡，就在于此，故劝农第一条，就必须反其道而行之，非以国为本，而以民为本，非为国家利益战，而为民之生死战，战争的正义性乃胜利之本。

光有正义性还不够，还要有积极性。戍边之战，无论南攻，还是北击，除了战争固有的风险外，还有个水土不服的问题。戍者死于边，或因为战争，或由于水土，对于戍者来说，战亦死，不战亦死，所以，光以战争的正义性来支撑，远远不够，还必须调动戍者的积极性，怎样才能使他们甘愿“蒙矢石，赴汤火，视死如生”呢？他指出了两个基本点：一是升官，“战胜守固，则有拜爵之赏”；二是发财，“攻城屠邑，则得其财卤以富家室”。

如果说坚持正义性是存天理，那么调动积极性就是尽人欲。秦则不然，发卒戍边，既不讲正义性——天理，也不要积极性——人欲，故“秦之发卒也，有万死之害，而亡铢两之报”，“发之不顺，行者深恐，有背畔之心”，“陈胜行戍”吹响秦二世而亡的号角。

他进一步指出，胡汉冲突的根本原因，在于生产方式不同，而引发冲突的，主要是游牧民族自由迁徙的生产方式——“此胡人之生业”。他说“胡人衣食之业不著于地，其势易以扰乱边境”，“不著于地”是指没有固定地点，亦即“非有城郭田宅之归居”，他们在国与国之间流动，“如飞鸟走兽于广野，美草甘水则止，草尽水竭则移”，这就难免要侵犯他国的主权，自由迁徙的生产方式，引发了国际地缘政治冲突，因此，游牧引来战争。

站在国家立场来看，游牧民族为入侵者。可国家形成之前，本就是个自由迁徙的天下，正是农业文明形成的国家，限制了游牧民族的自由迁徙，这才导致了以生产方式为基础的文明的冲突，故以天下观为据，则游牧民族为首先受害者。这就如同《圣经》里说的，务农的哥哥该隐杀了放牧的弟弟亚伯，人类第一次杀人事件，成为文明冲突的根源。匈奴之与中国，据说也有血缘关系。太史公说，匈奴是夏桀的子孙，商汤革命以后，逃往草原，其后裔之于中国，于不同时期，几进几出，各有其不同称呼，至秦时，虽被秦驱逐，但于楚汉相争之际，又卷土重来，发展出一个游牧大帝国，与汉家争夺天下。

晁错当然是站在汉家的立场来说话，他自信为汉家找到了必胜的方法。他指出，当时中国在战略上处于被动局面，漫长的农牧分界线，自东往西，从山海关到嘉峪关，“或当燕、代，或当上郡、北地、陇西”，沿长城一线，虽有“备塞之卒”，却防不胜防，胡人转牧各地，行猎于塞下，卒少则入。救之，少发兵不足，多发兵，胡已飚去，若不罢兵，军费甚大，难以久持，罢之，胡骑又入，如此，则中国贫苦而民不安。更何况，戍卒守塞，一岁一更换，来时，对胡人无知，走时，略知之，却已更替，如此，怎能守边？根本之策，要“选常居者，家室田作，且以备之”。这就不单是军事斗争，不仅仅是军人在战场上的对决，而是打文明总体战，以城市对决牧野，以农耕对决游牧，以定居对决迁徙，回到文明的本质上来战，打生产方式和生活方式的战争，以文明之盛衰来决定战争的胜负。

一般来说，游牧流动性强，军事上多有优势，然而，在生产方式上，则难免居于劣势，迁徙的生产方式，易于发动攻击，而定居的方式，则宜于建立根据地。根据地要“高城深堑”，于“要害之处，通川之道，调立城邑”，每邑之民，要“毋下千家”，由郡县“先为室屋，具田器”，然后“徙民实边”，先募罪人，继以奴婢，两者不足，再“募民之欲往者”，赐高爵，免税役，由公家供给衣食，直至“能自给而止”。总之，“塞下之民，禄利不厚，不可使久居危难之地”，若能因势利导，使之从单纯的为国戍边，转向为“全亲戚而利其财”而战，他们就会“父子相保”，“邑里相救助，赴胡不避死”，从此“亡系虏之患”。这样，战争的性质就发生了转变，塞下之民从原来的卫国战争转向保家战争，战争的战略性与正义性、人民性与国家性获得了高度的统一。

晁错在此提出了两个重要思想：一是总体战思想，将城市文明体系和农耕生产方式，全面纳入国家地缘政治和国防战略中，打综合国力战；二是人民战争思想，使战争从为国戍边转向人民保卫家园。可以说，这是汉家战胜匈奴的两个最重要的思想武器。

看了这些，我们就能懂得，鲁迅称赞晁错的“深识”二字究竟有多么贴切。若谓晁错之前，军事上打败匈奴者，历代已不乏其人，如名将李牧、蒙恬等，然则，于思想上打败匈奴者，晁错可谓第一人。此二文，一为中国用兵法则，一为汉家劝民纲领，奠定了全面战胜匈奴的思想基础，后来，汉武帝的胜利，就建立在晁错的思想基础上。

但晁错明于治国，昧于齐家。在阳儒阴法的汉制格局中，他阳儒不足，未能于家天下中，以阳儒齐家，其阴法太盛，不仅以阴法治国，且以阴法治家，以一纸“削藩令”，从朝廷的国事，一直管到皇室的家事，在家天下里搅局，引起吴楚七国之乱，各国以“清君侧”为名起兵，以至于天子龙变，诛晁错以谢诸侯，使之成了家天下的祭品。

楚王刘戊之父刘郢客墓葬出土的彩绘陶俑，西汉，江苏徐州北洞山汉墓出土

楚王刘戊兵马俑坑，西汉，江苏徐州狮子山汉墓出土

晁错（公元前200—前154年）

河南禹州人，汉文帝时，出任太常掌故，太子舍人、博士、太子家令。景帝时升迁御史大夫。景帝三年（前154年），面对地方诸侯王国尾大不掉，晁错上书《削藩策》。景帝下诏剥夺楚、赵等诸侯国封地，引起吴楚七国之乱。吴王刘濞联合楚王刘戊、赵王刘遂、济南王刘辟光、淄川王刘贤、胶西王刘昂、胶东王刘雄渠刘姓宗室诸侯王，以“清君侧，除晁错”之名，起义反叛。景帝腰斩晁错，以谋换取七国退兵。却不成，景帝嫡弟梁王刘武与周亚夫合力平叛，三个月后七国败。

徐州

西汉时称彭城，为楚王封国首都。1984年，徐州市博物馆开始发掘狮子山汉墓一座兵马俑坑，出土2300多件兵马俑，十年后在兵马俑坑以东500米处，找到了兵马俑主人的墓葬，墓主人就是第三代楚王、刘邦异母弟刘交的孙子刘戊，也是发动吴楚七国之乱的第二号乱党。狮子山刘戊墓虽遭盗掘，但幸存文物还有2000多件，诸如金银铜铁玉漆陶骨，还有4000多片和田玉织成的金缕玉衣。如此奢华富贵的实力，养就的骄横抑制不住要外溢，怎能不谋反？谋反的干柴已备好，就差火头了，晁错把它点燃了。

错金神兽纹博山香熏炉，通高26厘米，腹径15.5厘米，圈足径9.7厘米，西汉，河北满城陵山中山靖王刘胜墓出土，河北省博物馆藏

河北保定满城汉墓

中山靖王刘胜和妻子窦绾的墓葬。中山国位于太行山东麓，在易水以南、滹沱河以北的环抱中。

满城汉墓陪葬品有1万多件。刘胜和王后窦绾各穿一件“金缕玉衣”。“玉衣”是汉代最高级别的殓服。汉制：皇帝“玉衣”用金缕，王、列侯、贵人、公主用银缕；大贵人、长公主用铜缕。可见刘胜和妻子窦绾越制。“错金神兽纹博山香熏炉”，重峦叠嶂，香烟袅袅，弥漫房中。

金缕玉衣，西汉，河北满城陵山中山靖王刘胜墓出土

刘胜为王42年，富可敌国。汉武帝亦面临地方诸侯王尾大不掉的严峻局面，尤其是武帝的叔叔梁王刘武在平定吴楚七国之乱时立了大功，在封国一切行止俨然天子。于是，汉武帝换了一种方法削藩，用主父偃的“推恩令”，“众建诸侯而少其力”。即允许诸侯王将封地继续分封给下一代子弟，建立小侯国。从此，国中国如套娃，王国越分越小。

04

汉初儒术复兴

楚汉相争之际，高祖诛项籍，举兵围鲁。鲁中诸儒，诵习礼乐不辍，弦歌之音不绝。司马迁叹曰：“非圣人之遗化，好礼乐之国哉！”于兵乱中，闻弦歌之音，似乎预示了儒学开太平。

齐鲁之人于文学，自古以来，其天性也，秦虽坑儒，天性未泯。汉初诸儒复兴，修经艺，习礼乐，孝惠时，公卿皆军功之臣，但以废秦“挟书令”，孝文起用博士，然其本好黄老，及至孝景，不任儒者，而窦太后又笃信黄老，博士被闲置。

这就是秦末到汉初文景之时儒学的一般概况。贾谊是第一位挑战这种状况的书生，虽以少年得志，终以怀才不遇，还是破不了黄老之治的那个局。

汉初虽有叔孙通、陆贾等干世主，做帝王师，但国家以军功官僚为主，其政制，还是秦制，自刘邦死后，儒者的进取受挫，其原因，首先是经济状况。

汉初治者，因秦短命，始悟治大国若烹小鲜，朝中上下，均尚无为。刘邦进关中，去秦律，而与百姓约法，为疲于秦法之人所欢迎。孝惠、吕后之时，民离战国之苦，君臣俱欲休息，故惠帝垂拱，无为而治，高后女主，政不出户，天下晏然。

文帝即位后，不兴土木，和亲安边，内治亦简，弊致诸侯跋扈，中央难以集权，孝景承文帝之治，亦无为，以致七国之乱，不得已弱侯削藩，天下复安。

文景之治，得益于无为，而汉初作为国策，最早提出无为而治的，却是儒者陆贾。其《新语》一书中，就有“无为篇”，曰“道莫大于无为”，如荀子“援法入儒”，他“援道入儒”，乃基于秦亡之现实而欲反之，因为他发现：事逾烦天下逾乱，法逾滋而天下逾炽，兵马益设而敌人逾多，秦非不欲治也，然失之者，乃举措太众、刑罚太极故也。秦夭亡，就在于朝廷太多欲，国家太有为，扼杀了民生的自发性。

汉初开国者，多从人民中来，为民众成员，因此，深知秦亡之弊，故反其道而行之，欲国无为而民有为，放纵民生的自发性——自由经济，先民富而后国强。

陆贾以为，唯有无为而治，仁义才能落到实处，变为仁政。他说虞舜“弹五弦之琴，歌《南风》之诗，寂若无治国之意，漠若无忧天下之心，然而天下大治”。他说虞舜无为，本欲行仁政，不想，反倒成了后世“作儒”的障碍。汉初，诸儒欲“作”，困难重重：一来，战乱之后，民生凋敝，没有“作”的经济基础；二来，国制方面，大局已定，汉承秦制，是汉初制度安排的基本面，也没给诸儒留出多少“作”的空间；三来，在这两个基础上，已经形成了相应的黄老之治的局面，在政治思想上，虽然给诸儒留有地盘，但未预留上升的空间，充其量也就给无为而治留了个仁政的互补空间。

后来，当贾谊指出仁政的本质是礼治，而非无为而治时，这就等于是在挑战。当时，虽然并没有一种学派力量阻止儒学的进取，但儒学却遭遇了制度化的政治力量的狙击，以至于“作儒”代表贾谊抑郁而死，这是儒家进取付出的第一个沉重的代价。

尽管如此，儒学进展还是明显的，我们从当时的儒学在中央和地方的分布中，可以清楚地看到汉初儒学势力消长的概貌。中央方面，自刘邦一改对儒者的看法，便以叔孙通为太子傅，以陆贾为王者师，及以太牢祭孔，行仁义之政。文景时，置博士七十余人，其中有治诸子百家之言的，也有治五经的，可考的有《诗》《春秋》《论语》《孟子》《尔雅》等，儒者申公、贾谊、公孙臣等为文帝博士，贾谊还为长沙王、梁怀王太傅。

在地方，儒学的声势，远比中央浩大，汉初所封同姓诸侯王，俨然一独立小王国，他们招贤纳士，使地方诸儒纷纷投效，因此，儒学的花朵先在地方上开放。

楚元王少时，曾与鲁穆生、白生、申公一同学《诗》于浮丘伯，后令诸儿亦读《诗》，并拜老同学申公等为中大夫，武帝为太子时，其少傅为申公弟子王臧。献王立博士，修礼乐，征儒籍，书多归之，与朝廷等，山东诸儒皆从而游，儒风盛于朝廷。

汉初儒术复兴，从中央到地方，都已启动，尤其诸侯王，多欲有为，不堪吏治，他们挂起自治的风帆，不仅广铸铜钱，打经济牌，而且复兴儒学，打文化牌。

这两副牌，从文帝打到景帝，打来打去，终于打出个吴楚七国之乱。乱之根由，在于诸侯自治与中央集权的矛盾。这本来是制度安排上的事，有利有弊，有利于维系家天下，不利于国家统一，但制度这么定了，也不能改制，只好用政策来调节利弊。

可调节是单方面的，因为，只有中央才能制定政策，诸侯王只能被动适应，而中央定政策，显然都要加强中央集权，其实施，则以吏治。司马迁说，自汉兴至孝文二十余年，将相公卿都从军吏出。其实，刘邦的沛县班底，就是汉初“军吏”老底子，曹参、周勃等以军功出身，萧何为吏治代表，这个老班底，决定了汉初开国的基本面。那些诸侯王就是这个老班底开国开出来的，他们作为国体的一部分，起到了家天下的作用。在这一点上，刘邦像孔子一样，选择“吾从周”。所以，在汉家天下里，总有两个制度在打架，一个是周制，也就是分封制，一个是秦制，即中央集权。

刘邦一死，吕后专权，分封制起到了限制专权维系家天下的作用。为了诛灭诸吕，以周勃为代表的老班底，放任诸侯王做大做强，以此留下尾大不掉的病根。

文帝时，贾谊提出“众建诸侯而少其力”的主张，在诸侯国里将分封制贯彻到底，将一个大的诸侯国，分解为若干个小的诸侯国，以达到削弱诸侯王的目的。可文帝志不在此，他的政治目标是做好家天下的家长，而非中央集权的专制君王，所以，他把贾谊派到诸侯王那里去，先去长沙王那里，后去梁怀王那里，都是去做太子傅。这是去帮他平天下啊，可惜贾谊竟未能理解他的这份心意，以至于抑郁而死。

自刘邦始，至武帝，丞相一职，非军功者任，即吏治者为。高祖且不论，文景时，恃军功而为相者，有周勃、陈平、灌婴、周亚夫、申屠嘉等；以吏治升迁而为相者，则有张苍；周昌、任敖，皆小吏出身，亦位至三卿。他们身居要位，形成军功官僚集团，造成汉初“军功政治”局面。

军功政治，于汉初平乱、安边诸事，多有利，于文治则无所建树。汉初信奉黄老之术，形成了一股思想势力，对于学术也无为而治。故朝中除置博士儒外，还有治百家之说的博士；地方诸侯楚元王、河间献王兴儒学；而淮南王则以道家为主，兼治他说，《淮南子》一书便是百家之言的汇总；曹参为齐相时，尽召长老诸生，问安民策，诸儒以百数，各说各的，所以，曹参请来盖公，盖公主张清静无为，用黄老术，曹参用之，相齐九年，齐国大治，但曹参并未因此而废儒。

汉初儒学受压抑，压力来自军吏集团，后来，才与黄老术相抵牾，起因是，儒学圣化，儒家造圣运动，欲为汉家政治主导。陆贾兴儒学，但未以儒家文治取代军吏政治，而贾谊则不同，他开始进攻，批判黄老无为政治，欲以儒家文治取代军吏之治。

贾谊危言于文帝，说汉家天下是躺在一堆正从底部燃烧的木材上，一场大火，就要到来，可躺在上面的人高枕无忧，依然主张清静无为，不知木材上已有星星之火在，有人提醒，也不以为然，你想找出那根带着火苗的木材，他便以为折腾，就说“治大国若烹小鲜”，不要乱翻，躺在上面的人，当然就是那个汉承秦制的军吏集团。

贾谊自负，文帝每有诏令，“诸老先生未能言，谊尽为之对”，文帝悦之，虽“最为少”，却“超迁，岁中至太中大夫”，当文帝“议以谊任公卿之位”时，绛、灌之流，皆毁之曰：洛阳小子，年少初学，专欲擅权，纷乱诸事。于是，文帝也疏远了他。

贾谊被排挤后，鲁人公孙臣又议“汉土德事”，丞相张苍罢之，因有“黄龙”符瑞现，文帝召公孙臣为博士，“草土德之历制度”，准备改制，使张丞相谢病称老。

儒者继续革命，终于革到了自诩为革命功臣的军功官僚集团的头上。

晁错为文景时博士，本非纯儒，但与以袁盎为首的军吏官僚集团的斗争，正说明汉初思想派别斗争不明显，而文人与军吏官僚集团的矛盾突出，是秀才遇到了兵。

袁盎出身舍人，“不好学”，文帝时为郎中令，与丞相周勃、外戚窦婴素善，亦为申屠嘉座上客。晁错原本“学申商刑名”，文帝遣晁错往济南受《尚书》于伏生，故错“以文学为太常掌故”，以《尚书》称说，得幸太子，号为“智囊”。太子即位，是为景帝，故晁错“宠幸倾九卿，法令多所更定”，引起丞相申屠嘉不满。适逢削藩引起七国之乱，才使袁盎、窦婴等乘势而起，与诸侯王联手清君侧，景帝一哆嗦，就派人杀了晁错。君臣关系就这么脆弱，经不起一点摔打，还说什么牢不可破？君主没有永远的朋友，国家只有永远的利益，还谈什么忠君爱国？只可惜那晁错，错把君主的怀抱当作了他安身立命的窝。

儒学复兴，被军吏集团压制后，又受到来自另一面的力量之厄，无为而治的氛围本是儒学得以复兴的基础，但当儒学要求进一步发展时，便感到它的压力了。

随着无为政治发展，朝中形成了以窦太后为首的“黄老”政治势力。其时，跟随高祖打天下的军功官僚相继去世，于是，儒术与黄老术的冲突便凸显了起来。

窦太后好黄帝、老子言，所以，她要求皇帝以及窦家子弟都要读黄帝、老子，尊黄、老术。就此，黄、老术虽尊，但也仅限于宫廷和外戚之间，并未因此而排儒。真正导致两家在意识形态领域冲突的，是关于“革命”的问题。

“革命”，成为两家争论的要点，辕固生为景帝博士，与黄生争论。黄生认为，汤、武非受命，乃弑也，弑，是犯上作乱，是以下杀上。桀、纣虽然失道，但毕竟为君上，汤、武虽为圣人，总归是臣下，君上有失，臣下不能匡正，反而诛之，代立为君，非弑而何也？辕固生反驳说，汤、武顺因天下之心而诛桀、纣，不得已而自立，这不是受命是什么？如你所言，那么高帝代秦即天子之位，还不是受命吗？

这是从革命者向执政者转变时都要碰到的两难问题，是发扬革命传统继续革命做圣王，还是扬弃革命传统做一个明哲保身的现实君主，是截然不同的两条路线。

景帝对此不置可否。从权力来源的正当性上来说，辕固生的话，只能说对，不能说错，但是，放到自己的头上来说，他宁愿相信黄生的话是绝对真理，革命到此为止。所以，他以“食肉不食马肝，不为不知味；言学者无言汤武受命，不为愚”为“御断”。

此后，学者都回避这个敏感的话题，两者进一步冲突则因辕固生起。史载，窦太后好老子书，召辕固生问老子书。固曰：此是家人言耳。“家人”，多贬义，或言“僮隶之属”，或言“宫中无位号者”，而“宫中之家人，则后妃女仕”，《汉书·外戚传》言窦太后在“吕太后时，以良家子选入宫”，后来，吕后出宫人，赐诸王各五人，窦氏被赐予代王。辕固生语，本意在表明儒学为“国史正经”，《老子》为“诸子家人”，无意中触及窦氏卑微的出身。窦氏盛怒之下，命辕固生去杀野猪。景帝给了一把杀猪刀，救了辕固生的命，开启了儒学命运的转折点。

到了武帝即位时，儒学造圣运动和儒家继续革命，已然呈现龙抬头的架势，一派儒术方兴气象，儒者开始走出被军吏集团笼罩的阴影，从备顾问的博士，走向公卿行列。当时，丞相窦婴、田蚡俱好儒术，推荐名儒赵绾为御史大夫，王臧为郎中令，二人下车伊始，即劝武帝“迎鲁申公，欲设明堂”，拟以儒学为国教，“以礼为服制，以兴太平”。

儒者始进，便对窦氏“宗室无行者，除其属籍”，还令“列侯就国”，由于那时列侯多娶公主，留在京城，故“皆不欲就国”，他们纷纷跑到窦太后那里去告状，加上太后本好黄老言，而窦婴、田蚡、赵绾等推崇儒术，贬低道家学说，所以，窦太后不悦。

建元二年，“御史大夫赵绾请勿奏事东宫”，欲直接剥夺窦太后的权力。窦太后大怒，曰：这又是哪里跑来的新垣平呀！这新垣平，是文帝时一名方士，曾以望气说文帝，文帝信之，又献一玉，有“人主延寿”四字，文帝以为祥瑞，遂改元，且欲行封禅事，后经查实，此乃新垣平造假，审讯中，本人亦供认，故灭其三族。

窦太后重提当年新垣平事，看来是要出人命了，遂罢逐绾、臧，免丞相婴、蚡，还派人调查，查出绾等图奸谋利，故办案绾、臧，绾、臧自杀，儒之新政皆被废。

在家天下里搅局，来管皇帝的家务事，晁错被“清君侧”，已是前车之鉴，可赵绾、王臧等未以为鉴，重蹈晁错覆辙，后世则有晚清康梁变法之事，亦如出一辙。

儒术不仅公开向黄老挑战，而且争至尊地位，从辕固生斥《老子》为“家人言”中，可见儒术霸气远在黄老之上，其宽容之风度又在黄老之下。虽然政治斗争不讲风度，但窦太后也只是就事论事，仅治赵绾、王臧之罪，而未连累其他儒者或累及儒学。

不过，这件事却提醒了窦太后，她也开始了黄老之学的教化工作。据《史记・万石张叔列传》载，太后以为儒者文多质少，言过其实，故提倡“不言之教”，以压制儒学，为此，树立了一个样板人物，那就是“万石君”，言其“家不言而躬行”，“以孝谨闻乎郡国”，就连不遗余力标榜孝道的齐鲁诸儒，都自以为不如。史称石奋“无文学，恭谨无与比”，其子石庆为齐相时，“举齐国皆慕其家行，不言而齐国大治”，齐人为他立石相祠。在窦后看来，以万氏家族治国远在儒者之上，至少不会威胁到她。

窦太后一死，武帝便一展其被压抑的“霸王道杂之”的雄才大略。

我们原以为，儒学造圣，应该很纯，其实错了，“杂”才是儒家特色。萧萐父《吹沙纪程》论“秦汉新儒家”曰：“儒家夙以‘杂’见称。”于《荀子・法行》中，也可见南郭惠子称：“夫子之门，何其杂也。”武帝好儒，好在一个“杂”字；汉尊儒，尊在一个“霸王道杂之”。

公孙弘能以一介布衣封侯拜相，不仅因其治学阳儒阴法，也因其为人“阳奉阴违”，从学问到人品，皆为杂儒本色，曾习文法吏事，又能饰以儒术，上大悦之。主父偃学术也“杂”，早年，曾学长短纵横之术，晚乃学《易》、

《春秋》、百家言，出于纵横家，而归于儒杂家，与公孙弘出身“贫吏”而入于儒颇为相似，难怪司马迁将二人列于同传。

儒术兴而黄老衰，汲黯位列九卿时，公孙弘、张汤不过区区一小吏。但公孙弘却因儒饰而受宠，以至于封侯拜相，张汤亦升为御史大夫。汲黯当然对“陛下用群臣如积薪耳，后来者居上”不满，但也无奈。他曾一针见血地指出：陛下内多欲而外施仁义，奈何欲效唐虞之治乎！

汉家惯例，“常以列侯为丞相”，然“唯弘无爵”，于是武帝亲为诏，“以高成之平津乡六百五十户封丞相弘为平津侯”，汉家以布衣为相得封侯者，自公孙弘始。儒之仕途，至公孙弘而大开，清人方苞《望溪文集》中“书儒林传后”说“儒之途通而其道亡”，而皮锡瑞《经学历史》之“经学昌明时代”则反驳说“欲兴经学，非导以利禄不可”。《史记·儒林传》云：“自此以来，则公卿大夫士吏彬彬多文学之士矣。”

至此，汉初军吏集团终于被儒者士人集团所取代。可如此取代，对于以革命为己任的儒者来说，似乎并不光彩；他们失落了崇高，却获得了王权主义的现实回报。倒是那些还没有升至公卿之位的贤良文学之士，在基层和地方工作，不仅称誉吏职，且身兼师职，恪尽教化功能，他们“通于世务，明习文法，以经术润饰吏事”。班固《汉书·循吏传》称他们为“循吏”，余英时在《士与中国文化》一书中指出，“从思想源流的大体言之，循吏代表了儒家的德治，酷吏代表了法家的刑政”。

汉代吏治，循、酷并用，正表明了“霸王道杂之”的王权主义的本质。文翁兴学以化蜀，黄霸先教化而后诛罚，龚遂以明经为官，以王道治盗贼，为当时循吏之代表。

儒之本业为教，除了教化民众，还要教育太子，此二者，使儒术复兴。贾谊早就提出以儒学教育太子，《保傅》《傅职》等篇，专论“教者”之道。以圣人之德教育太子，太子一朝为帝，就可以成为儒家理想中的圣王。

所以，贾谊连任两太子傅，即长沙王、梁怀王太傅；韩生孝文帝时博士，景帝时为常山王太傅；辕固生景帝时博士，为清河王太傅；晁错为景帝师；兰陵王臧"以事孝景帝为太子少傅"，即为武帝师。

第5章

儒术的胜利与圣王大一统

01

罢黜百家，独尊儒术

汉初政治的五大支柱，唯韩信“军法”，无关秦汉。萧何制“律令”，张苍定“章程”，均为秦制之沿用。叔孙通“礼仪”，陆贾《新语》，则可谓秦汉分水岭。由此可见，汉初，儒术与秦制并立，这背后的推手，首推高祖刘邦，从祭孔开始，到定朝仪、作《新语》，皆由刘邦倡导并支持，且应用于汉家政治。

刘邦对儒术的认识，从实践中来。辩士随何被他骂为腐儒，随何反驳：我说服淮南，使陛下如愿以偿，岂不胜过千军万马？有这样能打天下的腐儒吗？刘邦要废太子，太傅叔孙通说，太子为天下根本，本一动摇，天下震动。一向圆滑的叔孙通，竟不惜以“以颈血汙地”保太子，刘邦无奈，便说“吾听公”。此举震撼刘邦，令太子敬惧，让帝王体验了儒学的道德力量。

文景之世，政治上的黄老之术，也是在儒家王道框架里进行的。班固赞曰：“汉兴，扫除烦苛，与民休息。至于孝文，加之以恭俭，孝景遵业，五六十载之间，至于移风易俗，黎民醇厚。周云成康，汉言文景，美矣！”

汉初政治，如阎步克《士大夫政治演生史稿》所言，往往打着儒家“仁义”旗帜，未必挂“无为”的招牌，开“黄老”店，故武帝一即位，孔家店就开张。

建元元年，武帝“诏丞相、御史、列侯、中二千石、二千石、诸侯相举贤良方正直言极谏之士”，同时，准丞相赵绾奏，罢免那些“治申、商、韩非、苏秦、张仪之言”的贤良，虽未提及黄老，但明黜申商，已表明对黄老的态度，只等窦老太去也。

孔家店这样开张，开得忒狂妄，一上来就要搞垄断，独霸天下。

同年，“议立明堂，遣使者安车蒲轮，束帛加璧，征鲁申公”，拟以儒礼搞封禅，为汉天子正名受命。这还不够，还要继续革命，革命的剃刀竟然革到窦太后头上。于是，第二年，窦太后就反击，迫使赵绾、王臧自杀，孔家店也就跟着关门歇业了。

窦太后去世，孔家店重启，武帝又下诏，举贤良方正文学之士上书对策，表示“欲闻大道之要，至论之极”。这一次，他为自己的受命准备了三个问题。

这三个问题，都是从天问到人，所以，叫作“天人三问”。对这三个问题的回答，便是“天人三策”，要“究天人之际”。

第一个问题，以大小问。大则“从上古之治道到受命之天道”，小从个人的性情到个体命运，“因何可以天人相应”，如何施治，方能“德及群生”？

第二个问题，以无为有为问。虞舜无为而天下太平，周文王有为以至于日不暇食，宇内亦治，“夫帝王之道，岂不同条共贯与”？其统一性究竟在哪里？

第三个问题，以天人古今问。“善言天者必有征于人……善言古者必有验于今”，故“垂问乎天人之应，上嘉唐虞，下悼桀纣”，基于天人古今，“虚心以改”。

这三问，见于《汉书・董仲舒传》。董仲舒应答，即“天人三策”。

武帝称羡唐虞之世，“画象而民不犯”，“周之成康，刑错不用”。然而，怎样才能“上参尧舜，下配三王”呢？儒者“咸以书对”，“于是，董仲舒、公孙弘等出焉”。以此三问，可见武帝思想成熟，少年天子向着思想者王迈进了。他提出的问题，已超越了汉家制度安排的权界，不再局限于“君君臣臣”那一套既定的规范，而是从根本上反思，回到天人之际的原始立场发问，这一问，就问到国家起源的入口处了。

天人三问，第一问，问向治道和天道统一性，放在西方政治学的框架里，就是国家法与自然法的关系问题，只不过中国传统政治好言道，多言道治寡言法治。

第二问，问向无为与有为，帝曰：何以舜无为而治，文王则有为？道虽无别，国有不同，故治术迥异，文化中国可以无为而治，而王朝中国则必须有为而治。

第三问，问向两个中国的结合，如何在王朝中国的基础上，重建文化中国的理想，在汉家天下里，如何实现两个中国——天国与人国、古国与今国的结合。

自三代至秦汉，文化中国与王朝中国相结合经历了两个阶段。第一阶段，从禹汤之时到殷商时期，通过国家与革命的方式，在文化中国之域，确立专制王权，建立世袭王朝，实现了文化中国与王朝中国的第一次结合；第二个阶段，从汤武革命到周孔之教，文化中国与周制相结合，以宗法制齐家，以封建制治国，以民本主义及其革命理想平天下，在“齐家、治国、平天下”的政治文化格局里，国家观念及其制度安排，属于王朝中国，民本主义天下观及其革命理想，属于文化中国，孔子以“祖述尧舜，宪章文武”做总结。

如果说孔子“吾从周”是因为周公实现了文化中国与周制的结合，形成了一套制度化的周礼文化，那么自秦汉以来，周制式微已久，秦制“以法为教，以吏为师”，全面排斥文化中国，以“焚书坑儒”开劫，打文化中国的劫，结果却是劫尽秦亡。

汉承秦制，接着做皇帝，但秦的速亡，汉不能不考虑。汉初政制，周秦并用，以秦制为主；汉初政策，也是周秦并用，表现为阳儒阴法。在秦制的基础上，如何与文化中国结合？这是一个新的历史课题，可汉儒却认为，孔子早就替他们都解决好了，所以，当时有一种说法，叫作“孔子为汉家立法”，所立之“法”，就是那“八字宪法”。

“祖述尧舜”，这一句，说的是文化中国。文化中国以“尧舜”为代表，“祖述”二字，既明确了文化传承，又说明那是一个传说时代；“宪章文武”，说的则是王朝中国，王朝中国以“文武”——周文王和武王为代表，而“宪章”，则表明“有册有典”，从传说时代进入文字时代，从口耳相传的口述时代进入有史可据的“宪章”时代。

文化中国与王朝中国相结合，就被孔子归纳为这八个字，为历代王朝所奉行，但它并非为王朝中国的君主立宪，而是为文化中国的圣人立宪，故历代王朝无不活在革命与受命的不确定的更迭中，唯独孔子两千多年来作为文化中国的圣人，并驾尧舜。

以文化中国与王朝中国相结合的方式缔造自家天下，并非汉武帝创举，早有周公为之先驱。但在王朝中国里开孔家店，则汉武帝为第一人，他在“祖述尧舜，宪章文武”之后，又加了四个字——“独尊儒术”，从而开启了文化中国与王朝中国相结合的第三个阶段。

这一阶段，最重要的就是有个孔家店。这孔家店开了两千多年，直至帝制覆灭，王朝中国不再，才在新文化运动中被打倒了。请注意，是打倒了孔家店，而非打倒孔子，后人于此未加区分，多混为一谈，以至于认为新文化运动就是要打倒孔子，其实，孔家店与孔子具有不同属性，如果说孔家店属于王朝中国，那么孔子则属于文化中国。

历史上，人们多以秦皇汉武并称，秦皇创制，汉武在秦制之上开了孔家店，谭嗣同说“两千年之制秦制也”，其实不然，若无孔家店赋能，秦制绝对不会到两千年。

天人三问中，董仲舒对出，武帝断然决定，罢黜百家，独尊儒术。董氏为一代名儒，公孙弘亦为一时之名相，引领天下，风靡儒学。

元封元年（公元前 110 年），执政三十年之后，汉武帝终于行了儒家受命大典，登封泰山，禅梁父，降坐明堂，诏曰：“朕以眇眇之身承至尊，兢兢焉惧弗任。”遂以儒礼诏告天地以及人民：当今天子为五百年来正式受天命者。

四神纹玉辅首，高34.2厘米，宽35.6厘米，厚14.7厘米，重10.6千克，西汉，陕西兴平茂陵附近出土，茂陵博物馆藏。玉辅首为门上的装饰，颇有帝王气象，如封禅后的汉武帝

汉武帝终于可以举行封禅仪式了，从长安到泰山，一路煊赫，向天下宣示天子权力来源的合法性——君权天授。至于“天听自我民听”的高八度，在“溥天之下”“莫非王臣”业余低音中早已解构了。

皇帝登泰山设坛祭天称为“封”，在泰山下的小丘祭地叫作“禅”，然后，在明堂上，接受诸侯来朝。汉家封禅从汉武帝刘彻开始，竟然行了六次大典。天下归汉，中国大宁，他要检阅中国。

02

素王为帝王立法

汉初，从陆贾开始，儒生就有一个关于“道”的理想。

要在王权之上树立一个更高的道义原则，使王与道相对二分，就如同基督教“上帝的归上帝，恺撒的归恺撒”，儒家也主张“政归于王，道归于圣”，至董仲舒，始以《春秋》为依据，集汉初儒术之大成，建成以《春秋》为标准的儒家道统观。

在《春秋繁露》里，董仲舒将《春秋》二百四十二年之文，归纳为“十指”，以为是“事之所系也，王化之由得流也”，认定《春秋》大义，要在“正王”，而“正王”必待“素王”——孔子出。“素王”者，帝王之鉴也，是帝王之理念与标准。

董与公孙弘同治公羊《春秋》，但两个人的遭遇却不相同。公孙弘以儒学位至三公，董则险遭不测，终于以病免。公孙弘以儒术缘饰“文法吏事”，较之前辈叔孙通，青出于蓝，而董则欲立其大者，如班固《汉书·董仲舒传》说：“自武帝初立……及仲舒对策，推明孔氏，抑黜百家，立学校之官，州郡举茂材孝廉，皆自仲舒发之。”武帝三问，董应诏，在《对策》中提出：“诸不在六艺之科，孔子之术者，皆绝其道，勿使并进。”

董师公羊高，战国时齐人，后汉戴宏著《公羊传》序云“子夏传与公羊高”，可见董氏亦属子夏一脉。其学甚“杂”，吴起、商鞅皆出其门下，虽被《荀子·非十二子》“非”之为“贱儒”，但荀学王霸并用，实亦与之相通。后来，荀子门下出了韩非、李斯，与“子夏之儒”可谓同流。秦汉之际，子夏之学与荀学兼容，同为汉学儒宗。

儒术兼容，至董仲舒乃大，不但兼容儒家各派，且并包诸子，而自成一体，以达到兼并目的，故其著《春秋繁露》，以儒为主，兼采道、法、阴阳五行等。

《汉书·艺文志》著录有董仲舒百二十三篇，公羊董仲舒治狱十六篇，《后汉书·应劭传》言“仲舒作《春秋决狱》二百三十二事”，均无《春秋繁露》名。据《汉书·董仲舒传》所言，董氏“说《春秋》事得失，《闻举》《玉杯》《蕃露》《清明》《竹林》之属，复数十篇”，至《隋书·经籍志》中《春秋》类，始著录《春秋繁露》十七卷，或曰，“繁”亦作“蕃”，古字音相通，盖以原来篇名为书名也。

经统计，《春秋繁露》引用“孔子曰”或“孔子之言”，共有二十多次，多见于《论语》之中，也有一些非孔子所言，乃董氏假托孔子言或《公羊》先师所传言，或《公羊》不言“孔子曰”，而其自加之。如此热衷于“孔子曰”，乃以孔子代天立言也。

《春秋繁露》，其言虽杂，要言之，亦无非两条路线，贯穿始终。一是道统路线，以孔子为素王；二是政统路线，主张王权至上。

素王立法，立于天人古今，“上揆之天道，下质诸人情，参之于古，考之于今”，不仅如此，他还口含天宪，宣示天命，凡为素王之口诛笔伐者，必有灾异降临。故《春秋》所讥，灾害所加也；《春秋》之所恶，怪异之所施也。

“正王”——教训王，仅以理性启示不够，还要让灾异来跟随。以《春秋》“正王”，正如君主以刑罚“正民”，都是以灾异威慑。

灾异，似虚无，捉摸不定，把握不住，然而对于人心，尤其是对于不受制约的王者之心，却有神秘的威慑力量。专制多灾异，此民心之慰藉，亦民心之反抗。

专制之下，多有此无可奈何的灾异政治文化，董氏于此乐道，犯了帝王忌。后来，武帝让他以身试法，用灾异吓他一吓，就把他吓回老家。帝王之于《春秋》“正王”，并非那如影随形的灾异，而是帝王大一统，素王为帝王立法，立的就是大一统。

董于“天人三策”，指出《春秋》的“元始”意义，就是一元化。“定于一”的想法，虽为先秦诸子共有，但秦亡之后，便式微了，董以《春秋》重启“定于一”，使之从一个说法，归结为一个文本，为汉家“立新王之道”。

董生之论，始于《春秋》“奉天法古”，终于孔子“为汉家立法”。而其本旨，则归于大一统，据《汉书·董仲舒传》载，他曾向汉武帝进言，曰：“《春秋》大一统者，天地之常经；古今之通谊也。今师异道，人异论，百家殊方，指意不同，是以上亡以持一统；法制数变，下不知所守。臣愚以为诸不在六艺之科孔子之术者，皆绝其道，勿使并进。邪辟之说灭息，然后，统纪可一而法度可明，民知所从矣。”这主张，便是以“孔家店”来统一诸子百家，实现思想大一统。

再以“素王为帝王立法”，来实现帝王大一统。请注意，不是君主直接“君道同体”，而是在君与道之间，加一道“素王为帝王立法”程序，使得“君道同体”，必须经由素王立法，即以素王代表文化中国，帝王代表王朝中国，使文化中国与王朝中国相结合。

不以素王为憾，不以君权为高，此董生之所以能超越荀学也。

道统以“天”“元”“一”等为本体，政统也从这本体中产生。董生说，“道之大原出于天”，《春秋》之道统，就始于“一元”。

“一元”，为道统之绝对精神，表现于政统，是为帝王大一统。为此，董生专著《天道无二》，断然曰：一而不二者，天之行也。然，阴阳为二，何贵何贱？董生曰：阳尊而阴卑。此乃价值判断，非论自然。道统和政统亦为二，未闻孰尊孰卑，但求合而为一，是为“大一统”。合之者，圣王也，故谓之圣王大一统。素王已逝，哲人其萎，道统可以溯源，政统还得“应帝王”。

董生以《春秋》为政统之法典，其《春秋繁露·玉杯》言之曰：“《春秋》之法，以人随君，以君随天。缘民臣之心，不可一日无君。……故屈民而伸君，屈君而伸天，春秋之大义也。”其落脚点，在伸君以屈民，为了“大一统”，不惜有损民本主义。故其《春秋繁露》各篇，皆以政统之君对道统之元，以“元”伸君，“变一为元”，定为纪年之通例，凡“一年”，均作“元年”。有《重政》曰：“《春秋》变一谓之元，元犹原也，其义以随天地终始也。”有《王道》曰：“《春秋》何贵乎元而言之？元者，始也，言本正也。道，王道也。王者，人之始也。”有《玉英》曰：“谓一元者，大始也。”

有《王道通三》曰：“古之造文者，三画而连其中谓之王。三画者，天地与人也。而连其中者通其道也。取天地与人之中以为贵而参通之，非王者孰能当是。”王为元，为始，为本，参天地，化万物，通天地人，其与圣人合，即为“元者”——圣王。在君民关系上，虽不妨君为先，民次之，但君也要自明，有《灭国上》曰：“王者，民之所往。君者，不失其群者。故能使万民往之，而得天下之群者，无敌于天下。”汉字形、音、义，皆有妙用，可以假借，使其义相通，如“王”与“往”音同，故以“民之所往”为“王”定义，“君”和“群”形近，故以“不失其群者”为“君”正解。

总之，王必须民心所向，君不能脱离群众，又回到了民本的立场。

然而，又有《立元神》曰：君为国本，君化若神；体国之道，在于尊神，尊者所以奉其政也，神者所以就其化也，故不尊不畏，不神不化。

帝王神圣化，至此已极。或谓董生，既曰圣化，又何言神化？

然其神化，非授人君以神鬼之术，如方士教始皇帝自隐其形，乃欲为国家立一宗教也。如果说圣化是向历史学习，以上古圣人为榜样，走的是孔子说的“吾从周”一路，那么神化，则是确立宗教信仰，回归殷人上帝传统，走了墨家“天志明鬼”一路。

但汉朝神化，未如其愿，归入宗教一途，盖因汉武与秦皇多有相似处，两人都生于帝王家，都有雄才大略，都好神仙方术，都想封禅受命，结果，还是走了方士一路。方士引导始皇为所欲为，而董生在神化武帝的后面，留了一个“天谴论”的后门。

董生“天谴论”，并非来自孔子，孔子谈天，止于天道天命，曰“天何言哉”？未言天谴，虽有阴阳五行学说的影响，但根本上却与墨子“天志明鬼”相通。要在王权头上再立个神权，要在政治伦理的基础上确立宗教信仰。

而墨子，原是个王朝中国的反对派，不承认王权世袭，所以，被王朝排除在外，董生未明乎此，竟然把“天志明鬼”那一套墨家余孽，带到汉家天下里来还魂了，这也许就是董生被“谴”回家的原因吧。汉武未遭“天谴”，他先被天子“谴”了一把。

自大一统以后，王权便无以复加，不受制约的王权，秦已为前车之鉴，故于大一统中，应有对王权的制约，制约机制，虽不能被制度化，却可以意识形态化。

董仲舒从古今关系中发现“素王”，以之为前提，建立起圣化机制；又从天人关系中发现“天谴”，以之为前提，而有神化机制。以圣化机制，确立帝王大一统，而神化机制中，则含有对王权的制约因素，他将这些因素提出，在王权头上动土，出土“天谴论”，从科学来看，它也许荒谬，可用文化的眼光来看，却自有其应用的合理性。

道之大原出于天，由天道而人道，形成儒家道统，道统包含儒家精神，而天道则是儒家原则；道统赋予天道政治伦理品格，而天道则给予道统以必然性的力量和自然性特征。奉天法古，是儒家支撑道统的支柱，一旦道统受阻，他们就高举奉天法古。

天道是圣化最高原则，又是神化终极追求，几乎所有君主，都会在对天道的追求中企盼君道同体。董生提醒他们，要适可而止，牢记其身份，只是个“天子”，故有《郊语》曰：“天子者，则天之子也。以身度天，独何为不欲其子之有子礼也。”

天子要以“子礼”事天，有《郊祭》曰：“为人子而不事父者，天下莫能以为可，今为天之子而不事天，何以异是？”事父之礼，在人为孝，在天为法。天子与天，乃“天伦”，非以血缘，而以伦理，“故德侔天地者，皇天右而子之，号称天子”（《顺命》）。

天子要法天，有《四时之副》曰：“天有四时，王有四政，四政若四时，通类也，天人所同有也。”王者不可以不知天，天意虽难见也，天道虽难理也，但他已把天道的线条理得既简单又清楚，即明阴阳，以“观天之志”；辨五行，以“观天道也”。

董生“子礼”观，对解构“君道同体”有积极意义，但是，落到实处，则有如《郊祭》所言“天子每至岁首，必先郊祭以享天”，或每遇大事，必郊祭以告天。“天”，作为天子的“父亲”，实际上已经成为王权合法性的保护伞，而非制约君主的利剑。因此，而有《郊语》告诫帝王，不可得罪天：“天者，百神之大君也，事天不备，虽百神犹无益也。……孔子曰：获罪于天，无所祷也。”所谓“天谴”是指当王政不当时，天便会出现某种“灾异”，以警告之，灾者，天之谴也；异者，天之威也。

为加强“天谴论”的说服力，他将“灾异”说溯源至《春秋》笔法，有《王道》曰：“王正则元气和顺，风雨时，景星见，黄龙下。王不正则上变天，贼气并见。”在答武帝策问文中，他说：“臣谨案《春秋》之中，视前世已行之事，以观天人相与之际，甚可畏也。国家将有失道之败，而天乃先出灾害以谴告之，不知自省，又出怪异以警惧之，尚不知变，而伤败乃至。以此见天心之仁爱人君，而欲止其乱也。”

富于戏剧性的是，灾异没在武帝身上应验，他倒差一点作法自毙。然而，武帝之所以借机惩戒他，说明心里多少还是有些害怕。一个接受了神化的帝王，骨子里必定留着“天谴论”的阴影。清人赵翼《廿二史札记》中，专列一条，曰“汉诏多惧词”，由此可见，汉武帝以后的君主，对于“天谴”，或多或少，都有些惶恐。

天谴说，非始于董，但影响自董始，且很快就转化了，除诏书多“惧词”外，天谴“灾异”，已转嫁到臣子，遇有灾异，便以三公替罪，轻则免职，重者赐死。这一转化，从天谴说中赦免王权，儒学本位随之也被转换，神本取代人本，君本取代民本。

儒学官学化以后，孔子取得了为政统所认可的“素王”地位。“素王”，是对孔子的最高评价，儒者所谓，“素王”高于帝王。但此信念，未被政统接受，后世统治者之所以热衷于赐封孔子，是以此表明帝王至高无上。

“素王”，本是衡量王的尺度和标准，经此一封，便跌落下来。“素王”不可封，如庄子所言，一落言筌，便“封”成粪壤。“素王”被王权那么一封，品格就低了，不封不低，越封越低。

汉平帝元始元年，亦即公元元年，追封孔子为“褒成宣尼公”。这算个什么封号？把圣人孔子封到官本位里去了。不过，这倒符合他在《孔子世家》里的身份，也能使他的子孙后裔，从他的封号中，得到封官拜爵的好处。

封号亦随朝代而变，南北朝时，北魏孝文帝尊孔为“文圣尼父”，北周静帝封之为“邹国公”，至隋唐，隋文帝尊为“先师尼父”，唐高宗则称为“太师”，武则天封为“隆道公”，至唐玄宗，始封“文宣王”，而有“素王”本意，后裔嗣爵，袭封文宣公，宋仁宗时，改文宣公为衍圣公，此后，相沿未改。封号变化中，有一事应注意，即夷狄之人，尊孔尤甚，如西夏仁宗尊孔为文宣帝，令“州郡悉立庙祀，殿庭宏敞，并如帝制”，而元成宗则称“大成至圣文宣王”，加了“大成至圣”四字，才将“素王”的本意表达了。

可到了明朝，明世宗仅尊孔为“至圣先师”，把那个“王”字去了，使“素王”转化为帝师，清世祖又在这基础上加了四字，尊孔为“大成至圣文宣先师”。总之，异族似乎更尊孔。异族入主中原，没有比尊孔更省事、更能利益最大化了。

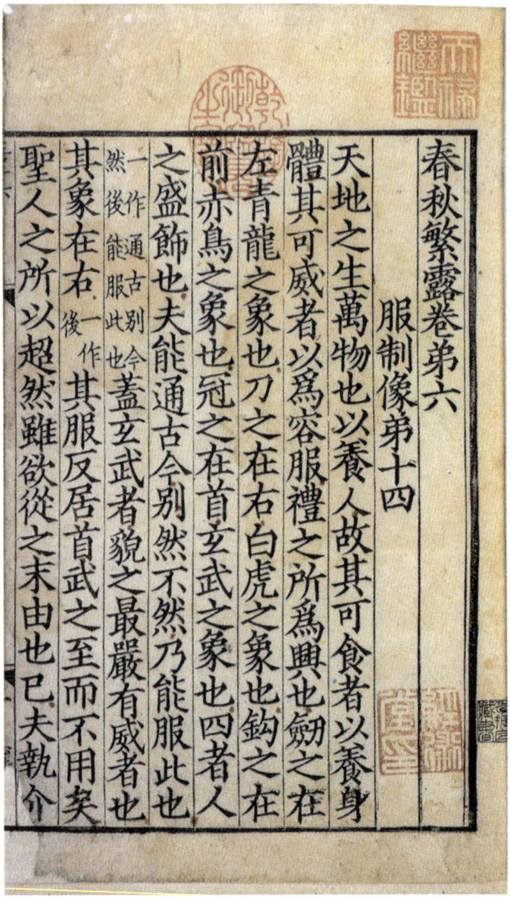
春秋繁露卷弟六

服制像弟十四

天地之生萬物也以養人故其可食者以養身體其可威者以爲容服禮之所爲興也劒之在左青龍之象也刀之在右白虎之象也鉤之在前赤鳥之象也冠之在首玄武之象也四者人之盛飾也夫能通古今別然不然乃能服此也（一作通古別今然後能服此也）蓋玄武者貌之最嚴有威者也其象在右（後一作）其服反居首武之至而不用矣聖人之所以超然雖欲從之末由也已夫執介

董仲舒撰《春秋繁露》第十七卷，宋嘉定四年，即公元 1211 年计台刻本，半页十行，行十八字，白口，左右双边，框高 23 厘米，宽 16.2 厘米，有“华亭朱氏”“季振宜藏书”“天禄琳琅”“天禄继鉴”等藏印

董仲舒（公元前 179—前 104 年）

广川（河北景县附近）人。汉景帝时任博士，讲授《春秋公羊传》。公元前 134 年，汉武帝下诏征求治国方略，董仲舒上奏《贤良对策》，主张“罢黜百家，独尊儒术”，为汉武帝采纳。从此，奠定了儒学作为中国传统王权社会主流意识形态的地位。

汉武帝对董仲舒连续三次策问，第一问巩固汉家政权之要，第二问治国方略与政治之术，第三问天人感应。董仲舒一一作答，是为思想史上著名的“天人三问”与“天人三策”。

03

圣王大一统

终西汉之世，儒者多言“素王”、“革命”及“改制”。

自贾谊、公孙臣等发起改制，新垣平、辕固生、赵绾、王臧等继之，至公孙弘、董仲舒等终于达成，已历三世，虽屡屡受挫，但越挫越奋，前赴后继。

何以儒者如此热衷于改元正朔之类的“革命”的小目标?

从贾谊开始，就认为，自高祖即位兴汉家天下以来，一直未能重新受命于天，历数、制度等，均用旧制，皆非正统，而正统的确立，必有待于受命。

以封禅受命，以受命确立合法性，缘起于儒家圣人革命论。只要接受了这种封禅方式，就等于接受了儒家革命的道统。

除上述理由，还有一原因，即汉儒革命，志在灭秦，不但要“易姓革命”，还要“改制革命”，只要“汉承秦制”，秦就未灭，儒家革命，也就尚未完成。汉虽易秦，但秦制仍在，故汉儒耻言秦制，欲改制以灭暴秦。

有鉴于此，故董仲舒有《三代改制质文》，曰：“王者必改制。”他以“王正月”，为《春秋》破题，问道：何以谓之王正月？曰王者必受命而后王，改正朔，易服色，治礼乐，一统天下。新王方立，即应改制，故曰“大改制于初，所以明天命也”。《春秋》“王正月”，示孔子改制之意，是说孔子改元。

司马迁继《春秋》而作《史记》，尊孔备至，而有《孔子世家》曰：虽不能至，然心向往之。余读孔氏书，想见其为人。……孔子布衣，传十余世，学者宗之。自天子王侯，中国言六艺者，折中于夫子，可谓至圣矣！司马迁父司马谈，尊黄老术，迁随父学，亦“出于黄老，而入于儒”，其实，司马迁亦“学于董生”，他提出的“究天人之际，通古今之变”，就是由《春秋》“奉天法古”而来的，董仲舒治《春秋》，迁作《史记》，皆“成一家之言”。

迁自序曰：“先人有言‘自周公卒五百岁而有孔子。孔子卒后至于今五百岁，有能绍明世，正易传，继春秋，本诗书礼乐之际’？意在斯乎！意在斯乎！小子何敢让焉。”

“先人”指谁？说得近一点，是指他父亲司马谈，说得远一点，也可以说是孟子，因为“五百年必有王者兴”这一历史周期说，最早是孟子提出来的，太史公在这里是接着孟子来说的，他为自己建立了一个师承——从周公到孔子，从孔子到他自己。他特别强调历史已经到了关键时刻，他既然已经觉悟了，就应该挺身而出，接着孔子的事业往下做，从孔子到他刚好也五百年了，天命如此，他怎能谦让？

当上大夫壶遂与他讨论孔子作《春秋》之事时，他慷慨激昂，奋厉之志溢于言表：余闻董生曰：夫《春秋》，上明三王之道，下辨人事之纪，别嫌疑，明是非，定犹豫，善善恶恶，贤贤贱不肖，存亡国，继绝世，补敝起废，王道之大者也。……拨乱世反之正，莫近于《春秋》，《春秋》文成数万，其旨数千，万物之散聚，皆在《春秋》。……故有国者，不可以不知《春秋》；为人臣者，不可以不知《春秋》；为人君父，而不通于《春秋》之义者，必蒙首恶之名；为人臣子，而不通于《春秋》之义者，必陷篡弑之诛，死罪之名，以至于君不君，臣不臣，父不父，子不子，故《春秋》

者，礼义之大宗也。夫礼禁未然之前，法施已然之后；法之所为用者易见，而礼之所为禁者难知。

太史公如此这般为自我立言，说得正在兴头上，壶遂却给他泼了一头冷水，说：“孔子之时，上无明君，下不得任用，故作《春秋》，垂空文以断礼义，当一王之法。今夫子上遇明天子，下得守职，万事既具，咸各序其宜，夫之所论，欲以何明？”

显然，壶遂扭转了话题，从历史转向现实，从道统转向政统，从《春秋》大义转向君臣大义。他问责司马迁，说孔子乱世作《春秋》，你在太平盛世作什么《史记》？迁不得已曰：“余所谓述故事，整齐其世传，非所谓作也，而君比之于《春秋》，谬矣。”欲盖弥彰，此亦辕固生之遇黄生也。大难之后，迁抱定忍辱负重之志，不做无谓之争。

迁续《春秋》，以为首要之事，即改元正朔，并以太史令参与其事。其父司马谈，“受易于杨何，习道论于黄子”，也是亦儒亦道之人物。黄生反对革命，而其学生，却因未能目睹汉家受命抱恨而终。司马谈死前，“执迁手而泣”：“今天子接千岁之统，封泰山，而余不得从行，是命也夫！命也夫！”

儒家圣人革命，概言之，范式有二，一为汤武革命，二是周孔革命。

汤武改朝换代，为易姓革命；周孔受命改制，乃文化革命。世人但知汤武革命，“桀纣失其道，而汤武作；周失其道，而《春秋》作；秦失其政，而陈涉发迹，诸侯作难”，汉高祖刘邦应“陈涉发迹”，随“诸侯作难”，成汤武之功，却未竟周孔之业。

汉历三世，仍未受命，汉承秦制，既有不得不为之的必然性，也有不得已而为之的随意性。改制是一个崭新的政治课题，没有现成模式可用，亦无历史老例可循。文、景二帝，未尝不想改制，凡人皆有争心，皆有自立之心，更何况帝王“飞龙在天”？

帝王因袭旧制，与凡人寄人篱下何异？然而，二帝改制，引而不发，存而不论，以时机未到，条件未具。就客观方面而言，改制的政治经济条件尚未成熟；就其主观方面而言，儒家革命的理论也尚未成型。从贾谊、公孙臣到董仲舒和公孙弘，儒家革命从“大而化之”的主义，向“具体而微”的主张落实，从价值理性纲领向工具理性策略转移。

董仲舒和公孙弘，一个高举素王之旗，以《春秋》为法典，规划改制蓝图；一个自比周公，而曰周公“朞年而变，臣弘尚窃迟之”，竟认为自己比周公还要高明。他们是周孔革命在汉初的代表。汉儒认为，汉家虽然经历了汤武革命，但周孔革命尚未完成，尽管“汉承秦统，学者耻言”，但汉袭秦制的事实，尤其是纪元、用数、名号等身边常用的制规皆秦旧制，使他们如芒在背，不得安宁；含耻忍辱，难以安生。

贾谊得风气先，而欲改制，欲有所为而不得为，故椎心泣血，而客死异乡；赵绾、王臧得势，欲有所为而为之，稍露锋芒，即遭摧残，竟也以身殉之。然而，董仲舒大难不死，儒者从此圆滑；公孙弘左右逢源，儒术从此转向。儒家改制革命，光有董生革命理论不行，还需辅以公孙弘的政治权术；光有素王之法，没有周公之政，革命就如同画饼，永无实现之日。然，二者结合，又难免“曲学阿世”，含有“儒之途通而道亡”的风险。

汉儒改制，欲以不断进取的继续革命，为汉家天下开一新王朝。为了保证革命的彻底性，他们不仅革秦制之命，革秦政之命，而且要革秦“革命范式”的命。

不再推“五德终始”，而以“三统”取代“五德”，是为“范式革命”。

“五德”与“三统”，一本乎自然，一归于历史，“五德”相生相克，“三统”循环往复，其内部皆含有革命的机制。就纯粹的形式演绎而言，“五德”也好，“三统”也好，它们都能演绎出受命与革命的结果，就其工具理性的作用而言，它们殊途同归。

范式革命取决于价值取向，“三统”说，说到底，就是要在历史演进中，确立王朝统序，为当今定位，并提供依据，同时，取缔秦的王朝统序，当作历史的变异。

据董生“三统”说，汤受命而王，时正白统；文王受命而王，时正赤统；《春秋》应天作新王之事，时正黑统；《春秋》之黑统，与夏黑统相吻合，按“三统”循环来推算，汉统应接的是夏统。在托古改制流行的时代，汉承夏统说，也被归结到孔子。

《论语》中，有孔子言“行夏之时”，《史记·夏本纪》中，也有孔子传“夏小正”之说，《礼记·礼运》中，有言孔子到齐国，访得夏之时，董生《春秋繁露》中，曰孔子应天作新王事，作《春秋》以正黑统。孔子尊夏在先，汉儒弃秦，可谓凿凿有据。

司马迁《史记·高祖本纪》指出：“夏之政忠，忠之敝，小人以野，故殷人承之以敬。敬之敝，小人以鬼，故周人承之以文。文之敝，小人以僿，救僿莫若以忠，三王之道若循环，终而复始。”天道循环至汉，汉“得天统矣”，“天统”至汉，复始为夏。

终于把汉统接到了夏统之上，以三代立三统，秦非正统，当数异类。这样，他们就完成了汉家改制的顶层设计。在《春秋繁露》中，董生说：“今所谓新王必改制者，非改其道，非变其理，受命于天，易姓更王，非继前王而王也。若一因前制，修故业，而无有所改，是与继前王而王者无以别。受命之君，……故必徙居处、更称号、改正朔、易服色，……若夫大纲、人伦、道理、政治、教化、习俗、文义尽如故，亦何改哉？”他一再强调，改制是受天命，是表明汉“受命”而王，非继秦而“王”。所改的内容，也无非是一些能够“自显”的、具有“标志”性的仪式之属，“无他焉”。切不可借《春秋》改制之名，而行变道之实。所以，他警告，“王者有改制之名，亡变道之实”，“道之大原出于天，天不变，道亦不变”，姓可易，制可改，政统可变，唯道永恒!

汉武以少年继位，行改元建制，一时风起云涌，然为窦太后所阻。儒术受阻，转向鬼神，《史记·孝武本纪》说武帝“尤敬鬼神之祀”，时“海上燕齐怪迂之方士”争相聚集在他身边，也有言封禅事者，齐人公孙卿言“汉祖亦当上封，上封则能仙等天矣”，赢得“上大悦”。虽为无稽之谈，但对武帝封禅或许有影响。

董生对此也颇为不满，以为武帝祀神过多，唯不祭封泰山。直至神仙事“终无有验”，“天子益怠厌方士之怪迂语矣”，这才开始注意封禅事，为封禅做准备。

元光年间，武帝郊祀，“获一角兽”，以为“上帝报享”之符瑞，至此，开汉家以元纪年。元鼎元年，即公元前116年，得大鼎，武帝遂以为封禅时机已然成熟。

求神仙无验，而符瑞却不断出现，董仲舒在对策中也谈过“瑞应天命”之事，他说：“臣闻天之所大奉使之王者，必有非人力所能致而自至者，此受命之符也。”

前115年，武帝曰：“古者先振兵泽旅，然后封禅。”遂发兵十万，北巡朔方。武帝好大喜功，借封禅的名义耀武扬威，使儒生不得不支持他开疆拓土的计划。

只要借了这第一次，他就可以打着封禅旗号一而再地为所欲为了。

封禅已提到武帝的议事日程上，司马迁云：“自得宝鼎，上与公卿诸生议封禅。封禅用希旷绝，莫知其仪礼。”虽“颇采儒术以文之”，然“群儒既以不能辩明封禅事，又牵拘于诗书古文而不敢骋”，武帝一怒，“尽罢诸儒弗用”，竟与秦皇如出一辙。

《汉书·兒宽传》说，诸儒言巡狩封禅者五十余人，未能有所定。司马相如死前有遗书，言封禅事，上奇其书，以问兒宽，宽对曰“封泰山，禅梁父，昭姓考瑞，帝王之盛节也”，然，封禅之事，“不著于经”，众说纷纭，故力排众议，提出“唯圣主所由，制定其当，非群臣所能列。……唯天子建中和之极，兼总条贯，金声而玉振之，以顺成天庆，垂万世之基”，武帝以为是，“乃自制仪，采儒术以文焉”。

而迁《孝武本纪》亦云“上念诸儒及方士言封禅人人殊，不经，难施行”，遂自行事，“独与侍中奉车子侯上泰山”，从山下封到山上，又从山上封到山下。

帝王一旦发动起来，素王便退居二线了。当革命进入实际操作阶段时，革命的主体就从素王转向帝王了，打着素王旗号的儒生们，也不再粉墨登场，他们自觉地退出历史舞台，让天命之光聚焦在帝王身上。革命之后，帝王就成了名副其实的圣王。

这时，素王的理性之光，便与帝王的权威之光汇成一片，一个“参天地，化万物”君临天下的红太阳升起来了。在圣王的万丈光芒下，素王稍息，帝王不再需要他来加冕了，相反，倒是他要接受被帝王赐封的命运。董生大难不死之后，终于闭声了。公元前 110 年，即元封元年，武帝完成了汉家之封，向天下明诰：汉受天命，为万民之主。

至此，一百年来改元正朔的悬案，终于画了个句号。以建寅为岁首（正月）的汉家历，一直沿用到辛亥革命改阳历为止。儒者们终于如愿以偿。在这些人中，想必司马迁是最兴奋的，他认为周公卒后五百年而有孔子，孔子之后五百年而有他，他是直接承孔子之道统的，所以，就在这一年，他开始作《史记》，表明他继《春秋》之正统。

孔子的圣化完成了，圣王也诞生了，当欢欣鼓舞的人民向圣王尽情欢呼时，灾难却降临在这位不曾设防的高贵的思想者的头上。他的抱负，连同其生殖器，都被王权阉了。他的命运应验了并进一步预示着庄子的一个预言：圣王不死，大难不止！

鎏金“中国大宁”博局纹镜，直径 18.6 厘米，边厚 0.6 厘米，西汉，湖南长沙出土，中国国家博物馆藏

牛形错银铜灯，高 46.2 厘米，长 36.7 厘米，江苏邗江甘泉刘荆墓出土，南京博物院藏

鎏金“中国大宁”博局纹镜

1952年出土于长沙，据考证，应为汉武帝之后之物，纹饰精美，为汉代少见。外缘上有篆书铭文：“圣人之作镜兮，取气于五行。生于道康兮，咸有文章。光象日月，其质清刚。以视玉容兮，辟去不祥。中国大宁兮，子孙益昌。黄裳元吉有纪纲。”铭文如诗句之优美，表达儒家尊卑有序的礼制纲纪。“中国大宁”铜镜，如道统与政统完成统一的象征，中国从此大宁。“黄裳元吉”语出《周易》，“黄”指土地之色，裳指下衣裙。古人喜穿黄色的下衣裙为礼制，意指尊卑有序，不可以下犯上。《易•坤》说，这是孔子极赞的“黄裳”之德。不过，有人说这面“铜镜”预见了王莽要篡汉，于是劝诫王莽。

汉武帝举行封禅大典，终于完成了汉代儒生思想家们的宏愿。改朝换代、易姓革命，打倒秦始皇或秦二世，对于汉人思想家们来说，那只是小目标。他们更大的抱负是：汉人怎么能生活在秦制里？他们与焚书坑儒的秦制如寇仇，又怎能以吏为师，以法为教？他们要在意识形态里、文化上以及制度层面，全面改变或清除秦制的影响，要继续革秦的命。当然，他们只留下秦制里的一个皇帝。从陆贾之于汉高祖开始，之后贾谊之于文帝，晁错之于景帝，董仲舒、司马迁之于武帝，他们前赴后继，努力将汉家皇帝装到他们的理性设计——道统里，以《春秋》为汉家立法，以孔子为道统素王，与政统皇帝携手，作为互证合法性来源的依据。

第 6 章

昆仑与葱岭

01

汉武大帝与《天马歌》

封禅以后，刘彻做了圣王，圣王也要写诗。

圣王的诗，显然不同于少年天子，其《天马歌》曰：

> 太一贡兮天马下，沾赤汗兮沫流赭。
>
> 骋容与兮跇万里，今安匹兮龙为友。

就文学性而言，这首诗不如《秋风辞》；若论帝王气象，则以此诗为优。“太一”，或曰北极星，或曰最高神，它来进贡了。真是天上地下，唯我独尊！“奈老何”的青春愁绪，丝毫也没有了，他像个无神论者，让最高神来向他进贡，洋溢着“与天斗其乐无穷，与地斗其乐无穷，与人斗其乐无穷”的乐感。帝王的乐感，由他散发出来，弥漫了宇宙，而有不可一世之霸气。此诗，确实“略输文采”，但不输气派，没了少年天子的文艺，却增添了成熟帝王的风采。

刘彻“太一贡兮天马下”与毛泽东的“北国风光”哪个更气派？

“北国风光”从读史来，而“天马歌”从游仙来，各有各的气派。

从读史来者，视野为史所拘，极目眺望，也难免要落在“长城内外，大河上下”，越出这一带，历史就淡了，就进入所谓“荒服”了。而从游仙来者，超古今，越生死，岂历史之范式所能拘？他神游太一，出入最高神之门，神献给他一匹天马。

此乃神话思维，如屈原之《离骚》，能驱使天神以为其仆役。

然而，虽然同属神话思维，但不同的是，汉武帝的神话思维里，也带了君道同体的王权主义，太一神是最高神，可最高神是他一手封的，神也要服从道。他用道来封神，这就如同他在百家中封了儒家，他在诸神中封了太一。如果说独尊儒术的合法性来源于他本人，那么太一神的合法性当然也就来源于道了，与其说他是太一神在人间的化身，而毋宁说太一神是他在天上的投影，是君道同体的呈现。

所以，他放声高歌："太一贡兮天马下。"他的视野不是北国，而是西域，因为天马在那里。现在，他像巨人一样，不仅在王朝生命线——秦岭—淮河一线，而且在帝国生命线——龙门—碣石一线，都站稳了脚跟，而这一切，都是文景之治使之然。

当年，秦皇在这两线，刚迈开步，脚下还很悬，难免失足。可汉武已经站稳了，来之不易呀，费了好几代人的力气才站稳。但这还不够，他还要大大地拓展帝国的生存空间，他将长城从阴山下，向东西两方伸展。

长城向东伸展时，可惜在半道上拐了个弯，沿着燕山南麓，拐到渤海湾了。为此，单之蔷在《中国国家地理》上撰文，提出“如果大兴安岭与长城握手了”……那么往东北方向将会出现一条超越“司马迁线”的农牧分界线。

司马迁的眼光，也跟着伸展的长城，从燕山南麓一线拐弯，落在渤海湾的碣石那一点上。而汉武帝的注意力，始终在西域那一线。如果他像派张骞出使西域一样，也派人到东北，前往大兴安岭一带察看，也许后来的历史会改变，长城就会从阴山一直伸向大兴安岭，帝国生命线也就从龙门—

碣石一线延伸至东北大平原，而东北大平原在汉朝就会与中原相连……但历史没有也许，只有已然。究竟是什么阻断了汉帝国的视线？

单之蔷指出，“也许”没有出现，原因是大兴安岭一脉绵延，过了阿尔山后，便低了下来，好像中断了，燕山耸立起来横空出世，阻挡了从海洋吹来的水汽。降水变少了，沿着大兴安岭主脊线延伸的森林消失，草原出现了。

阿尔山成了四大地形地貌会合点，西北是呼伦贝尔高原，西南是锡林郭勒草原，南面和东南是科尔沁沙地，西面是蒙古高原。锡林郭勒草原和科尔沁沙地相连，将往南延伸的东北大平原隔断。科尔沁沙地以及燕山的出现，使长城拐到了渤海湾边。

长城没有和大兴安岭握手，而是顺着山势去和大海相会。于是，山海关出现了，中原农耕文明，在此停下了脚步。

而汉长城向西去，就穿越河西走廊，深入中亚一带了。

汉长城究竟有多长？据说有两万余里，为秦长城两倍，而且分为内、外两长城。内长城，就是秦长城，依山凭险，建材多为石料。外长城，则因山河形势，就地取材，或夯筑塞墙，或开挖壕沟，或依傍天险，或为栏栅和烽火台，一副进攻姿态。

那无尽头的大漠汉塞，犹如苍龙起居，横卧于戈壁沙漠瀚海。长城穿越河西走廊、玉门关一带，地多沙砾、碎石，无土可筑，就先以红柳、芦苇编框，中间实以砾石，又以芦苇作垫，垫上铺土，层层叠压，垒筑而成，在每一层的中间，灌注地下水，因其盐分渗透，使砾石凝结为墙体，历经千年风雨，仍屹立。

依山而筑居高临下的秦长城，是标志性和防御性的，而雄踞于大漠和草原的汉长城，则是进攻性和扩张性的，不单是人工的农牧分界线了，它有了新使命。

长城，首先是华夷之辨的文明分界线，作为农业文明的标志出现。其次是一代王朝赖以成长的帝国生命线，是帝国主权确立的标志。

汉长城则是动态的，是汉帝国的生存空间和帝国不断前进的站点。是什么让汉长城动起来的？是战马！长城表现了一个民族的伟大的定力。但光有定力是不够的，还要有动力。动力是什么？是战马！而天马，就是一切战马的第一推动力，来自太一。

天马之于汉人，不光作为马的最高理念存在，不仅通过诗表达出来，还反映在文物上。1969 年 10 月，在甘肃武威雷台汉墓，出土了一件东汉青铜马，乍一看，势如飞奔，便称之为“铜奔马”，后经内行人仔细一瞧，发现那马的姿势，正是马术中的“对侧步”，马蹄踏着的，原以为是燕子，便据直观印象，给了一个通俗的说法：马踏飞燕。后从张衡《东京赋》中发现“龙雀蟠蜿，天马半汉”的说法，便改名为“马超龙雀”。

龙雀代替飞燕，这可以理解，用超代踏，则不知何据，莫非天马正与龙雀竞赛而超之耶？这样说来，连我们自己都会觉得好笑，何必曰“超”？“踏”之可也。更何况，那天马也许正悠闲地踱着“对侧步”啊，那里有玫瑰花，就在那里跳舞吧！那“对侧步”啊，岂不就是天马华尔兹或天马踢踏舞？那里有龙雀，就在那里飞跃吧！龙雀是风神，马踏龙雀，御风而奔，如游仙也，此乃天马之无为而无不为。

汉武帝还有一首《西极天马歌》，就唱出了天马一跃的抱负，诗曰：

> 天马来兮从西极，经万里兮归有德。
> 承灵威兮降外国，涉流沙兮四夷服。

天马从何来？从西极来！为何而来？为“归有德”，不远万里，投奔他而来。来干什么？来显“灵威”，来“降外国”，来助汉家将士“涉流沙”，而使“四夷服”。

于是，现实中，便有西域战马，源源不断，参与到汉家将士的队伍中来了。大宛汗血宝马，便是其中最著名的一种，其体魄矫健，真有如带着天命下凡的天马。

从霍去病墓前石雕“马踏匈奴”上，我们却看不到西极天马那副“天行健”的派头，看到的是天马大战归来不动如山的“地势坤”景象，以厚德载物而四夷服。

历史上，秦皇、汉武并论，他们确有很多相像之处。他们的差异，有个性方面的原因，也有朝代不同的原因，但主要原因是，他们的眼光和立足点不同。秦皇立足于关中，故其眼光，顺着秦岭—淮河一线投向东方，有一种出海的欲望，而汉武来自代地，其眼光从阴山伸向祁连山，乃至于更远。两人都游仙，一个心驰蓬莱，一个神往昆仑。

秦皇往东方去求仙药，汉武到西域去找天马，秦皇出海失败了，但汉武通西域却获得了成功。汉武之所以成功，是因为他把游仙变成了国家追求的历史活动……

玉骑马羽人，高 7 厘米，长 8.9 厘米，座宽 3 厘米，西汉，陕西咸阳出土，咸阳市博物馆藏

屈就羽翼仙人器座，通高 15.3 厘米，重 1.3 千克，西汉，陕西西安西关南小巷出土，西安市文物管理委员会藏

屈就羽翼仙人

这位高颧骨的青铜羽人，正是神话中的羽翼仙人。西汉人却令其跽坐，并双手交叉作扶物状，屈就于底座，支撑器物。因为“太一贡兮天马下”，瞧瞧汉武帝的口吻，他有天马了，而且还是让最高神来向他进贡的，瞧，羽人骑马来了。

速度的想象

西方人给马插上翅膀，暗示马的速度如飞；汉人则让马超龙雀，如天马飞奔。汉武帝的视野，追随天马的金蹄伸向西域。在与匈奴速度的竞赛中，天马取代了羽翼仙人。汉人需要超越匈奴的速度，从崇尚神仙飞扬到崇尚飞快的速度，成为汉人的审美风尚，现存汉物上，皆有线韵飞奔的张力。

铜奔马，通高 34.5 厘米，长 45 厘米，宽 13.1 厘米，重 7.3 千克，东汉，甘肃武威雷台出土，甘肃省博物馆藏

彩绘木轺车，马高 88.2 厘米，长 78.8 厘米；车高 95.2 厘米，长 96.5 厘米。西汉，甘肃武威磨嘴子汉墓出土，甘肃省博物馆藏

彩绘木轺车

可谓汉代的“宝马”车，伞形华盖，叫轺车，是西汉驿站的主要交通工具，动力是马。马让汉帝国迅速强大起来。因此，汉人皆视马为国宝，为之鎏金。马力则成为后世不可忽视的标准动力。

鎏金铜马，高62厘米，长72厘米，西汉，陕西兴平汉武帝茂陵1号陪葬冢1号丛葬坑出土，茂陵博物馆藏

马蹄金，长径5.8厘米，短径4.8厘米，高3.6厘米，重273克，西汉，河北定县40号墓出土，河北省文物研究所藏

马蹄上的金和玉

马蹄金，皇家气派，马蹄生风，风吹祥瑞。

天马，贵在四蹄，“无蹄即无马，无铁即无蹄”。

匈奴人在塞外驰骋如“天之骄子”，汉武帝要给他的田舍郎们穿上天马的金蹄。霍去病在大漠与匈奴角逐，得益于汉家的马，武装到“铁”。文景之际，发明了蹄铁，这是一次有关战马的技术革命。《史记·平准书》说：天子为伐胡，盛养马。有数万匹马来长安，给马掌钉铁的工匠关中不足，要从旁郡调集。这是武帝时的盛况。

汉代烽火台，新疆维吾尔自治区库车

苣，以苇秆成的火炬，发现敌情时燔苣报警，长 82 厘米，西汉，居延破城子出土

汉家的大漠长调

汉家的长城，如一首大漠长调，向西延伸，过酒泉、敦煌、玉门关，穿透了沙海，直到罗布泊和库尔勒，全长近 1 万千米，是我国历史上最长的长城。公元前 60 年，汉武帝之孙汉宣帝，了武帝愿，遂汉人意，建西域都护府，实施了西至里海，东接贝加尔湖的行政管辖，西域正式归属西汉。

02

天地一指定昆仑

蓬莱缥缈，像画的饼一样，吊足了秦皇的胃口。惹得李白一声长叹：海客谈瀛洲，烟涛微茫信难求！

而昆仑，则似乎还靠得住。最起码，汉武帝还能说出个道道来，不至于像秦皇那样，站在海边，两眼一抹黑，听着亘古不变的涛声，对着茫茫大海失语。

虽然从战国时代起，昆仑山就成了疑问，连屈原都在问：昆仑悬圃，其尻安在？增城九重，其高几里？（《天问》）但张骞凿空西域，却发现了“河出昆仑”，这是意外收获。他在西域辗转十余年，历尽艰辛，初衷未达，而眼界已开。回国以后，他把自己在西域的见闻，报告给朝廷，其中提道：于阗之西，则水皆西流注西海；其东，水东流注盐泽。盐泽潜行地下，其南则河流出焉，多玉石。而楼兰、姑师邑有城郭，临盐泽。盐泽去长安可五千里。匈奴右方居盐泽以东，至陇西长城南接羌，隔汉道焉。

这里所说的“河”，当然是指黄河，但张骞不是地质学家，其使命亦非对河源进行考察，也许他看到的“河”，并非黄河，而是塔里木河，或其他什么河。

对于张骞来说，地理上“正确”与否，其实并不重要，重要的是，在神话中存在，在历史上消失了的昆仑山，在西域又出现了，虽未确指，何妨揣倪？

汉武帝听了报告，就断定于阗南山一带，为昆仑之所在。

而张骞所谓“盐泽”，有可能就是今天的罗布泊。张骞指出，“河出昆仑”，流入罗布泊，从地下向南潜流，再冒出地面，重新成为黄河的源头。

这一说法，虽然被武帝钦定了，但司马迁不以为然，他坚持：于阗南山，哪像《禹本纪》里说的昆仑那样，有二千五百里那么高呢？哪像《山海经》里说的昆仑那样，有醴泉、瑶池那么美的仙境呢？这样反诘，并非凭空而来，而是有所本。

《尚书·禹贡》说，大禹治水，“导河积石，至于龙门”。司马迁认为，还是《尚书》里的说法比较可靠，因为大禹治水早就被历史化了，顺着大禹治水的线索去寻找河源，不仅有文献依据，还能找到实地。比如“积石”山，放到现在的地图上来看，就在青海和甘肃交界处，或称祁连山余脉，或曰属昆仑山东系阿尼玛卿山，青海部分，就在今循化撒拉族自治县，而甘肃部分，属于今保安族东乡族撒拉族自治县，山势，南起土门关，北到黄河边。

传说中的大禹治水，就从这里开始。据说，禹在积石山北段凿出一条峡谷，这就是积石峡，两岸绝壁千仞，如斧削一般，便是大禹凿山导河之斧痕。

清人《秦边纪略》云：“盖黄河入中国，始于河州，禹之导河积石是也。”司马迁认为，此为河之源，再往西去，他就说不清了。所以，他声称，只相信《尚书·禹贡》里说的，至于《禹本纪》《山海经》所言，皆不以为凭。《禹本纪》里怎么说，我们不清楚，很可能与《山海经》相似，《山海经》属于神话，能历史化的，都历史化了，比如说，昆仑主神黄帝，就被其作为始祖，开启中国帝王一系，历史从黄帝开始。而在《山海经》里同样有名的西王母，却没能进入历史化程序。他尽可能使神话因素脱离巫术思维，但巫与史有别，要迈过一道理性化的坎，才能转化为史。

以黄帝为例，他在开启历史化的进程之前，先被理性做过洗礼。我们读《庄子》，那里面，有很多寓言故事，黄帝是其中一个很活跃的角色。如果说孔子在《庄子》一书中，是圣人系列中的求道者的角色，那么黄帝就是神人系列中的求道者的角色，他们都是向外求道，经常迷失，偶有所得，往往也是得而复失。

《庄子》中，黄帝求道而得道的寓言，便是神话理性化故事，黄帝在寓言里，被打上理性烙印，这还不够，其自身还需要有一种理论，作为理性化的支撑。因此，黄老思想应运而生，黄帝的历史性存在亦随之而明朗起来。其历史性标志，便出现在战国时期齐国青铜器“陈侯因咨敦”里。

此敦之铭文，提到了黄帝。孔子好古，仅“祖述尧舜”而已，未曾言及尧舜之前的黄帝，黄帝的名称，最早就是在这件敦里发现的。敦之铭文称“高祖黄帝”“陈侯因咨”，亦即齐威王认祖归宗，已经认同到了黄帝，使黄帝的存在从神话进入历史。

战国时期，信史化的黄帝，同黄老思想的形成，几乎是一同出现的。到了《史记·五帝本纪》里，黄帝已褪尽神话底色，完全信史化了。

与黄帝历史化相应的，还有昆仑山从神山向史地的转化，也因为一句“河出昆仑”，而与大禹治水挂钩，也从神山变成史地了。作为神山，昆仑原本在《山海经》里；作为史地，昆仑先在《禹贡》里，后来又在《史记》里。神山和史地，能否同一？对此，作为太史的司马迁，表示存疑，而汉武帝则深信不疑。历史的理性眼光和神话的游仙眼光，在昆仑山上发生了碰撞。

本来张骞在西域，发现了昆仑所在，可于阗南山那时还没有进入中国历史，而昆仑的存在，在司马迁看来，就是历史的存在。他相信，跟历史活动有关的昆仑，只有一处，那就是《禹贡》里的积石山，其他都扯淡。

他对历史理性的捍卫，固然有其思想史上的意义，但他过分看重文献，看轻神话，且疏于实地考察，视野未免于狭。

在历史以外，不等于不存在。在历史上不存在，可以在神话中存在；在读史中不存在，可以在游仙中存在。说明历史，要以历史学家的方式，而创造历史，不妨用神的方式。这两种方式，如阿波罗和狄奥尼索斯。司马迁的历史理性与阿波罗相似，而汉武帝沉溺于游仙和用兵，那一份狂欢如酒神般的醉气，分明便是个活脱脱的狄奥尼索斯。

太史公狂气，以历史为根底，而帝王的狂气，要将历史连根拔起。帝王一怒，他才不管你究不究“天人之际”，先将那根儿阉了去。

写《天马歌》的帝王，已不再是作《秋风辞》的青春天子。那时，他欢乐之余，还会生出几分惆怅的诗意，让愁绪像蒲公英一样，被秋风吹去。如今，他不再委婉地自诉，而是如天马行之。连最高神都向他进贡天马，这世上还有什么不在他话下？最高神由他来提名，独尊儒术由他来指定，若问昆仑山在哪里？那当然也得由他来确认，这不是个关于知识性的问题，而是制度安排，它有着政治文化的含义。

什么叫王权主义？这就是！儒学王权主义化，就从他开始。

秦“以法为教，以吏为师”，让王权在第一线，一旦危机发生，王权没有缓冲，就必然要成为矛盾的焦点，而他让王权退居二线，出了问题，先做主义之争，王权可以在主义之争里，趋利避害，选择合适的政治思想和政治路线，这样就不会危及王权。

张骞和司马迁对昆仑山的不同说法，乍一看，谈不上什么主义之争，只是对某个具体问题的观点，但其实质却涉及汉帝国的发展战略。司马迁的眼光，同秦皇一样，都投向东方，当他指出龙门—碣石一线的重要性时，秦皇早就沿此一线修筑了长城。

汉武帝的眼光，却转向西方，转到能游仙的昆仑山上，秦皇修长城，自西而东，绵延万里，汉武刚好反其道而行之，由东而西，经由河西走廊，径往西域去。

汉武帝大规模修筑长城有四次：第一次，兵出云中，取河南地，筑朔方城，复缮秦塞，恢复阴山南麓原秦长城；第二次，于河西地，修筑永登至酒泉长城，东接秦长城；第三次，继续向西，修筑酒泉至玉门关长城；第四次，修筑玉门关至盐泽长城。这四次，花了将近二十年，筑了两千余里，使长城穿过河西走廊，从阴山一直延伸到西域的于阗南山，也就是他指定的昆仑山下，将昆仑山坐实了。

我们不能不佩服汉武帝那一指，正是那一指，把神话中的昆仑山在地理上坐实，那是一个伟大的开始。天地一指也，没有那君临天下的一指，昆仑还在《山海经》里游移。

我们不知他是否读过《穆天子传》。关于这本书的真伪，有很多讨论，不过，多数学者认为，这本书在汉以前就已形成，或曰始作于西周，或曰成书于战国……但在《史记》《汉书》里没见，它出现在汉以后，在一座晋墓中。

他可以不知道有这么一位穆天子，但他不能否认穆天子是他的先驱。此乃西周时的周穆王，曾驾八骏，亲往游历。穆天子所游的昆仑，据说在甘肃祁连山一带，《晋书·张骏传》说："酒泉南山，即昆仑之体也。周穆王见西王母，乐而忘归，即谓此山。"

但穆王一游，并未确立昆仑，不及他在地图上一指定乾坤。经他那一指，昆仑就问世，终于从神话的胚胎里分娩出来。

他指向的昆仑，西起于帕米尔高原东部，就在新疆和田以南。

狭义的昆仑山，主要是指藏北高原、青南高原与塔里木盆地、柴达木盆地之间的山脉，分为东、西两段。西段，横贯新疆，呈西北—东南走向；东段，转成东西走向，分三支伸入青海：北支祁曼塔格山；中支阿尔格山，东延为布尔汗布达山及阿尼玛卿山；南支可可西里山，东延为巴颜喀拉山。还有广义一说，1930 年出版的《中国古今地名大辞典》说，昆仑山，西起帕米尔高原，东至海滨，长七千余里，为我国最长之山，包括横断山、南岭、秦岭、阴山、祁连山、唐古拉山、兴安岭及日本、中国台湾等地山岭。

如此广泛的昆仑，纳一国之山系而统之，已经越出了地理概念的界线，成了文化概念。它是天下观在中华山系上的反映，是用昆仑来建构中华山系大一统。

其实，在地理上，最能表达大一统的，不是山脉，而是河流。山脉则相反，就其实际情形而言，它在历史上，往往是割据之渊薮，起义之摇篮。而河流，它的流域，就是利益共同体，它像纽带一样，将生活在其流域中的人们联成一体，对河流的管理——治水，要求超越各个局部利益，表达统一的本质。

神话和宗教，大都缘起于山系，犹如山峰，都指向天空，属于“天上观”体系，与中国传统那套“修身、齐家、治国、平天下”的“天下观”有所不同。

古希腊神话中的奥林匹斯山是一座神山，在那里发生的神话故事当然属于天上观体系。不仅神话故事，还有信仰故事，与上帝发生关系，多半都在山里。摩西在西奈山上接受十诫，亚伯拉罕在摩里亚的一座山上将他的儿子以撒献给耶和华上帝。

我们曾经行驶在世界屋脊，海拔四五千米，将天人关系一下就拉近了距离。那时，我们的每一口呼吸，似乎都在感受天意，一举一动，仿佛都在体认天命。

天命支配生命，使我们的存在意识，顿时从天下观转入天上观。

那里是信仰的地盘，是审美的领域，四顾荒寒中，具天地大美矣。

然而，功利性的文明，在此却很难发育，它要沿着河流，走下高原，走出山系，走到河流开辟的平原中去，到那里去开垦农田，建造城市，成立国家组织。

这样，我们来到周原，听到周人“天听自我民听”的呼唤。

这是天下观的声音，没有对神的礼赞，没有对上帝的奉献，高原反应消失。思想从高原进入平原，从神话进入历史，从山中来的真理之溪，化作文明滔滔流域。

于是，在天上观里作为天帝的黄帝，在天下观里进入了“五帝本纪”。

正如大平原上的河流都发源于山系，历史的根底当然也就在神话里。因此，寻找河源，就要往昆仑去。历史说不清楚，就去历史的深处，去向神话追根问底。神话说：河出昆仑。因此，昆仑山在哪里，河源就在哪里。反过来，我们也可以说，河源在哪里，昆仑山就在哪里。汉武帝正是这样说的。

寻找河源，其实是在寻找我们民族统一性的根据。众多民族共处于一条大河流域，河流的属性决定了这些民族的统一性，故河源之地，就是汉家天下的极地。

汉武帝读过《尚书》，当然也知道“积石”在哪里，但他并未在此小憩；他也知道酒泉以南有祁连山，知道有人以此为河源之地，但他只是一瞥而已。

河西四郡，固然表达了汉家天下的统一性，可在他看来，还不充分。我们来看他在《西极天马歌》里写的“天马来兮从西极”，“西极”显然不在河西，汉家天下若故步自封于河西，怎能“降外国”“服四夷”？河西只是起点，而非“西极”。

“西极”在哪里？在昆仑，张骞凿空至此。他告诉汉武帝，在汉帝国的西陲，有传说中的昆仑原顶天立地，堪称“西极”，天下所有的河流都发源于此。

因此，控制“西极”，就掌握了天下所有水系，以此“治水”，便可造极，远远超过大禹“导河积石”。大禹治水，九州为禹迹，然其于“西极”之水，则未尝治也，故求之于《禹贡》则失语，考之于《山海经》，则又难免于“怪力乱神”矣。

然，武帝之可贵亦在于此，与其失语，而毋宁怪力乱神矣！

司马迁天下观，还是禹九州格局，武帝天下观，已立于西极。

于西极治水，超越了禹九州的格局，其宏图，已入《山海经》视域，“降外国”“服四夷”，当以治水为根底，他把农耕文明的想象力，推到了极致。

20 世纪有一位诗人也是王者，说他“略输文采”，且以昆仑为题，填了一首词。曰：而今我谓昆仑，不要这高，不要这多雪。那怎么办呢？曰：安得倚天抽宝剑，把汝裁为三截？！唯有这么大的口气，才配得上那超越古今的一指。诗人吞吐天地的大嘴巴已经张开了，豪言壮语喷薄而出矣：一截遗欧，一截赠美，一截还东国。

这分明是大禹治水的现代版，但气象格局已超迈夏禹。此乃“西极”治水，要统一天下所有水系，而统筹之，使太平世界，“环球同此凉热”。虽然相隔了两千多年，但两人的想象力，却何其相似也！两朵想象之花，萌于同一株神话老根，开在世界屋脊。

西极

“西域”，在古代中国的版图上，泛指玉门关、阳关以西之地，以新疆及中亚为中心。经汉武帝在地图上一“指”，神话世界“西极”，便纳入了汉家天下，于是，昆仑山、葱岭、天山，进入中国版图。

中国神话里的英雄山

《山海经·大荒西经》的“不周山”，就在帕米尔高原。白雪坚耸的高峰，是帕米尔冰山之父慕士塔格。

03

葱岭的神话意义

帕米尔高原，很早就在中国神话里出现。最早见于《山海经·大荒西经》，被称为不周山：西北海之外，大荒之隅，有山而不合，名曰不周负子。“负子”何谓也？或曰“系衍文”，或曰“乃羌戎语也”。屈原之《离骚》亦有“路不周以左转兮，指西海以为期”。

以“不周”名山，顾名思义，乃“盈则亏”“满招损”之谓也。“盈”和“满”，有一种理想性的美，它要求均匀和平衡，那是绝对的静和最高存在。

先秦诸子没有在最高存在上做文章，如古希腊之巴门尼德和柏拉图那样，偶有涉及，也是着眼于现实，不离现状，因此，他们对最高存在的理念性和理想性的美，缺乏相应的哲学之关注，“盈”和“满”，被他们用基于现实的历史性的判断所否定。

最高的山，最完美的山，被现实否定了，变成了“不周”山。这否定，来自神话里的一次革命，《淮南子·天文训》云：昔共工与颛顼争为帝，怒而触不周之山……天柱折，地维绝。天倾西北，故日月星辰移焉；地不满东南，故水潦尘埃归焉。

这是天地之间的一次大亏损，“盈”和“满”的宇宙，从此“不周”——

“天倾西北，地不满东南”了。然而，此次大亏损，却启动神话进入了历史。

颛顼，是黄帝之孙，昌意之子，一脉相承，而为天帝。共工，出于蚩尤一系。共工与颛顼之战，也可视为蚩尤与黄帝大战的继续，以革命开启历史。

这一战的地点，也许就在今天的帕米尔高原上，革命之神共工，用头颅撞倒了天柱，连从天上绑住大地的绳子——“地维”也断了，天象由此一变——“天倾西北，故日月星辰移焉”，地理为之改观——“地不满东南，故水潦尘埃归焉”。

从天文到地理，从神话到历史，这一战，造成天地人大格局——“不周”，由此，引发了神话世界两件大事，一件是女娲补天，一件是颛顼绝地天通。

传说，天神女娲在帕米尔高原，昆仑山上，竖起了慕士塔格峰、公格尔峰、公格尔九别峰这三个擎天柱，先将倾塌的天支撑住，然后再炼五色石来修补。

女娲一定很辛苦，不是一般的苦，而是无量之苦，我们想对她表示敬意，不是一般的敬意，而是最神圣的敬意。于是，我想起了一首诗，不一般的诗：

题慕士塔格峰

如果拥有像冰山那么大的钻石
我就是富翁中的富翁
可你不属于任何人，你只属于你自己
如果拥有像帕米尔高原那样
镶嵌着冰山的钻戒
我不知该送给谁？谁能接受如此昂贵的礼物？
即使选择冰山一角刻写自己的名字

也无法烘托我的伟大，只能显示出
一个充满占有欲的男人的渺小
到目前为止，还没有哪位英雄
配得上它……

写这首诗的洪烛先生，在为历史感到遗憾。太遗憾了，因为他翻遍史册，都没有发现配得上他的礼物的男子汉。他的礼物，比“一截遗欧，一截赠美”还大，那是一枚“像帕米尔高原那样镶嵌着冰山的钻戒”，谁能配得上它呢？永恒之女性。

载入史册的男人们，你们汗颜吧！这唯一的殊荣，属于女娲。

当然，也有人佩服那位闯了祸的共工，有人诗曰：唤起工农千百万，同心干，不周山下红旗乱。诗人挂念共工，接着又自问道：他死了没有呢？……看来没有死，共工确实胜利了。如果共工没有死，那么他也肯定屈服了，不然的话，颛顼搞“绝地天通”的时候，他怎么又把那战无不胜的头颅缩起来呢？难道他在书斋里变成思想者了？

“绝地天通”以后，天人相分，分为两路，共工那一路，开出后世革命者的路，而颛顼那一路，却走向王权主义，在这条金光大道上，向我们走来了秦皇汉武。

从此神话断了根，神话残余，进入历史，神话中的神转化为历史人物，秦皇汉武游仙，多少有些向神话回归。谈昆仑山，可以不谈秦皇，但不能不谈汉武，没有汉武那一指，昆仑山只在神话和传说中存在，现实里还是空白，有那一指，就发现新世界。

还是那位洪烛先生，他还有另一首诗，题目是《昆仑山》。诗云：

那个为你命名的人，比你更伟大

他消失了，而你仍然存在
他失去自己的名字、面孔
而你再不会失去他所失去的
某种程度上，你成了他的替身
这是所有诗人（包括我）
想做而做不到的
我们只能在一个别人命名的世界写诗
做歌颂者，而非创造者！

这当然是一首好诗，要不就不会在这里引用了。可谁给昆仑山命名的呢？我们不知道。可以试着从这两个字的字源里，去寻思一下昆仑的本义，揣摩其真谛。

《说文》解“昆”曰“从日从比”，“日”为太阳，“比”就是太阳下的两人，或众人；解“仑”曰“思”，将两字合解，就是“在太阳底下思想的人”，或如太史公所言“究天人之际”也。照此看来，所谓“昆仑”，也就是个“究天人之际”的去处。

我们若站在民本主义的立场上，便可以说那“昆仑”是个“天听自我民听”的地方，换个圣人革命的说法，那“昆仑”便是个圣王“应天命”的所在，是一座帝王“封天禅地”的圣山，泰山也被称为“昆仑”，就因为它是帝王封禅以应天命的神界。

也有人指出，“昆仑”的发音似外来语，如“祁连”来自匈奴语，“昆仑”有可能来自吐火罗语。不同的语源和词根，对于“昆仑”的认知，有可能提供不同的视角和方式。也许从西域化的角度看“昆仑”同从中国化的角度看“昆仑”相结合，是最好的认知方式，但我们目前能做的以及与本书主旨有关的，还是从中国化的角度看“昆仑”。

好在诗人可以陶醉在自我意识中，他才有权这样独自振振有词：

> 我不知还有谁敢用短短九行的诗句，来面对“昆仑山”这个博大的命题？我不是举重运动员，但我用四两拨千斤的技巧，把拔地生根的昆仑山给举起来了，举过头顶。是诗神给了我这样的力气！说实话，我很佩服自己……如果这算得上一首好诗的话，一百年后，它会成为立在昆仑山脚下的一块碑，或者被直接刻在昆仑山的某一块岩石上。你信不信？即使别人不承认，大不了我就自己亲手去刻呗。我要用诗给昆仑山文身。

这样的文采，值得我们浮一大白！但是，我们却不会投这首诗一票，因为正如他自己所言，他是在“别人命名的世界写诗”，是“做歌颂者，而非创造者”。

而昆仑山上，早就有了“创造者”的诗。汉武《天马歌》和《西极天马歌》，岂止“力拔山兮”！毛泽东的《念奴娇·昆仑》，又何曾要凭借诗神的力气？他们力量的源泉，一个来自头“触不周之山”，使“天柱折，地维绝”的共工氏，而另一个则来自被历史化了的“绝地天通”的颛顼。中国神话里没有诗神，但历史上却有数不完的诗人。

连帝王都能诗，这世上，还有哪一个国家，能像中国这样作诗？

帝王作诗，如“一唱雄鸡天下白”，吊一嗓子就吹响了诗的号角。

当汉家将士唱着《天马歌》，翻越不周山时，他们靠什么驱动？就如同古罗马人见了印度香料和中国丝绸，他们看见了葱！葱有神性，草木荒芜，唯有葱。

葱在《山海经》里就有，传说是神农发现的，在食品类，属于最高级的奢侈品，就如同后世所谓燕窝、鱼翅，而神奇尤过之。试想一下，在世界屋脊上，大荒寒中，生长了一片野葱，那葱花，在高原日照和冰川掩映下，真是有如仙葩，更何况，它还伴随着昆仑神话，食之，会有一种游仙的美妙感觉吧。于是，他们异口同声：啊，葱岭！

从此，它就取代了“不周”之名。只可惜了不周山，没有像昆仑山那样被承认。记得董仲舒这样说过，名是圣人所发的天意，当深观也。就是说，“葱岭”之名，不是随便能定，也不是谁都能定的，名称的取舍之间，含有天意在里面，而天意，唯天子能取。

子曰：必也正名乎！正名是政治上的头等大事，所以，名称当然得由天子来定。有时山高皇帝远，不妨约定俗成，但只要在天子眼皮底下，为天子所关注，就得由天子来定。董仲舒还有一句名言，说是“名号之正，取之天地”，“取之天地”唯有天子。

“取之天地”，取什么？取天地“不周”——“天倾西北，地不满东南”而名之？不！他取“葱”，名曰“葱岭”，“葱”是神草，是仙葩，将士们都为之热血沸腾。

他把“绝地天通”的门打开，号召他的将士们到葱岭去！葱岭多好啊，山上有葱，山下有玉，山那边，还有飞奔的天马……他的将士们整装待发，就等他一声令下，不尽财源滚滚来呀！将士们从阴山奔向祁连山，从祁连山奔向昆仑，就要翻越葱岭了。先下马，带上神草仙葩，食之欲仙，勇气倍增，再放在胸口上，有了护身符，然后上战场。

对葱的这般信仰，在古代世界里，是普遍现象，不论东西方。古希腊、古罗马，给士兵发口粮，葱必不可少，因为常吃葱能打胜仗。古埃及人死后，用葱陪葬，直至今天，许多埃及农民，诉讼时，都手拿一束葱，以示正义在手。可唯有在中国，将一座最高级别的神山，改了名字，叫作“葱岭”。

对汉武帝以游仙的热情用兵，历史学家们少了应有的会心，在他们的笔下，“葱岭”的神话意义消失了，只轻描淡写一句：因山中遍生野葱而名。

后来，葱被人工栽培，成了百姓日用食品，已失其神性。

再后来，几番动乱后，出了一个伟大的王朝，又给它改了名。

第7章

希腊化的丝路花雨

01

罗马哲人的叹息

汉与匈奴争夺西域，那西域，就在玉门关和阳关以西。

在阿尔泰山和昆仑之间，还有一条东西向的山脉横亘，那就是天山。天山南北两处，各有一块盆地，其南面，是塔里木盆地，而北边，是准格尔盆地。

汉初，西域诸国，沿着天山南北两路的水草和绿洲分布。它们的国家形态，有在草原游牧的行国，也有在绿洲农耕的城国，位于匈奴以西，乌孙之南，以葱岭为西极，由西域都护府治理，属于狭义的西域。

广义的西域，还要越过葱岭，一直往西，可以往罗马去。

汉帝国和罗马帝国，在东西方遥遥相望，都在寻找对方。

起初，汉帝国受制于匈奴，罗马帝国被帕提亚拦阻。后来，汉击破匈奴，而罗马依然被帕提亚拦阻。汉人称帕提亚为安息，派使者到此一游就回头。

那时，只要再往前迈出一步，东西方两大帝国就握手了。可草原有草原的命运，大漠有大漠的气数，内陆来的汉使者对着海洋望洋兴叹而归，终究没有迈出那历史性的一步，世界文明的进程，不曾因此而提速。

罗马人初识丝绸，并非于花前月下，而是在刀光剑影中。公元前 53 年，罗马三巨头之一的克拉苏，率领他的罗马军团与帕提亚人作战，强烈的日光，照在帕提亚人的透明的军旗上，那用金色丝线绣出的恐怖图像，带着忽闪忽闪的太阳的光芒，从天而降，如针刺目，战无不胜的罗马人被丝绸打败了。

从此，优雅之丝就笼罩了巫术般的气质，使罗马人痴迷。罗马人形容丝绸，美如花朵，细如蛛丝，柔软而有魔力。连与罗马人相依为命的护身符，都是一定要用丝绸来裹的。

对于丝绸的原材料丝，罗马人充满了好奇，他们以西方文明的方式，猜想丝是怎么来的？他们不知有蚕，蚕能吐丝；不知有桑树，蚕要吃桑叶才能吐丝。却猜想，有一种树，能生长白绒，用梳子梳理，就变成了丝。还有一种小动物的说法，说它比金龟子大两倍，有八只脚，要养五年，才能像蜘蛛一样吐丝，从头到脚把自己缠起来，其残骸可以抽丝。将这两种说法合起来，罗马人猜得也差不离。

不过，罗马人需要的不是丝绸成品，而是需要丝绸的原材料——丝，他们买来纯白色的丝绸，把它拆开，重织，染成紫红色，那是罗马贵族的代表色。

丝绸在战场上把罗马人打败，还登堂入室，俘虏了罗马妇女。罗马哲人塞内加，竟然因此而愤怒指责丝绸有损于罗马道德：这种衣服，既不蔽体，也不遮羞，女人穿上它，便发誓自己并非赤身裸体，其实别人并不相信她的话。人们花费巨资，从不知名的国家进口丝绸，而损害了贸易，却只是为了让我们的贵妇人在公共场合，能像在她们的房间一样，裸体接待情人。

这样的指责，在当时很厉害，轻薄的丝绸不仅俘虏了罗马妇女，还对贸易有损害，其严重性，由另一位与塞内加同时代，名叫普林尼的罗马哲学家指出来。他说，罗马上流社会每年要花约一亿塞斯特斯金币，相当于一百万英镑，用在对东方奢侈品如香料、珠宝和丝绸的消费上。即便在货币经济高度发达的今天，一百万英镑也不是个小数目，而在货币经济初期的古代世界，一百万英镑，那就更是要让一个民族吐血的天文金额。

据普林尼说，本来罗马金币在欧亚大陆流通，在与东方贸易后，大部分都被印度人吸纳、囤积起来，其余部分则流到丝国去了，正是丝绸贸易导致了罗马逆差。为此，他耿耿于怀，一再强调：罗马为奢侈品和妇女付出的代价如此巨大。代价究竟有多大？他算了一笔账，一亿塞斯特斯的贸易额度，大致这样分配：印度约 5500 万，丝国和阿拉伯约 4500 万，直接用于丝绸消费的有 1000 万至 3000 万。

在这里，丝绸不是贸易大头，可他为什么要把矛头对准丝绸呢？

因为新兴的丝绸不是必需品，却成为当时罗马时尚的代表。而香料与珠宝，则是罗马人的传统贸易，已经形成了生活方式，有的香料，还是生活必需品。因此，罗马人生活中对香料和珠宝的需求，要远远大于丝绸。再说，香料和珠宝门类多，就单项商品消费而言，首推丝绸，因其拔尖和风流，才被人诅咒。

只是贸易逆差还不可怕，要命的是，罗马人的货币经济体系，由于货币大量流失而难以为继，货币经济的克星，是那些收藏货币的人——东方国家的君主。

东方国家对罗马产品需求不大，对贵金属本身的需求却很大。他们把到手的罗马金币和银币，习惯性当作财富收藏起来了。大量的罗马货币退出了流通领域，有损于货币化了的经济体系。

也许普林尼会认为，是丝绸吮吸了罗马货币经济的活命之血，罗马货币源源不断地流到丝国，就像河流进入罗布泊一样消失了。而事实正相反，中国从未出现过罗马货币，罗马人称丝国人为赛里斯人，但他们从未见过真正的赛里斯人，所以，他们会说赛里斯人“红头发、蓝眼睛”，有人冒充赛里斯人与他们交易时，他们就信以为真。其实，丝绸之路上的赢家，不是位于东西方两头的中国和罗马，而是中间的贵霜和帕提亚。

汉人耗尽国力才打垮了匈奴，打通了西域，回来一结账，却发现得不偿失，连汉武帝都下“罪己诏”，向人民表示歉意了。可收获了国土，那也是财富。

汉初国土，广袤不及匈奴，自冒顿单于统一大漠南北，至老上单于，既染指辽东，又涉足葱岭，游猎于长城下，放牧于贝加尔湖边，俨然一大帝国的版图。

汉初，匈奴势大，将汉帝国压迫在阴山以南，挤兑在长城脚下。汉武帝出击，才把匈奴挤压到草原和大漠的边缘去了。为与匈奴争夺西域，汉武帝剑指西极，从世界屋脊俯瞰西域，使西域三十六国，都成了他的釜底游鱼。

可他这样做却用完了几代人的积蓄，国库空了，就搜刮民力，不仅搞了盐铁官营，就连算缗、告缗都用上了，以至于“杨可告缗遍天下，中家以上大抵皆遇告”。

他就这样勒索自己的人民，也没有在西域牟取商业利益来支撑，不但未与诸国争利，相反，他还要不断展示汉家财力。财力和武力双管齐下，这才打通了西域。

西域，本是匈奴的财路，在汉人通西域之前，西域诸国都要被匈奴奴役，并接受匈奴的保护，汉人通西域以后，西域诸国纷纷归附，这样就断了匈奴人的财路。

汉人不但未向西域诸国收纳保护费，反而赐予他们丝绸作为礼物。这些丝绸，几经辗转，进入罗马，换取罗马金币，连普林尼都误以为他们就是赛里斯人。罗马人无论如何都不能理解，丝绸的主人会放弃丝绸之路上的商业利益。

孟子说：何必曰利？义而已！这“义”是什么？就是民族大义。

张骞出使西域，被囚于匈奴十余年，而能坚持，靠什么？苏武在贝加尔湖牧羊，十九年如一日，持节不失，一切利诱，在他跟前都不足挂齿，靠什么？就靠义！义是高尚的，它使人从内心深处涌出热泪；义还是强悍的，它使人浑身热血沸腾，一往无惧。

仁者无敌，具此信念，才有少年英雄霍去病励志“匈奴未灭，何以家为”！才有血胆男儿陈汤放言“犯强汉者，虽远必诛”！这样的汉家将士，试问天下谁能敌？

他们无需罗马金币，需要战马，为了战略目的，他们放下商业利益。

汉使者来到安息，也就是罗马称作帕提亚的那个国家，得到很高礼遇，因为安息人知道，汉人不会来争夺他们在丝绸贸易上的利益。而罗马人来到帕提亚，除了兵戎相见寸土必争，就是商业往来锱铢必较，结果，罗马人打了很多败仗，损失了很多金币。

帕提亚是罗马克星，其强悍虽不亚于匈奴，但它毕竟希腊化了，有着更高的文明程度，最起码，他们砍下了克拉苏的头颅，不会像老上单于对待月氏王那样，把头颅加工做成饮器，而是用正上演的古希腊悲剧向他致礼，克拉苏毕竟是罗马三巨头之一。

恺撒要为罗马复仇，且受女巫引诱，向罗马元老院提出了做皇帝的要求，被那位“吾爱恺撒，但更爱罗马”的布鲁图斯从身后一剑刺死了，而作为此次谋杀主谋的卡西乌斯，就是跟随克拉苏出征帕提亚，从帕提亚人的回马箭下逃回来的败军之将。

“吾爱罗马”可以是个高尚的借口，但还不是行刺的真正的理由。在莎士比亚的戏剧里，布鲁图斯是位热血青年，而卡西乌斯，看似木讷，实则老辣之至。据说，当恺撒身穿丝袍，飘飘然出现于罗马剧院时，整个罗马都被惊到了，趋之若鹜者有之，恨之入骨者亦有之。恺撒之于罗马，不仅为其英雄之代表，且为时尚之领袖。以英雄引领时尚。表达了他对东方的向往，东方有什么？有丝绸，还有皇帝。

高贵的罗马人啊，你们为什么喜欢东方的丝绸，而不喜欢皇帝呢？

打下帕提亚，就能掌控丝绸；如果有个皇帝，我就能打下帕提亚。

可那位卡西乌斯知道，在帕提亚，有多少罗马战士被丝绸晃悠得迷失了自己，因失魂落魄，而不知不觉被帕提亚人杀死，现在，恺撒又在用丝绸晃悠罗马人。他是何居心啊！还不是想使罗马人民给他让渡权力，让他来做皇帝。

对于卡西乌斯来说，丝意味着死，恺撒穿丝绸，唤醒了他的死亡意识，不是他抓住死，就是死把他抓去。为此，他以罗马的名义，召唤布鲁图斯，将恺撒刺死。

死了恺撒的罗马，虽然还强大，但罗马没有恺撒怎比亚历山大？想当年，亚历山大率领大军，从地中海东岸出发，像闪电一样，撕裂了小亚细亚，穿透中亚，越过兴都库什山，来到帕米尔高原下。他一路行来，在东方留下一个希腊化世界，从安息到大夏，从地中海东岸到帕米尔高原，留下七十多座亚历山大里亚。

《汉书·西域传》称亚历山大里亚为“犁靬”，而罗马人，在这条路上没有留下什么文化遗产，只留下了遗憾。图拉真时期，罗马势力一度进入中亚，但依然收获不大，因为东方又有贵霜帝国兴起了。他们绕开了帕提亚，却绕不开贵霜帝国这道坎。

研究罗马的历史学家告诉我们，这一时期，罗马人从东方带回来两样新东西，一样是丝绸，令罗马贵妇人眉开眼笑，还有一样是天花，拧紧了罗马人的眉头。

这两样东西，丧了罗马帝国的元气，吸干罗马金币，并带来瘟疫。

蓝琉璃碗，中国迄今出土最早的罗马玻璃器皿，高 4.7 厘米，口径 10.5 厘米，西汉，广东广州横枝岗出土

蓝琉璃碗

出土于广州市横枝岗，带着罗马人的气息，辗转来到西汉，是中国目前出土最早的罗马玻璃器皿。汉籍多处记，海西大秦国宫室皆以水晶琉璃为柱，眼见蓝色琉璃碗为实。

02

东方希腊化传奇（上）

有两样东西推动了贵霜帝国崛起——中国丝绸和罗马金币。

帝国前身是大月氏，张骞通西域，一开始就是去找大月氏。那大月氏，原居于祁连山下，一度发展到了阴山和内蒙古高原，被匈奴反击，退出阴山和祁连山，沿天山北麓，先退往准格尔盆地，被匈奴及其属国乌孙追击，再退至伊犁河流域，乌孙继续追击，不得已，乃越葱岭，至阿姆河流域，在妫水以北定居。

妫水以南，即为大夏。那大夏呀，便是个希腊化的城邦国家。

张骞被困匈奴十余年，从匈奴出逃时，他先逃到了大宛，向大宛说明来意后，大宛派人把他送到康居，从康居转至大月氏。可他一到了大月氏，就失望了。因为他发现，大月氏人已乐不思归了，复仇二字，已经无人提起，而且还有继续南下之意。

张骞到了大夏，他见过那些希腊统治者，当年，他们的祖先追随亚历山大来到这里，在这里建立了一个希腊化的城邦国家，他们住在石头建造的城堡里。国都蓝氏城，就是一座东方亚历山大里亚，张骞对汉武帝说：大夏没有大国王，都是些小城邦，民弱畏战，多财善贾，国小而富足。究竟富到了什么程度？

1979年7月2日，美国《时代周刊》报道，一个由苏联和阿富汗考古学家组成的联合考察队，在大夏古都之西七十千米处发现了六座古墓，因墓中埋藏有数万黄金，故墓址所在地被称为“黄金之丘”。墓中出土罗马金币、安息银币和西汉铜镜，确认其年代，约在公元前1世纪至公元1世纪，这个时期，正是大月氏统治大夏初期。

由此看来，这批古墓应为大月氏王族陵墓，而墓主人很可能是张骞见过的大月氏贵霜部落的王孙们，他们占有了大夏黄金，哪还愿意与匈奴作战?

民弱而多财，必遭国灾。大夏如此，西域其他希腊化国家也如此。

大月氏人虽败于匈奴，但在希腊化城邦世界里却一展宏图。大月氏本为“行国”，有“控弦之士”一二十万，即使遭匈奴打击，损失过半，亦有数万窜至帕米尔高原，以之逐鹿草原帝国，或有不及，以之驰骋于希腊化世界，则绰绰有余。他们将希腊化世界的“城国”各个击破，先是控制了锡尔河和阿姆河之间的地区，然后北上咸海，南下恒河，将亡命于帕米尔高原的大月氏“行国”，发展为纵横中亚和南亚的“城国”。

分布于丝绸之路上的希腊化世界，在西方，被称为“巴克特里亚”。

罗马帝国时期的希腊历史学家普鲁塔克有个说法，说亚历山大身后，在东方的尽头，留下了一个国家，那里的人民能读懂荷马。这一说法，被有识之士称为“希腊－巴克特里亚海市蜃楼”，以为它是希腊人在希腊化世界里的自诩，不过传说而已。有关“巴克特里亚”的传说，从古希腊时期的希罗多德就已开始了，对于好奇而又有教养的古希腊人而言，谁没有听说过印度，还有它那些神秘的奇观呢?而亚历山大却身临其境了。

法国人保罗·佩迪什在其所著《古代希腊人的地理学》一书中，谈到了公元前4世纪希腊人的地理大发现。他指出，发现新世界的两个古希腊人，一个是航海家毕提亚斯，出直布罗陀海峡，深入大西洋，发现了真正的大海；另一个就是征服者亚历山大大帝，一举穿透波斯帝国，跨越赫尔曼德河和阿姆河之间的阿富汗山地，向东南进入印度河流域，向东北到了阿姆河和锡尔河之间的巴克特里亚，他跟前是世界屋脊——帕米尔高原。

锡尔河和阿姆河之间的那个巴克特里亚，就是《史记·大宛传》里，张骞向汉武帝一再提到的大夏，当代考古学似乎把普鲁塔克不经意的说法给发掘出来了。1965 年，法国考古学家在阿富汗东北边境于帕米尔地区之喷赤河一带，发掘了阿伊·哈努姆遗址，该城为巴克特里亚王国中心城市之一。从遗址里出土金银珠宝不足为奇，可发现了亚历山大老师亚里士多德哲学著作的残片和德尔斐阿波罗神殿之箴言，就不能不说是奇迹了。

我们不能不佩服亚历山大，他把古希腊战士，从地中海沿岸，带到了帕米尔高原，把亚历山大里亚建在了帕米尔高原上，使之希腊化，还把阿波罗神殿的箴言也带来了，箴言这样说道：少年应知礼，青年有节制，中年要公正，晚年当明智，死而无悔。

也许，古希腊战士在这片高原上，发现了希腊神话中的奥林匹斯山，就如同后来汉武帝在这里发现了昆仑山。当他们带着阿波罗神殿的箴言，在此集结待命，像神一样徜徉在天边时，他们听到的却是噩耗之音。历史学家告诉我们，正是顶天的帕米尔高原挡住了亚历山大的步伐。现在看来，是误解了。是时间，而非高原，阻挡了他前进。

死亡把他带走。如果老天假以时日，也许他就越过帕米尔高原了。然而，历史只有已然，没有应然，他毕竟猝死了！据说死得蹊跷。花期正盛，忽然凋零，才三十三岁呀，哲人王就驾崩了。世界统一性的理念，本由帝国来担当，可帝王一死，帝国就被一分为三，三个王国各自为政，巴克特里亚原属于塞琉西王朝，后来，塞琉西王朝衰落，大夏入侵，就转化为“大夏－希腊王国”。

从希腊到中国，这中间，便是亚历山大大帝留下的希腊化世界。丝绸之路就从这里通过，也可以说是希腊化的一个重要成果。

古希腊有关“赛里斯”——丝国的传说，竟然被希腊化实现了。那些留在东方的希腊化之子，在中国西域，在丝绸之路上，“抱布贸丝”，筑城而居，渐成土著，充当了传说中的“赛里斯”人。他们饶有诗意地告诉那些老在想象东方的罗马人，说美丽的丝绸盛产于从不放牧的草原，是用草原上盛开的鲜花织成的。

因此，罗马人眼里的“赛里斯”人，都是高鼻深目长须，并非他们向往的真正的“赛里斯”人，而是被当时“赛里斯”人统称为“胡人”中的一支——西胡。对此，王国维在《西胡考》中问：此胡“果从东方往，抑从西方来”？他指出，此胡“与大秦、波斯俗尚略同”，还说“自来西域之地，凡征伐者自东往，贸易者自西来，此事实也”。

这是一个重要观点，为了证明该观点，他接着就拿出了证据：若有史以来，侵入西域者，唯古之希腊、大食，近世之俄罗斯，来自西土；其余若乌孙之徙、塞种之徙、大夏之徙、大月氏之徙、匈奴之徙、九姓昭武之徙、突厥之徙、回鹘之徙、蒙古之徙，莫不自东而西……证据里面，自西往东，征伐而来者，首推希腊，或言“西胡”乃希腊人后裔，他们往来于东土和西域，丝绸之路就是他们走出来的，所谓“贸易者自西来”。所以，我们说，充满了传奇的丝绸之路，也属于希腊化世界之林，那些关于“赛里斯”的美丽传说，或为希腊化之商业策划的一部分，希腊化后裔往来于欧亚，应当见过赛里斯人。

自东而西者，最早与希腊化世界接触者，则有所谓“大夏之徙”。

“大夏之国”，原非远夷，游于近塞，因“齐桓公西伐大夏，涉流沙”而远徙，此举，先于亚历山大东征三百余年。后来，秦霸西戎，拓地千里，遂更远徙。秦汉时，匈奴势起，由东而西，席卷草原各国，而有“大月氏之徙”。此举，又驱使大夏等，越葱岭，更往西去，故王氏引希腊地理学家斯特拉波言，前155年，吐火罗即大夏等四蛮族，侵入希腊人的巴克特里亚，而成“希腊－大夏王国”。

大夏名，始见于《史记》，《汉书》《后汉书》继之，自五胡乱华后，改为胡音“吐火罗”，《北史》《隋书》《旧唐书》中，已无“大夏”名称，非其族亡语熄，而是改称为古希腊文献所见之Tokharoi，即“吐火罗”或“睹货逻”，由此可见“胡化”趋势。王氏又言：“东胡”入西域，于其所征服者，仅得其政权及兵权，为统治者，民生仍如故也，而“西胡”则以“国居东西之冲，数被侵略，亦遂专心职业，不复措意政治之事。是故希腊来则臣希腊，大夏、月氏来则臣大夏、月氏……虽屡易其主，而人民之营其生活也如故”。

东胡武力虽优，但文化较劣，与希腊化之西胡同居一国，往往与之相融合，通常也就是被希腊化了，“故此土之言语风俗，非统治者之言语风俗，实被治者之言语风俗也”，其立国，亦一改其由来之“行国”，转而为新的“城国”，且以商贸取代游牧。

试以大月氏言之，西徙前，本为行国，以游牧为主，逐大夏入中亚妫水即阿姆河流域后，居其北，而大夏居其南，前后脚相去约二十年，遂臣畜大夏，立城国。

取代塞琉西王朝的帕提亚人，是当时游牧民族希腊化的一个样本。帕提亚统治者信任希腊人，他们征服了塞琉西城市，就交还给希腊人去管理，其开国者米特里达梯一世，还在货币上自称“费尔海利”——希腊事物爱好者。而帕提亚战士的头颅上，就戴着希腊化头盔，头盔下面的思想，也被古希腊戏剧影响。公元前53年的那次胜利，就是以戏剧方式向奥德罗斯王呈报的。当时，奥德罗斯王正与亚美尼亚王一起观看欧里庇得斯的剧作《酒神的同伴》，剧中，本来女主角应当捧着她儿子彭透斯的头出场，可这一次，她捧上来的，却是一颗真正的头颅，那是罗马三巨头之一的克拉苏的头颅。帕提亚人就是这样，以完全希腊化的方式，无情嘲弄罗马人。

大月氏人在占据了大夏以后，也像大夏一样，开始了希腊化进程。他们像希腊人那样铸造金币和银币，还像希腊人那样把他们国王的头像或全身像铸在币上。

这枚金币上的国王，是迦腻色伽，他不光是希腊文明的爱好者，更是佛教的倡导者，可以说，他是孔雀王朝阿育王之后佛的最伟大的护法，可他在这枚金币上，正在主持一个波斯拜火教的仪式，何以如此？当然，这首先是由文化的多元性所决定的，更何况，佛法兼容，并不排他。再说他是一位君王，要治国安邦，试想一想，当这枚金币流通到波斯化世界，它比什么使节都更能促进人民之间的友好交往，是比军队更为有效的国防。

商业化，是希腊化的一部分，当然是最重要的一部分，因为，贵霜帝国以商为本，靠商业立国。但它还有理想，对于佛的理想，也被大月氏人铸在了金币上。

释迦牟尼作为神主，首次出现的地方，我们想当然会以为是在寺院和佛堂，而实际上并非如此，佛以站立的姿态，最早出现在贵霜帝国的金币上，是在比寺院更为广阔的流通领域，是在百姓日用的社会交换和商品消费中，传播佛的普度众生的理想。

而希腊化理想作为一种美的范式——象教，也被贵霜帝国崇仰。

佛教普及，不但靠教义，还靠图像，所以，佛教又被称为“象教”，佛教精神借了希腊化之光，美的范式在佛像上放出灿烂光芒，其于“象教”可谓功德无量。

这一时期的希腊化的成果，表现在犍陀罗的艺术风格上。

犍陀罗为古印度十六国之一，中心地区就在喀布尔流域。

公元前 4 世纪，征服者亚历山大到此，开始了希腊化演义。后来，阿育王接踵而至，又使之佛教化；再后来，亚历山大的历史遗产希腊化的大夏王也来了。就这样，希腊化和佛教化在此交替上演，当迦腻色伽出场时，一种新文化瓜熟蒂落了。

文化的宗教性主体源于佛教，文化的艺术化风格则来自希腊。两者相结合，统一在伟大的犍陀罗佛教艺术里。“说教”的佛陀，因此而具有了高度的直观化的形式，被赋予了一种来自希腊的美的范式，而成为“象教”。思辨的理性和美的形式因，使佛教的宗教精神艺术化，由此而产生了“希腊化佛陀”。

希腊化佛陀之缘起，据说是生活在贵霜帝国的希腊人皈依佛教以后，感到佛陀与希腊神阿波罗相似，便按照阿波罗的形象塑造了佛陀：阿波罗式的头。

佛陀微笑，其笑容静谧而安详，披着希腊化的长衫式的袈裟。

后来，在佛陀的雕像上，又加入了印度宗教固有的苦行观念，使佛陀之像变得眼窝深陷，形容枯槁，通过肉体的瘦与丑，来反衬佛教精神圆满的力和美。迄今为止，我们所见犍陀罗最早的佛陀圆雕立像，乃出土于白沙瓦东北之马尔丹，制于1世纪末或2世纪初，是标准的“希腊化佛陀”。佛头顶有波浪纹肉髻，薄嘴而双目微闭，神态安详，呈沉思状。身着通肩式袈裟，衣纹自左肩垂下，伸展于胸、腹间，宽松而略感沉重。

这就是佛的标准像了，后来，传入中国，在中国遍地开花。

张骞通西域壁画（据敦煌初唐壁画摹绘）

西域汉化传奇

西域有许多小国，匈奴人来过，亚历山大来过，罗马人也来过。接着汉人来了，公元前 139 年，汉武帝即位第四年，招募出使大月氏勇者，欲联合大月氏人夹击匈奴。张骞应募出使，曲折历险十一年之久，“凿空”西域，于公元前 126 年回到汉朝，已是汉武帝元朔三年。在敦煌莫高窟 323 窟之北壁上，有初唐人画的张骞出使西域图。公元前 114 年，张骞逝世。德国地理学家李希霍芬在 1877 年首次提出“丝绸之路”，并以张骞卒年为丝绸之路开通年。张骞被誉为“伟大的中亚地理探险家”。

人首马身纹缂毛壁挂残片，新疆维吾尔自治区和田地区洛浦县山普拉古墓群出土

西域希腊化传奇

汉朝给西域带来汉锦、铜镜、漆器，希腊化则带来哲学、信仰、城堡、雕塑、贸易和城邦管理。丝绸遭遇哲学，编织了美丽传奇。丝绸之路南路和田洛浦县汉代古墓出土的人首马身纹缂毛壁挂残片，是一件当地制造的羊毛裤腿，描绘了希腊化景象——一名武士与希腊人马的图案。希腊神话中，人首马身的英雄，肩束披风，手捧吹奏乐器，疾驰在花环中。这图案随亚历山大大帝东征传到今天阿富汗北部及巴基斯坦，再传到中国。《三国志·魏书·乌丸鲜卑东夷传》注云：“乌孙长老言北丁令有马胫国，其人音声似雁鹜，从膝以上身头，人也，膝以下生毛，马胫马蹄，不骑马而走疾马，其为人勇健敢战也。”汉锦上，还有一位西方人丝绣像，一副英俊模样。

阿伊·哈努姆古城出土的亚里士多德手稿

犁靬

汉朝称西域希腊化城市为“犁靬”。希腊人将城邦的种子，从地中海东岸一直撒播到帕米尔，七十多座亚历山大里亚，形成一道城邦走廊。《汉书·西域传》将这种希腊化城邦译作“犁靬”。

最东端的亚历山大里亚，是阿富汗东北边境昆都士城东北阿伊·哈努姆古城。这座古城可能是亚历山大征服了巴克特里亚后缔造的，也可能是他死后部将塞琉古所筑，在康居境内，希腊史料与唐朝皆称粟特。康居是中亚锡尔河北岸一个斯泰基部落，锡尔河南岸的粟特人当时在康居治下，粟特人以撒马尔罕为经济文化中心。张骞去大夏途中路过康居，很可能访问过阿伊·哈努姆城，但他忽略了哲人的手稿。

席巴尔甘大月氏王族墓葬出土的双马神佩饰

蓝市城

蓝市城就是亚历山大里亚。当张骞被康居王友好地送到大月氏时，大月氏人已经征服阿姆河南岸的大夏国。希腊史料称“巴克特里亚”。张骞称大夏首都为“蓝市城”，蓝市即 Alexandria，亚历山大里亚的别译，位于今天阿富汗北境马扎里沙里夫城西 23 千米的沃济拉巴德城附近。

席巴尔甘大月氏王族墓地出土的黄金女神像

席巴尔甘大月氏王族墓地出土的西汉铜华连弧纹镜

黄金之丘

大月氏人独占大夏后，有两样东西推动了贵霜帝国崛起，中国丝绸和罗马金币。他们用丝绸收藏黄金，做罗马和汉帝国的中间商，做出了一个黄金帝国。席巴尔甘大月氏王族墓，出土了大量黄金，被考古称作黄金之丘，是大月氏人统治大夏的初期，墓主人可能是张骞见过的大月氏人王孙。

帕提亚货币，货币上铸有米特里达梯一世的头像

帕提亚货币

西域希腊化世界有一种钱币，是帕提亚帝国（伊朗）开国国王米特里达梯一世的头像。他将自己的头像铸刻在钱币上，还在钱币上自称“费尔海利”——希腊事物爱好者。希腊的形式，西域的头颅，绝妙的合璧。

贵霜帝国金币，金币上铸有迦腻色伽一世的画像

和阗马钱，直径2.4厘米，厚0.4厘米，汉代，新疆维吾尔自治区和田地区发现，中国国家博物馆藏

贵霜帝国金币迦腻色伽一世

迦腻色伽于公元127年即位，在位期间，是贵霜帝国鼎盛时期，势力所及中亚南亚。他将佛教中心置于希腊化城市中，并与安息争夺丝绸与香料的贸易权。向东经过大夏、大宛，与中国进行陆路贸易，向西经康居、花剌子模，渡过里海，打通与西方的贸易。此枚金币，正面是他主持拜火教仪式像，背面是佛像。他在一枚银币上，正面铸造迦腻色伽本人像，背面则是太阳神阿波罗。

和阗马钱

这枚小铜币，令人激动！内圈，有一和田宝马仰首嘶鸣，外圈，有古印度佉卢文；背面的中心，似有一“贝”字，周围一圈，有“重廿四铢铜钱”，为汉字篆文。和田马、古印度文和汉字铸成的钱币纹饰，有可能是在西域流通的国际货币。

03

东方希腊化传奇（下）

但凡一种新文化产生，皆有待于一代新人出现。

杨巨平在《希腊化还是印度化——“Yavanas”考》中，提到了希腊化世界的一种新人：Yavanas（Yona），也就是“印度－希腊人”（Indo-Greeks）。

“印度－希腊人”，原指随亚历山大入居印度的希腊人。此后，又指从巴克特里亚进入印度西北部的希腊人。他们都以入侵的方式完成身份转换，变成“印度－希腊人”——Yavanas。斯特拉波《地理志》提到他们，还有在《那先比丘经》里，也提到一位皈依佛教的“印度－希腊人”国王米南德（Milinda，Menander）或称“弥兰”，这位弥兰王就是Yavanas代表。亚历山大离开印度后，在阿姆河以南，今阿富汗北部之地，留下一个巴克特里亚，由希腊人的后裔统治，后与大夏共和，为“大夏－希腊王国”，经约三十君主而传至弥兰王。“弥兰”，乃巴利语“Milinda”音译，系由希腊语（Menander and Menandros）转化而来。

据斯特拉波转述，巴克特里亚人在印度征服的地盘比亚历山大还要多，弥兰王尤甚，亚历山大东征所至东界乃希帕尼斯河，弥兰王却越过此河，进入喜马拉雅山和德干高原之间的两河流域大平原，深入印度河之五河地区，远达恒河下游之华氏城。连印度文化史和佛教史都这样说：有个希腊国王特别值得一提，他就是弥兰陀王，在“印度－希腊人”——Yavanas中，最伟大的统治者就是弥兰陀，他曾一度征服过孔雀帝国……

《那先比丘经》里，那先问弥兰陀：王本生何国？王：我本生大秦国，国名阿荔散。那先问：阿荔散去是间几里？王：去二千由旬，合八万里。那先问：颇曾于此遥念本国中事不？王曰：然。弥兰陀王曾为婆罗门信徒，与那先问答后转皈佛教。

弥兰陀王回答时，自称“大秦国”人，还说国名“阿荔散”。“阿荔散”，巴利语Alssanda，，也就是Alexandria，即亚历山大里亚。或曰，经文之汉译有误，何也？因其所言“大秦国”相去“二千由旬，合八万里”，故可知其所言“大秦国”者指罗马而非大夏，所言“阿荔散”者乃亚历山大港而非亚洲之亚历山大里亚，而将“二百由旬”误译为“二千由旬”，又以一“由旬”为四十里，而有“合八万里”之误。然，若以整个亚历山大帝国言之，东起印度河，西至尼罗河与巴尔干半岛，差不多有“二千由旬，合八万里”。

误译之缘起，盖因汉代士人知有罗马，而不知有古希腊。张骞至大夏，并不知其为“大秦国”，也无人道其国名为“阿荔散”，当时，“大秦国”的最显著的标志，就是埃及亚历山大港灯塔，因为，那灯塔标志已铸在罗马货币上了，以至于汉人以此为标识，只知有此亚历山大里亚，而不知还有其他。

弥兰陀王在位时间，约为公元前155至前130年。其王国以舍竭为首府，今巴基斯坦东北部，控制整个印度河流域，包括印度西北部，且“以正法治国”，是唯一在佛经中留下名字的“印度－希腊人”。

巽加则以政变篡夺孔雀王朝，故一反阿育王所为，必欲灭佛。同时，又向旁遮普地区扩张，夺取弥兰陀王国的势力范围。其形势，以地缘政治言，乃两河流域统一战；以宗教信仰言，乃佛教护法和婆罗门教复辟战。

恒河、印度河东西王国之争，颇似中国黄河、长江南北朝，今日之印度与巴基斯坦，还是基于地缘和宗教因素的两河流域的东西之争，历史的惯性依然。

亚历山大东征，止于印度河流域，未至恒河，就掉转马头了。

弥兰陀王与亚历山大不同，他已是新型的“印度－希腊人”，对于印度的国家统一有了自发性的历史使命，这主要取决于他作为印度人的那一部分。

弥兰陀王国最盛时，囊括了旁遮普以西、兴都库什山以南所有Yavanas活动区域，建立了一个大一统的“印度－希腊人”王国。可他死后，Yavanas就分裂了，分解为一个个各自为政的小城邦，由西向东，从北到南，散落在古代泛印度地区。

公元1世纪前后，这些小城邦便都消失了。

致使Yavanas整体沦陷的，在外部，是因为帕提亚人和大月氏人入侵；在内部，则因分裂，而其分裂，说到底，还是由于希腊人深入骨髓的城邦基因。

不是还有个亚历山大帝国吗？其实，那帝国，可以说是哲学王和世界统一性理念的一个成果，并非全体希腊人经营的产物，故亚历山大一死，帝国便终了。

古希腊人不善于打造帝国，也不善于打理王国，Yavanas本已拿下两河流域，可还是未能统一，弥兰王一死，王国便解体，又习惯性地回到城邦上去。

可城邦，要在地中海沿岸那样的环境里才宜于生存，在中亚内陆还想以城邦的方式生存，有悖于适者原理。在滚滚而来的游牧浪潮中，那些散居在中亚内陆的小城邦，不可能出现雅典那样的政治文化的奇迹，只能一浪接一浪被动地听天由命了。

正当弥兰陀王要统一两河流域时，兴都库什山以北“印度－希腊人”根据地——巴克特里亚王国，被帕提亚人和大月氏人入侵，断了他们回东地中海希腊化世界的后路，于是，世界历史上演的那一出“印度人希腊化和希腊人印度化”被提速。

亚历山大的伟大，不是因为他曾经有过那么大的一个帝国。以帝国而论，他还真谈不上伟大。不光后来的罗马人比他伟大，就连他以前的波斯人也比他伟大，因为那些帝国都不依赖于某个伟人而存在，都采取了制度化生存的方式，寿命有几百年，乃至于上千年。然则，或有言其大者，但其大也大不过在欧亚内陆兴起的鞑靼化帝国。

征服者亚历山大，其兴与衰，乃为理性之狡计所预设。其兴也，如火山爆发，其衰也，似雪崩来也，皆不足以相应其评价。其于后世之意义，非止攻城略地。其时，波斯人抑或印度人，对于征服与被征服，已视如平常，他们更为看重世界何以能被征服，征服者必须给出一个征服的理由，那才是真正的征服。据说，亚历山大就用他知识和精神上的优胜，来解读被他征服的各国的经典。

以此，军事胜利便转化为哲学胜利，征服者成了哲学王。在英国诗人劳伦斯·比尼恩著、孙乃修译《亚洲艺术中人的精神》一书中，有“波斯的艺术”一节，其中谈到，有圣贤从远方来，向亚历山大提出了这样的问题：到哪儿去寻找眼睛所看不见的那位上帝呢？这正是他的老师亚里士多德求证过的问题。于是，他轻车熟路，做了解答。

他的回答令他们满意，他们也就认可他是波斯人的先知，认定他是承天命，是能战胜人类罪恶、愚蠢、无知的勇士。

应该说，是他的回答，将波斯人征服了，他不光用军队攻城略地，占领了波斯帝国，更用他老师的纯然理性的哲学征服了波斯人不可救药的浪漫性格。

在这里，我们才开始触及亚历山大之所以伟大的奥妙处。那就是他用哲学钥匙，开启了东方希腊化世界的大门。

当他身穿波斯服君临其帝国时，我们就知道，他的希腊化不是用希腊文化兼并东方文化，而是使希腊文化进入东方文化，在东西方文化的基础上，营造具有统一性的希腊化世界。也就是说，不是他的帝国，而是希腊文化，将世界统一起来。

亚历山大对于波斯采取的这种希腊方式，弥兰陀王在印度亦如是，都在希腊化世界里求得东西方文化统一。有所不同的是，亚历山大毕竟是哲学王，他那一番形而上学的高论折服了波斯圣贤，而弥兰陀王则在那先比丘的启发下皈依了佛法。

不过，那先启发弥兰陀王，用的竟是最标准的希腊方式——柏拉图式的谈话术和亚里士多德的形式逻辑。我们试取《那先比丘经》卷上中的一段观之：

那先问王：名车。何所为车者？轴为车耶？王言：轴不为车。又问：辋为车耶？王言：辋不为车。接着问：辐为车耶？王言：辐不为车。还问：毂为车耶？王言：毂不为车。继续问：辕为车耶？王言：辕不为车。还要问：轭为车耶？王言：轭不为车。问下去：舆为车耶？王言：舆不为车。再问：扛为车耶？王言：扛不为车。再三问：盖为车耶？王言：盖不为车。一直问下去：声音为车耶？王言：声音不为车。问到底：何所为车者？王不语。那先言：佛经说，所有这些加起来才叫车。

如许辩式与理式，纯为希腊方式，那先比丘已是希腊化僧人，《那先比丘经》也可以说是希腊化佛经，正如亚历山大被波斯化，弥兰陀王也被印度化了。

弥兰陀王国解体后，继之而起的贵霜帝国也被希腊化，因而皈依了佛教。这一时期希腊化的佛教成果，主要表现在以佛造像为主的犍陀罗艺术风格上。

犍陀罗地区是丝绸之路的要道，也是希腊化的核心地带。公元 1 世纪前后，大月氏人占领这一地带用了三样东西——一是中国丝绸，二是希腊化金币，三是印度佛教，再加上希腊化的文化，营造了一个大帝国。

古代文明，原以西亚为核心，向东西方传播；到了古典时代，古希腊、印度和中国几乎同时崛起，在各自独立发展以后，三大文明于丝绸之路中段会合了。

古希腊文明从西边来，在西亚、中亚、南亚留下一个希腊化世界。

印度文明，随佛教传播，从南亚进入中亚和东亚，开启了印度化。

中国文明，则带着丝绸，从东方通西域来到中亚，使西域中国化。

三大文明，相会于希腊化世界的中亚，一部真正的世界史出现了。

亚历山大在东方，虽以征服者出现，但他留下的成果，却不是帝国，而是艺术与商业。丝绸之路上，出现过四个帝国，罗马、中国、安息、贵霜，或受希腊影响，或被希腊化了，但没有一个帝国是属于希腊人的。进入中世纪，希腊化的影响，在西方，被基督教取代了，在东方，被佛教取代了。可基督教和佛教本身却被希腊化了，基督教被希腊哲学化了，佛教被希腊艺术化了，它们于古典时代后期，从各自发源地分别向外扩张。

用了好几个世纪，哲学化的基督教征服罗马帝国，并进而统治欧洲，而艺术化的佛教，虽然赢得了大部分亚洲，却从未能征服中国，因为中国人以历史为宗教。

中国人的宗教意识停留在历史化的天人之际，且以天命意识来代替。

但中国文化受佛教的影响还是很深。中国三教合一，其中就有佛教。中国人通过佛教，认识了希腊化的艺术形式，接受了希腊人对佛陀所做的阿波罗式的诠释。

可中国人却不知道有希腊，尽管在艺术上，中国已经开始了希腊化。张骞到过大夏，却不知大夏来历；见过希腊人，却不知有亚历山大，更不知有亚里士多德。可他知道大夏有金币，金币上铸有国王头像，也知道大夏虽然是王国，其构成却是一个个独立的小城邦，这些都跟汉朝不一样，汉朝没有金币，只有铜钱，钱币上也没有皇帝的头像。

那时，大夏王就已皈依佛法，并使佛教希腊化。大月氏人来了，于希腊化同时，亦举国归于佛法，贵霜帝国兴起后，成为佛法东传的推动者。然而，在帕米尔高原以东，丝绸之路的中亚，已经开始了中国化。至此，前、后汉帝国的国策，悄然发生了变化，西汉打通西域，靠的是来自西域的天马，东汉安定西域，则不能不用西域传来的佛法。

《后汉书·西域传》提到，佛教传入中国，是因为一个中国梦。据说，东汉明帝刘庄梦见金人，头顶上放光，在空中飞行，行至庭前，而明帝梦醒。群臣解梦，或曰西方有神名“佛”，遂遣蔡愔西行。蔡愔此行，请来两位天竺高僧，以白马驮经，至洛阳传播佛法，所建寺院名曰“白马寺”。可以说，这是中国人最早的“西天取经”了。

东方阿波罗

西方阿波罗

尼雅古城发现的犍陀罗
艺术风格的木雕椅

东方阿波罗

犍陀罗艺术，是希腊艺术和印度艺术的混血儿。

阿富汗贾拉拉巴德出土的“东方阿波罗”佛陀头像，与奥林匹斯宙斯神殿出土的阿波罗头像，有明显的混血关系。除“希腊式”直鼻梁、平额、端正的弧形眉、肉髻波纹有序、面部匀称外，佛陀头像更富于希腊古典主义的高贵、单纯和静穆的气质。而东方的温柔，则似有汉家女儿风韵。

金灶，通高 1.1 厘米，长 3厘米，宽 1.5厘米，西汉，陕西西安沙波村出土，西安市文物管理委员会藏

五铢金钱，径 2.6 厘米，厚 0.2 厘米，穿 1.1 厘米，重 9 克，西汉，陕西咸阳出土，陕西历史博物馆藏

五铢钱铜范，连柄长 41.5 厘米，宽 13.5 厘米，厚 0.8 厘米，重 5.5 千克，西汉，陕西澄城出土，澄城县文化馆藏

汉代纪念币

汉人不会在钱币上铸帝王头像，更不会让金子流通，铜钱才是自由货币。汉初诸侯国可以自行铸钱，钱法乱。汉武帝六次币制改革，最终施行货币专铸，由上林三官铸造有统一标记的新五铢钱。传世五铢钱中，还发现一枚五铢金币，与五铢钱铜范相符，罕见，可能是纪念币，就像那小金灶，在汉代，黄金属于奢侈品。

第8章

中国化的西域

01

汉家女儿的悲情

汉人服膺老子，老子说的话，真是颠扑不破：天下，没有什么比水更柔弱，可水却攻无不克。

汉家王朝一开始，还真就是这么做的——“用弱”。

汉家天倾西北，用来补天的，这回不是刚强的石头，而是柔弱的丝绸。补天者，亦非女娲，而是和亲的公主们，她们的美，是汉家的擎天柱。

跟匈奴和亲，从刘邦就开始了，成了皇上，他反而变得窝囊，天要塌下来了，让女人去顶杠。三十六计里，他用了最烂的两计——美人计和逃为上计。难怪《史记》里提到他以陈平之计脱身，用了个“秘”字。

兵败而求和，这样和亲，汉家公主就成了匈奴人的战利品。刘邦本来想送自己的女儿去，可吕后一哭，他就掉了个包儿。从此成为定例，去和亲的公主，不是宫女，就是刘氏宗室女。

刘邦还不顾汉家伦理，与冒顿单于结为兄弟。刘邦一死，冒顿就想按照匈奴风俗，娶吕后为妻，到中国来做皇帝——“兄终弟及”，气得吕后要拼命了，却不得不忍住，一再低声下气地表示：我老了，头发掉了，牙齿松了……已不堪为人妻了。

可汉家有的是美女！她们本来贵养在深闺里，何尝见过政治世面，经历过塞外的风雨？但为了和亲，却不得不出塞。那窈窕淑女啊，成了国之利器。

不仅打败匈奴从和亲开始，使西域中国化，也从和亲开始。

乌孙公主，原是西汉江都王刘建之女，本名细君。汉武帝为了夹击匈奴，派张骞出使西域，到乌孙，乌孙王表示愿与汉通婚，于是，武帝钦命细君和亲。

自大月氏遁于葱岭，天山王者唯有乌孙。汉与匈奴争夺西域，首先就要争取乌孙。汉家女儿来了，匈奴女儿也来了，这两碗和亲水，看乌孙王如何端平？

乌孙王年事已高，身体比戈壁还要糙，似罗布泊，渐已枯了。

刘细君如花，本应开在江南，却被天子移花接木，嫁到塞外。

乌孙王的聘礼，是千匹西域骏马，汉家天子乐开了花，所赐嫁妆，多半也就是丝绸了。丝绸很贵，一匹价值万钱，不逊于骏马，朽木之乌孙王也乐开了花。

汉家女儿为右夫人，匈奴女儿为左夫人，乌孙老王“枯杨生华”。

来了两个女儿，代表两个帝国，对于老朽来说，一个似水深，一个如火热……那是两朵带刺的玫瑰呀！左刺一下，右刺一下，朽木不可雕也，终于呜呼了。

老王死了，王孙继位，按当地习俗，细君要嫁于老王之孙。

这在汉家，叫作乱伦，细君难从命，上书汉家天子，希望得到汉家的支持，可汉家天子回话了：“从其国俗，吾欲与乌孙共灭胡。”所谓“胡”，就是匈奴。

细君无奈，唯有悲泣而已，她能向谁语？叫天天不应，呼地地不应，那就唱歌吧！让歌声去追逐蓝天白云，让西北风带走她内心的悲情，你听啊，听：

吾家嫁我兮天一方，远托异国兮乌孙王。
穹庐为室兮毡为墙，以肉为食兮酪为浆。
常思汉土兮心内伤，愿为黄鹄兮归故乡。

就这样，她在天山北麓唱着乡愁的歌，歌声多么嘹亮，有大风从山上刮过，吹散了满天云，带走了她的歌，有大雁从天上飞过，唱着她的歌儿，飞向中国。

歌声，越过罗布泊，传到玉门关，过了河西走廊，归来长安。一路上啊，唤起汉家好儿男，跨上骏马，驰往边关，向着歌声飞奔而去，唱开了中国化的西域。她的歌声，不仅呼唤着千万汉家子孙，还感动了牧羊人和牧马人，为汉家赢得了乌孙。

以汉诗论，它豪迈不如《大风歌》，飞扬不及《秋风辞》，但其情真意切，椎心泣血，孰能过之？以边塞诗论，即使与唐朝诗人相比，它也毫不逊色于须眉。

不知《诗经》里“赳赳武夫”“王之爪牙”一类算不算边塞诗，依我们看来，那是周人封邦建国的“封建诗”，而非边塞诗。“封建诗”的疆域，大抵在中国本土的两河流域，而边塞诗的领地在西北，出秦陇，过嘉峪，从河东往河西，从阴山到天山。

唐人边塞诗，有“不教胡马度阴山”的豪言，还有“明月出天山”的壮语，在阴山与天山之间，还有玉门关和阳关，那也是边塞诗要关注的两个“诗眼”。

“春风不度玉门关”，“西出阳关无故人”，很明显，那是人文地理分界线，越过这一线，就如同进入了“五服”中的“荒服”，就要“愿将腰下剑，直为斩楼兰”了。这便是唐人边塞诗所栖居的地理景观，是以“秦时明月汉时关”为历史背景的。

如此看来，乌孙公主的“黄鹄”歌，该是中国第一首边塞诗了。

唐人的边塞诗，多半是书生“言志”一类。对历史的感喟多，而现实的关怀少；想象的成分多，而投入实际者少；敢为豪言壮语者多，而真有实感者少。

谈边塞诗，要珍重“实感”二字。唐人赋边塞诗，多为书生谈兵语，看似豪迈，一旦落实，就不得要领，故以谈兵起兴，抒豪情，立壮志，难得有“实感”。

乌孙公主诗好就好在“实感”二字。宋人评诗，好言“无一字无来历”，其所谓“来历”者，乃从书本中来，非从个体生命的感发中来，故宋人诗，喜掉书袋而趋于言理，“实感”不足而炼字有余。以此反观乌孙公主诗，则字字皆以“实感”为据。

全诗共六句，四十八字，除去语气助词“兮”，剩下的四十二字，字字实在，无一字蹈虚，不炼字而字已简约；句句平常，不作豪语，无饰句而句已丰美。

细君之尤为难得者，其悲情虽深，但不怨天，不尤人，得天地中和之旨，哀而不怨，悲而无悔，既不怨于“吾家”，亦无悔于“异国”，虽有归心，但无悔意。其命运如此呀，唯以一美人肩担待之！其所以能感人者在此，其所以能化民者亦在此。

美的歌者呀，用歌声感化了乌孙，唱出了中国礼乐精神。正是有了礼乐精神，她那悲情，才转化为伟大的慈悲心。

乌孙公主去世后，乌孙王和乌孙人民怀念她，又来汉家求婚。天子赐以解忧公主，就是这位解忧公主，以其美慧，促成乌孙与汉家联手，终于将横行西域的匈奴逐出天山北麓。汉家天子曰：何以解忧？唯我公主！

此后，更有王昭君出塞，为宁胡阏氏，使“边城晏闭，牛马布野，三世无犬吠之警，黎庶亡干戈之役”。唯永恒之女性啊，能引导和平。翦伯赞有诗赞曰：

汉武雄图载史篇，长城万里遍烽烟。
何如一曲琵琶好，鸣镝无声五十年。

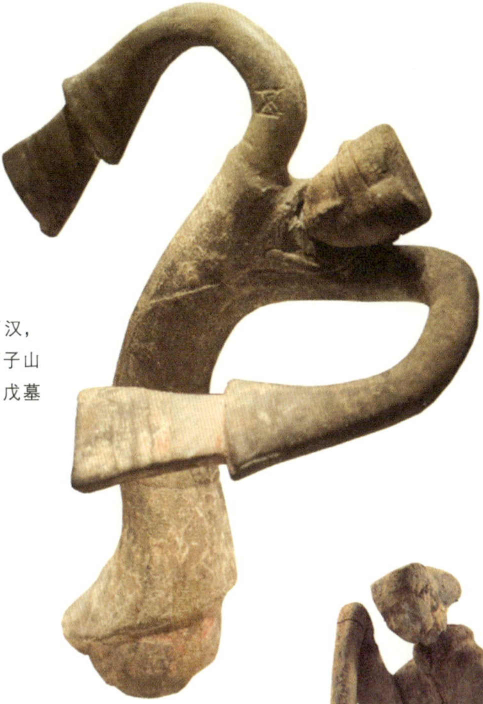

女舞俑，西汉，江苏徐州狮子山汉墓楚王刘戊墓出土

彩绘陶侍立女俑，通高 49.2 厘米，西汉，江苏铜山墓葬出土，南京博物院藏

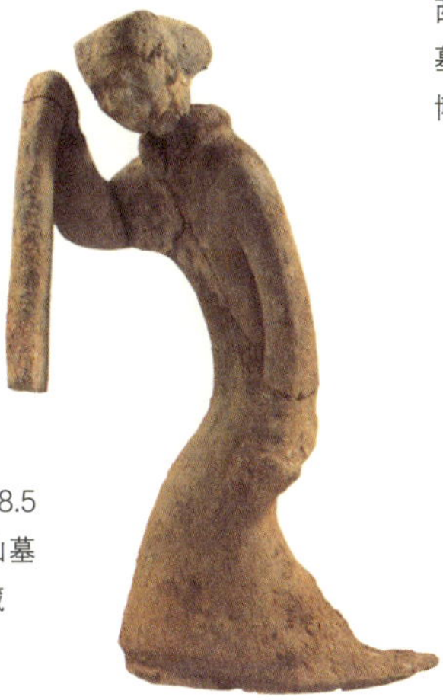

彩绘陶女舞俑，通高 48.5 厘米，西汉，江苏铜山墓葬出土，南京博物院藏

细君抑郁而终，汉家再派解忧公主继续和亲。解忧公主正是参与吴楚七国之乱的楚王刘戊的孙女，也许是祖上的债孙辈还吧，解忧公主在乌孙近 60 年，促成乌孙联汉击匈奴。汉宣帝时，公主上书请求老归，70 岁时汉朝终于将她迎归，三年后去世。徐州汉墓楚王陵墓群中，刘戊墓葬最为煊赫，其中出土的舞蹈女俑，有汉家女子的沉郁、优美以及飞扬。另有汉家彩陶侍立女俑以及彩陶女舞俑，均有一种哀而无怨的诗经风范。

02

飞龙在天美少年

汉家女儿的悲情，召唤热血男儿出征。

马踏匈奴，万里关山谁度？可怜飞将军老矣。

大将军正当年，高原放马，大漠逐鹿，气吞万里如虎。然而，如旭日东升，喷薄而出，能使“江山如此多娇”者，唯我汉家美少年之龙翔凤翥。

女儿是山河之花，男儿如日月之华，美少年引领的青春中国啊，正向西域进发。汉家女儿的悲情，感化了西域，男儿的豪情，来征服西域了。

飞将军、大将军，俱往矣，汉家美少年出征了……

不是所有文明都能孕育美少年，只有优秀的文明才能产生。不是所有优秀的文明都能产生美少年，要精神和物质一起发展了才能产生；不是两种文明都发展了就能产生美少年，还要在一定历史阶段上应运而生。

在文明类型上，禁欲的宗教文明不产生美少年，因为美少年不仅是人类欲望合理性的代表，而且他能赋予人类欲望以青春美学的价值和诗性范式。

迁徙不定、骤起骤落的游牧文明，产生不了美少年，美少年是文明在连续性发展过程中高度精细化的成果，粗放的大漠英雄，是另一番壮丽的文明景观。

然，自近代以来，文明的节奏加快，文明之接力，于民族国家间，转移甚速，正如艺术是一方闲暇的国土，美少年诞生，须以文明的闲暇为基础。

从世界历史上看，拥有充分的闲暇和足够的文明深度，在文明的适宜阶段中诞生了美少年的，只有两个民族，一个是古希腊民族，另一个是汉民族。

黑格尔说，希腊世界，从阿喀琉斯开始，由亚历山大完成。

而以忒修斯为代表的“阿提卡美少年”承上启下，屹立其间。

“阿提卡美少年”天然就是公民和战士，他们缔造了雅典。他们不像埃及人和印度人那样，耽溺于超越的宗教观念；也不像亚述人和波斯人那样，致力于庞大的帝国组织；也没有如腓尼基人和迦太基人那样，经营大规模的工商业。但他们却成了自由与理性统一、民主与法治结合的国家形态的美少年。

从广场到剧场，从运动场到战场，那是他们以公民身份从事公共生活的地方，家则用来睡觉，一张床、两三个水壶、一双凉鞋、一件短褂、一袭长袍……

他们不喜欢用外物来遮蔽自己，尽量展示少年的裸体之美。哲学少年亚历山大就在阿喀琉斯墓前以裸体竞走进行悼念。

黑格尔认为，希腊形象，自始至终皆为少年，阿喀琉斯乃史诗美少年，亚历山大则为哲学美少年，希腊世界，是英雄世界，从史诗开始，而以哲学终结。

希腊精神，是悲剧精神，史诗播下种子，哲学收获它的果实。从阿喀琉斯到亚历山大，整个希腊史就是一出悲剧，由美少年赋予了它美的理念和形式。

亚历山大本人，是那么钟情于美，对于青春深深留恋。为此，他刮了胡子，至死，他还是青春美少年的样子。

古希腊有美少年，汉家天下也有美少年，霍去病就是像亚历山大那样的美少年。但他不是王子，而是女奴之子，不是从哲学里，而是在苦难中崛起。

他们出身不同，境遇不同，但本质相同，都是美的战士。

《楚辞》里有宋玉，是位美男子，可他怎么看都不像个战士。还有《三国演义》，写刘备，用了“龙凤之姿，天日之表”这样最高级别的赞词，但那是帝王学里所谓的帝王气象，看上去，也不像个美的战士。

从汉武帝刘彻的《秋风辞》里，我们倒是听到了美少年的叹息。这首《秋风辞》与初唐那首《春江花月夜》一样，是美少年时代来临的青春期标志。

汉武帝以《秋风辞》咏叹美少年的惆怅，呼唤美的战士。

飞将军李广来了，当年的美少年，不知老已至，青春已逝。他还渴望成为美的战士。假如回到汉文帝，那时，他没有包袱，不会攀比，是一名水晶青年，阳光骑士，无疑，他会成为一名超越功利的美的战士。而今，他已有了一份履历，不再是一张白纸，上面写满了黑字，那些字，他大都不欢喜，他要从头开始，重新证明自己。天子要出击，他也孤注一掷。

他把一生押上去，这样的赌徒心态，怎能成为美的战士？

美的战士啊，要超功利，不求万里封侯，但求我心飞驰。

不仅要忘生死，还要忘荣辱，所以啊，要没有历史包袱。

飞将军能忘生死，却不能忘荣辱，结果，唯以一死拒辱。

他一生都在等待出击，可当出击来临时，他已垂垂老矣。

少年霍去病比他要幸运，生逢其时，而他生不逢时，人皆哀其不幸。英雄不幸，如挥之不去，当默然受之，如以不幸说事，则扯淡了英雄，流于滑稽。

一个人，如果内心有了不幸，那不幸，就成了他的宿命。

内心的不幸，若没遮拦，冲口而出，那不幸又要添几分。

英雄的幸运，大抵相同，而英雄的不幸，则各有各的不幸。

若要论不幸，古往今来，谁及霍去病？他是女奴私生子，生来父亲不敢相认，年仅23岁就死了。可霍去病从来就不知道自己不幸。作为奴婢子，他没感到不幸，不知父亲，也没感到不幸，死亡突如其来，他还来不及感受不幸。故其来也，如“秋风起兮白云飞”，自由地来；其去也，如“草木黄落兮雁南归”，自在地去。

飞将军的飞，是带着不幸在飞，是催人泪飞的飞。而霍去病的飞，是美的战士在飞，如天马行空之飞，在天命上飞，飞得何其壮丽，何等优美！

悲剧精神，跟他们一起飞，时代有了悲剧，才格外美。

飞将军的悲剧，是人格悲剧，使人深恸，令人无尽唏嘘。

而霍去病的悲剧，是天命悲剧，对此，我们往往失语。

“霍去病”，是什么意思？他去得了病，却去不了命！

还是回到《秋风辞》，看两位美少年如何惺惺相惜——“兰有秀兮菊有芳”，一个如兰，一个似菊。如兰的是霍去病，比朝霞还要鲜嫩，似菊则不妨老成。

老成的青春如酒，品味要讲年份，如当其时，味儿会更醇。

欢乐中的欢乐，是一见相知；悲哀中的悲哀，是生死别离。

“欢乐极兮哀情多”，活一万年，也要无限珍惜眼前一刻。

美少年啊，不惜透支其一生来对待这一刻。在这一刻，他明亮的眸子宛若启明星，闪烁的目光好似黎明；他的欲望活如火山，喷发自我化作星光灿烂。

马背上有启明星，美的战士怎会在大漠深处迷失征程？

连飞将军都迷失了，可他来去自如，只要一进入大漠，他就反客为主，比匈奴人还熟。匈奴人找不到他，他却能找到匈奴，直捣匈奴人的肺腑。

活火山跨上战马，第一次在大漠深处喷发，他才十八。天子劝他学兵法，他说：顾方略何如耳，不至学古兵法。只一句话，就断然拒绝了汉家兵法，真不亚于当年不可一世的项羽。项羽所向披靡，是在中国两河流域，如进入大漠，恐怕也会找不到“北”吧。

两河流域山川形势与大漠迥异，用兵之道当有所不同。例如，两河流域，凡兵家必争之地，皆已大致确定无疑，以至于山河关塞、道路远近、地势险易、城池高低，均能验之于历史，载入兵家舆地。故用兵于两河流域，不妨以兵法为之，深入大漠作战，则兵法丧失了用兵的地理依据，而有此一时与彼一时、此一地与彼一地之隔了。

在不同的时间和空间里，应该有不同的战法，可谁知？

李广，将门之子，当然熟悉兵法，况且还是打内战出身的，当年跟随周亚夫平吴楚七国之乱，亚夫用兵一招一式，一板一眼，皆合于中国传统兵法。

李广以内战之兵法对付匈奴，作守城战，堪称“龙城飞将”，可战于大漠，却基本上找不到北，乏善可陈。人皆叹息，却不知所以，若非美少年喝破“不至学古兵法”，谁会想到兵法上去？兵法适于两河流域，无用于大漠；适于内战，难以对外。

从历史上看，盛产兵法的齐国，被没有兵法的秦国打败了。

但楚汉相争中，刘邦却依靠韩信，终于用兵法消灭了项羽。

汉初三杰，两位兵家，一为张良，用《太公兵法》，一是韩信，用《孙子兵法》。张良以兵法运筹帷幄，决胜千里；韩信以兵法战无不胜，攻无不克。战史上，韩信之战，如暗度陈仓、背水一战、十面埋伏等，几乎无一不是兵法上的经典战例。

汉初，以兵法立国，故汉家重兵法。高祖自负兵法，问韩信：我将兵何如？曰：将兵十万。问：你呢？曰：我多多益善。张良隐，韩信死，高祖以兵法剿灭诸王，堪称内战内行。然其北上，与匈奴战于代地，却被困于白登山中，唯美人计可用。

文帝、景帝时期，汉家不再出击，却徙民屯田实边，依山河险，筑城自守，亦耕亦战，这一套办法，还是汉家兵法，而一时之名将，则有飞将军李广。

李广难于进取，便自以为生不逢时，而不知已为兵法所拘。其用兵奔放，那是在自家地盘上，一旦离开了他的地盘，没有兵法做拐杖，他就跌跌撞撞。在大漠，他的军队，不是被匈奴人包围，就是迷失方向。

霍去病没学兵法，也没打内战，他是为反击匈奴而出生的。所有兵法中，他只懂一条，那就是速度——“兵贵神速”！用速度，驾驭时间和空间，就能主宰大漠，而稳操胜券。

速度，不光要求马快、箭快，更要人的反应像闪电一样快。闪电，凝时间于一瞬，聚空间于一点，那是神的鞭子，一鞭就让大山行走，使大漠变小。

要速度，就要放下包袱，生死是包袱，荣辱是包袱，胜负是包袱，功过是包袱，是非是包袱，包袱由对立造成，放下包袱，就要只持一念，走出对立性。

在生死对立中，要牢牢地抓住死，一往无前地向死亡奔去。

在荣辱对立中，要让荣誉成为发动机，不要被耻辱扯后腿。

而一个性情比白玉还白，比阳光还明亮的美少年，从来就没有生活在对立面的夹缝间，因此，他没有背上对立性的包袱，而有不可思议的速度。时间性对他而言，不是像钟摆一样来回摆动，也不是顺一个方向往复转圈，而是一支不回头的开弓箭。

汉家天子西北望，射天狼，用了一国之力，把他射出去。

他只有一根筋，没有对立性，所以速度很快，飞得很远。

他飞出阴山，飞向祁连山、焉支山，使匈奴人哀叹：

> 亡我祁连山，使我六畜不蕃息；
> 失我焉支山，使我妇女无颜色。

天子赐他豪宅，他不受，说：匈奴未灭，何以家为！这等豪气，堪称古今第一。因为，即使在唐人的边塞诗里，“家”都是一个非常重要的问题。

“秦时明月汉时关，万里长征人未还”，“还”就是回家。

有唐一代诗人，对于“还”的咏叹，可谓不绝于边塞诗中。李白诗“由来征战地，不见有人还”，豪迈之中，已含有几分悲叹，就连唐人边塞诗的最强音“黄沙百战穿金甲，不破楼兰终不还”，也还是没有忘记“还”。

不管怎样开疆拓土，如何建功立业，最后还是要回家，这就是农业文化。这样的文化，出不了成吉思汗，也出不了亚历山大，出了个霍去病，还是被牵挂。

他本来是闪电，一触即发，但在汉家天子手中，他却变成了风筝。他身后，有一根线牵着，一根王权主义的线，将他拽住，即使人在天涯，也要拽他回家。

也就是霍去病，敢于拒绝天子，不仅拒绝了兵法，还拒绝了家。

但他没有拒绝酒。天子赐他美酒一坛，为让全体将士分享，他把美酒倒入泉水，让美酒顺着泉水，流淌在河里，将士们在河边欢呼，高举酒杯，痛饮美酒。

何等豪迈！天子嘉许之。遂于此地置郡，名曰：酒泉。

相比之下，唐人的“葡萄美酒夜光杯，欲饮琵琶马上催”那样的气象格局，就多少有些小家子气了，而“醉卧沙场君莫笑”，则难免要背着沉重的历史包袱，最后一句“古来征战几人回”，终于露出英雄气短的尾巴了，到头来还是要回家。

霍去病是个奇迹，超越了兵法和家，不愧为美的战士。其用兵神速，似太白作诗，一如轻舟过峡，好似飞鸟出云，仿佛长风万里吹度玉门；太白诗酒狂放，亦如霍用兵，醉来卧空山，天地即衾枕，无以家为也。

汉、唐美少年，以霍、李为首，霍为美的战士，李为美的歌者，然皆天才之代表也。韩信用兵，或曰背水一战，或曰十面埋伏，霍用兵而人皆失语，何也？观其用兵，以两战通西域，以一战定漠北，乃战史之奇迹，兵法难解，如太白诗，后人难学。

漠北之战，霍以雷霆之势，犁庭扫穴，席卷匈奴，奏凯歌于北海，封狼居胥山以还。北海者，乃庄子所谓“北溟”耶？其所在，乃俄罗斯之西伯利亚，即今之贝加尔湖，湖之深及蓄水量世界第一，能养大鱼，故庄子曰：北溟有鱼，其名为鲲，鲲之大，不知其几千里也，化而为鸟，其名为鹏，怒而飞，其翼若垂天之云……抟扶摇而上者九万里……

霍用兵至此，化而为鸟，一飞冲天。天子封泰山，他封狼居胥山，在狼居胥山封天，于姑衍山禅地。封禅乃天子礼，其欲僭越耶？天子警觉，拽紧了那根王权主义的线，把他拽回长安。离开大漠，回到皇城里，顿觉天地小矣。大鹏展翅，需要多少风力？九万里！而王权檐下，宜于燕雀栖居，叫大鹏如何展翅？王权的鸟笼子，将他活活憋死。

他死时，年方二十三，猝死如亚历山大，但比亚历山大还年轻十岁。

天子为天才造了一座山——祁连山，山簇拥着一座坟和一个美少年。那山势也连绵，峰峦也壮观，可以寄托天子哀思，却难以安顿英灵。

那是因为啊，山的根本，在大地深处，而假山无根，不过一堆黄土。

墓前，还用岩石雕塑了他的坐骑，马儿举起一足，便将匈奴战士踏翻在地，宛如电闪雷鸣后放足小憩，在狂风暴雨中悠然歇息，马踏匈奴，不过一足而已。

它不是从天而降的天马，而是来自祁连山的山根下，是喷出的熔岩，是凝固而成的战马，英雄一跨上它，就会像活火山一样喷发。头那么大，像个思想者，看它沉思的样子，还真有大山的定力。我们没见过霍去病，透过这匹马的神态，可以想见其为人。

马踏匈奴石雕，高 168 厘米，长 190 厘米，西汉，陕西兴平茂陵博物馆藏

马踏匈奴

马踏匈奴，万里关山谁度？美少年霍去病！

他是私生子，出身奴隶，天生的战士。18岁的美少年，他肩着使命来，“秋风起兮白云飞”；23岁的骠骑大将军，迎着天命走，“草木黄落兮雁南归”。他死了，武帝悲之，仿祁连山之势为少年英雄造墓，让他陪伴在自己的墓旁，那马踏匈奴屹立墓前千年不朽。

据说，公元前122年，汉武帝狩猎，获一独角五蹄兽，以为祥瑞，遂改年号“元狩”。“狩”有征伐之意，喻义汉武帝要大规模反击匈奴了。整整元狩年间（公元前122—前117年），他派卫青、霍去病率远征军数次出征，拓展了朔方以西至张掖、居延间大片土地。公元前121年在河西走廊，设立酒泉、武威二郡，十年后设张掖、敦煌二郡，延及敦煌以西的阳关和玉门关，前102年修筑居延要塞，设居延都尉，属张掖郡管辖，并迁徙大量兵民充实汉家西北最北边塞，分布于额济纳河（弱水）两岸。汉武帝终其一生完成“列四郡，据两关”以及居延要塞的汉家控关体系。公元前87年汉武帝逝世。

公元前140年刘彻16岁登基，同年霍去病出生；公元前117年美少年霍去病病逝，元狩年结束。冥冥之中，少年将军与少年天子结缘，携手共成汉家帝国大业。

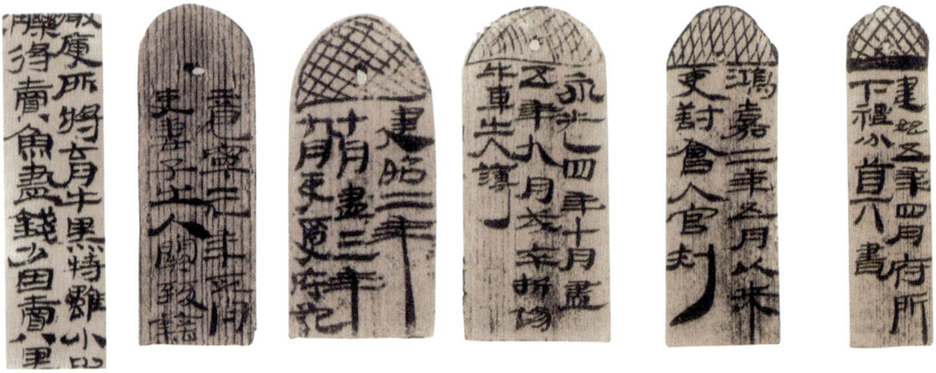

甲渠候关遗址出土的汉简

睢阳箭，居延遗址出土

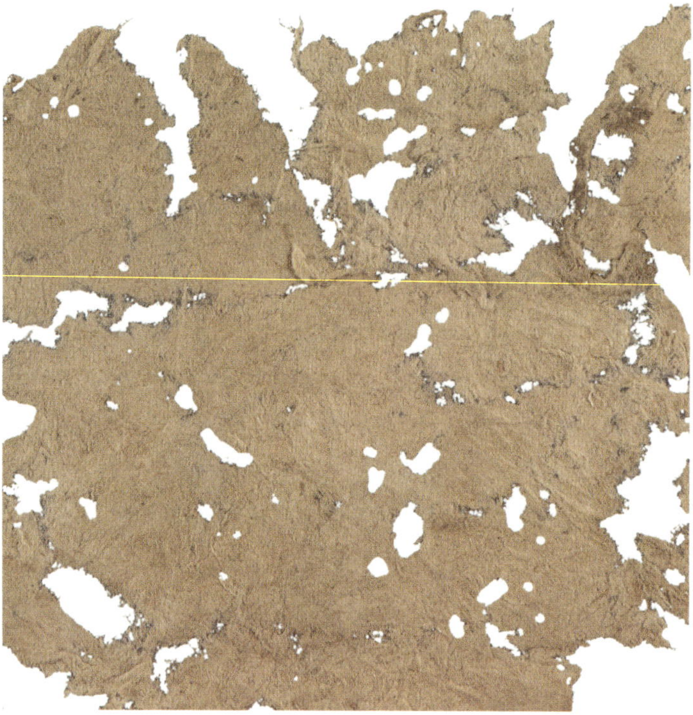

肩水金关纸，长 21 厘米，宽 19 厘米，西汉，甘肃金塔县肩水金关遗址出土，系用废旧麻絮、绳头、敝布等原料制成，以苎麻成分为主

肩水金关遗址出土的木板上的画

张掖都尉棨信，汉代，甘肃金塔县肩水金关遗址出土

1930年，中瑞西北科学考察团贝格曼等学者到居延要塞做小规模发掘，发现了1万多枚汉简，现藏于中国台湾。1972年以后，甘肃考古队对居延要塞所属的甲渠候官治所、甲渠第四燧和肩水金关等遗址发掘，出土2万多枚汉简，现藏于甘肃省博物馆。考古界称之为“居延汉简”，汉简内容多为屯戍档案以及私人信件或书籍等。还有珍贵的“张掖都尉棨信”，红色缯制，它是官吏用来传令启闭关门的凭证，是研究汉代棨信制度的重要资料。

03

拿得起天命，放得下圣王

汉家控制河西，置四郡，然后，挥师出玉门。

大军从敦煌出发，越过罗布泊，进入塔里木河及伊犁河流域，驻足于天山南路轮台、乌垒等地，置轮台校尉和西域都护府，统辖西域诸国。

先是武帝设轮台校尉，欲以此为前进基地，瞄准了广义西域，他要超越“西极”——葱岭，更往西去。可天才已逝，而燕雀起舞，偏有鸿鹄志。

汉家天子眼迷离，竟然看上了那位“一顾倾人城，再顾倾人国”的李夫人之兄——“燕雀”将军李广利，以为他是卫青转世。结果呢？他不值一提。值得一提的，倒是天子下了《轮台罪己诏》，打消了他原先那些光怪陆离的神话般的念头。

所以，当桑弘羊建议轮台屯田，以推动帝国继续前进时，被天子打住了，他说，用兵到此为止吧，不要让人民太难受了。从此，他不再出兵了。

封丞相田千秋为“富民侯”，表示他从国计转向民生了。正如《汉书·西域传》所言：“以明休息，思富养民也。”

这便是他过人处，拿得起天命，放得下圣王，一如高祖刘邦。秦皇拿得起千古一帝，放不下君道同体，自以为天道化身，从不自我反省——

“罪己”。

《左传》上说“禹汤罪己，其兴也勃；桀纣罪人，其亡也忽”。以此为标准来划分，秦皇属于桀、纣一类，而汉武进入禹、汤行列。其实，他们没有那么大的差别，两人大同小异，汉武帝占了“霸王道杂之”的便宜。

虽说“禹汤罪己”，但他们并未广而告之。一本正经，宣示天下者，恐怕还是从汉武帝开始，正如孟子所说，王的缺点，就像日食，要让天下皆知。

这需要有怎样的自信？一个敢于承认自己错误的皇帝，一定是个“吾心光明”的皇帝，内心深处，多少还保留了一份当年美少年的“诗与远方”的心地。

作为皇帝，还能把人民放在他的心里，而不仅仅是当作说辞，不光把人民当作可以收税的“户口”，还为人民的收成和过日子发愁，为打搅了人民的正常生活并给人民带来苦难而深感抱歉，这在专制制度里，已经很有点圣王的意思了。如果他还能对被他伤害的个体说声道歉，比如说，他对司马迁的阉割，那么他就更有那么一点圣王的味道了。

当时，汉武帝眼里的西域，一开始还有个“西极”，那“西极”应该就是昆仑所在地。后来，张骞回来报告说，葱岭还不算“西极”，在葱岭的西边，还有一个更为辽阔的西域，就像在《史记·大宛传》里说的那样子，是包括大月氏、康居、大夏、大宛、安息在内的广义西域。汉武帝很想把这个西域，纳入他以昆仑为中心的天下观里。

他想象着自己游仙到了昆仑山上，回头一望，天山南北两路，那些城国、山国、行国，那狭义的西域，就如同釜底游鱼一样，已被他收入天下观的网。

但还有一道工序最为紧要，他得向前看，派人到葱岭那头去，立个门户，扎紧网口，贴上封条，明示天下：葱岭以东，天山南北，其土其民，皆吾所有。

他没有像亚历山大大帝那样，面对帕米尔高原停下脚步，而是命令汉家将士一鼓作气，翻越过去，拿下大宛，然后，向前看，视野所及，已至于安息。前进！更向西去。因为“溥天之下，莫非王土”，即使是“荒服”，到头来，也要归于“王土”。

但他没想到夺取大宛会如此艰难，让整个帝国都咬紧了牙关。假如霍去病还在，美少年出玉门关，逾葱岭，取大宛，气吞万里如虎，不过弹指一挥间。

然而，美少年已凋零，帝国自有宿命，天子终于觉悟了。

天命收走了美少年，是要他意识到帝国的局限性，懂得收敛。如果他再往西去，那就不仅断匈奴右臂，而且断其后路。没有后路，匈奴就会反扑，天子熟读兵书，应知要留活路。

再说，天才已死，天命维止，何况匈奴还是“上帝的鞭子”。它从东方逃来，就让它往西方窜去，但要漠南无王庭，漠北无根据。汉长城深入大漠，点燃烽火——大漠孤烟直，无边杀气，化作一点诗意，飞鸣镝。

农耕文明的地缘政治的极限也就到这里，这里就是“西极”。

天子收兵了，汉家将士倒转马头，回到葱岭以东，玉门以西，昆仑以北，天山以南，于丝路北道之轮台设使者校尉，因地制宜，以夷制夷，经营西域。

轮台，本为西域三十六国之一，《史记》称之为“仑头”，这样一个不起眼的窝窝头小国，被汉家天子大手笔一点击，就成了一块遥控西域的政治飞地。

这块汉家飞地，如天外飞仙，飘然一手，落子在天山和昆仑山之间。举目眺望，四围皆胡地，而轮台居其中，其欲以飞地为“中国”，而于西域化胡矣。

有了这一步棋，那山高皇帝远的胡地，就成了中国化的西域。汉家将士屯田于此，牧马于此，兴兵于此，天子罪己亦于此。唐人岑参诗云：“胡地苜蓿美，轮台征马肥。”“苜蓿”，即牧草，开紫花，产地波斯，由张骞引入汉土，天子令于内地、边地，自阴山以至于天山以及龙门至碣石一线，均广泛种植，以之牧马，马肥矣！而天山牧马、屯田、征战，皆以轮台为标志，诗人吟咏之，其文化上的标志作用和象征意义，已超出了地名所在的地理位置的范围。

故“轮台”之名，非专指一地，而是泛称中国化的西北边地。

本来，唐轮台在天山以北，汉轮台在天山以南，分居两地，风马牛不相及，可有了象征意义，唐人就“取汉轮台为名”了，因为“轮台”二字好入诗。就连偏安江南，躲在深宫里写宫体诗的梁简文帝，居然也认同了轮台的象征意义，莺歌燕舞之余，何妨想象一下天山行？遂以轮台为名，过一把帝王瘾：

贰师惜善马，楼兰贪汉财。
前年出右地，今岁讨轮台。

这样的《从军行》不过意淫，据说开了唐人边塞诗的先声。迷恋江南，而神往轮台的，还有隋炀帝，其《白马篇》云：“轮台受降虏，高阙翦名王……”

书生谈兵，意气风发，往往也借轮台言志，南宋陆游诗：

僵卧孤村不自哀，尚思为国戍轮台。
夜阑卧听风吹雨，铁马冰河入梦来。

轮台，还是爱国主义的旗帜，国危思轮台，乃高扬爱国主义。

人在江南，而有西北之志，此乃汉风，如号角，吹响边塞诗，开出汉唐盛世。五代以迄，汉唐风已稍息，宋风渐起，陆游哀思，思汉风矣，有如梁简文帝。

鎏金嵌琉璃鸟形镈，高27厘米，宽9厘米，兵器附件，西汉，西安市文物管理委员会藏

汉家天子做检讨

天子向人民做检讨，从汉武帝《轮台罪己诏》开始。

轮台，位于新疆天山南麓、塔里木盆地北缘，是汉丝绸之路北道要冲，西域三十六国之一。当地人称它为“奎玉克协海尔”，意为“灰烬中的城”。汉武帝曾派贰师将军李广利第二次远征大宛国，途经轮台，轮台人闭城不供粮草，李广利一怒陷城。大臣桑弘羊建议扩大轮台垦边，武帝晚年反省，下《轮台罪己诏》。

《轮台罪己诏》云：朕即位以来，所为狂悖，使天下愁苦，不可追悔。自今事有伤百姓，靡费天下者，悉罢之！当今务在禁苛暴，止擅赋，力本农。

04

江南小子统一西域

大汉郑吉，亦江南人氏，会稽美少年，人在西域。

渠犁，位于轮台东南，郑吉屯田于此。轮台东北，则有焉耆，匈奴在此设“僮仆都尉”，以西域各国为“僮仆”，而统领之，奴役之，郑吉与之对峙。

匈奴据焉耆，以车师国为后援，对抗汉家轮台、渠犁，而轮台、渠犁之屯田军，则与汉家玉门关驻军遥相呼应，亦以犄角之势，直逼匈奴之焉耆。

汉治西域，自敦煌向西，至盐泽一线进入，往往起亭，以利汉使往来及商旅。而轮台、渠犁，各有屯田军数百人，亦耕亦战，为往来者供给及护卫。

然而，因匈奴据焉耆，虎视眈眈，故此一线，常有危机。

好个郑吉，竟深入虎穴，于虎口拔牙齿，一举拔了车师。

车师，原名“姑师”，汉武帝时，其与楼兰皆听命于匈奴而拦劫汉使，故命赵破奴率汉军击破之。其后，由于汉用兵过度，赵破奴为匈奴人虏，汉所得天山北路，亦复归于匈奴，故匈奴一如既往，以车师为门户，控扼天山南北两路。

而郑吉却出其不意，一举攻占车师，遂以天山为界，划分车师为前、后两部以及山北六国。前部，在天山南路，都于吐鲁番盆地交河，后部，在天山北路，都于“务涂谷”，在今吉木萨尔县，前、后两部之间，有穿越天山的车师古道相连。

郑吉用兵，或曰以夷制夷，玩地缘政治，其实不然，乃基于汉家正义，所部屯卒仅一千五百人，而诸国发兵却有万余，可见奔袭车师，乃西域联军。

此联军虽以汉军为中心，但非以汉军为主力，何也?

此由战争性质所决定。对于西域各国来说，反击匈奴是解放战争，从匈奴奴役下解放出来，使“僮仆”获得真正的国家身份，所以，西域为主汉为客。

当时，西域三十六国分布在塔里木盆地周围及天山山谷地带，人口多者八万余人，少者一两千人，在一块块不大的绿洲上筑城而居，忍受游牧风暴。而它们，即“城郭诸国”，被匈奴以“僮仆”视之。

天子号召它们反抗，汉军多少也就充当了解放者角色。但反击匈奴，解放西域，要靠各国自己，汉军则因势而利导之。此种战略转向，是出于对《轮台罪己诏》的反思，不以独占自居，欲与诸国分享西域。

汉武帝虽然停止对西域用兵，但汉家势力并未撤出西域。桑弘羊扩大西域屯田建议，曾被《轮台罪己诏》中止，到汉昭帝时又被重启，迄于汉宣帝时，汉家战略已明晰，以屯田经营国土，打造中国化西域。

以此用兵，当有节制，要放下“王土”观，打有限战争，使战争政治化，尽可能把汉家与匈奴争夺西域的战争，都转化为西域各国自己的解放战争。

这样，它们就必须在政治上做出选择：中国化或匈奴化。要么接受西域都护府，要么被匈奴役属，继续做“僮仆”。

汉与匈奴，一“都护”，一“僮仆”；一赐予，一榨取。它们国小而富，财路连着汉土；民弱而畏，要中国保护。

以是观之，中国化西域，其政治与经济已立于不败之地。

军事上，汉虽占优势，但深入大漠，与匈奴决战，却也消耗不起，如无巨大胜利作为精神和物质的回报，久战，恐难以为继，故上兵伐谋，其次伐交。

伐谋者，在西域扩大屯田，发动西域解放战争，此乃国家正义；伐交者，联合西域诸国，纵横捭阖，孤立并驱逐匈奴，使之边缘化；伐兵者，要兵贵神速，因人之国，借人之兵，攻敌所必救，以奔袭车师为起点，使匈奴陷入一城一地争夺战。

当郑吉率联军，攻入车师，进驻交河时，那是“五争车师”的焦点，他像钉子一样，狠狠地钉在了匈奴帝国的后脚跟上，使其站立不稳，东摇西晃。

此钉不除，匈奴在西域从此就难以立足，更何况车师地肥，若使汉军安然屯田于此卧榻之下，匈奴老巢也不得安睡，故而不顾一切，起兵来争车师。

而郑吉，真可谓“白日登山望烽火，黄昏饮马傍交河”。他在车师反客为主，同匈奴打了八年，这种打法约束了匈奴人的机动性和野战能力，很适宜于兵法，远交近攻，匈奴举国加兵，居然也奈何不了他。

打了四年，匈奴犹自强攻不已，他奉命撤离，还屯渠犁。

撤离时，车师人民都愿意随他而去，西域中国化以后，他们再也无法忍受匈奴人的奴役，于是，举国迁徙，万众一心，搬空了车师，这才是真正的空城计。

他顺便也给匈奴出了一道难题：进，还是不进？是个问题。

打了四年，不进城怎么也说不过去，可匈奴本来是个行国，人民逐水草而居，哪是城墙围得住的？更何况人财两空了，还进去吗？只好捧一座空城回去。匈奴被空城套住，不得不移民、屯兵，这无疑是向空城输血，以维持它在天山北路的生存。

匈奴打了四年，拿下一座空城，又输了四年血，来养这座城。

历来匈奴人，何曾如此用兵？居然为了空城而移民、屯兵。

郑吉的对手，匈奴日逐王，就是他在西域设置了“僮仆都尉”。原来，他可以坐在马背上来收税，城国虽小，却富得流油，一国揩它一把，他就美不胜收，只要能多揩几把，他就能搞定匈奴，把个单于的头衔搞到手。可他没有想到，在他的地盘上，竟然冒出了汉家小兵郑吉。

那霍去病，已夺走了祁连山；这小兵，又来夺他的天山了。

他发现，这小兵的打法与霍去病两样。霍用兵是，你快，我比你更快；你野，我比你更野；你狠，我比你更恨。而郑吉则以天时、地利、人和打总体战，不光打军事，更打政治。他从不以一国之兵与匈奴一决胜负，而是发动各国，打持久战。

以总体战和持久战，挤压日逐王地盘，使日逐王离单于宝座越来越远。本来，匈奴是日逐王的父亲当单于，他让位于兄长，而自居于左贤王。兄承诺，单于之位，将来传日逐王。然而，却传位于子了。匈奴人重实力，你日逐王雄霸西域，为匈奴右臂时，当然可以做单于，可当你丢了大半个西域，龟缩于车师一隅，凭什么回来做单于？

不能怪人家违约，要怪只能怪自己没实力。他可以接受这一现实，但新单于却视他为异己，加以王庭纷扰，政变迭起，老巢成了火坑，他还要跳下去？

此时，他有家难归矣。思来想去，他觉得，知他、懂他、能容他的，唯有郑吉。他向对手郑吉传递了归汉讯息。郑吉闻讯喜极而泣，人言有诈，罔闻之。西域解放战争打了八年，他就等这一天，这一天终于来了，汉家统一契机，握在他手里。

真正的对手，其实是知己。“知彼知己”，是兵法，也是伦理。而且，在对立之中，更能看清对手本质，一旦握手，尤其相惜。

郑吉告诉匈奴来使，曰天命归汉，其来适时，我将亲自迎之。于是，他从人们怀疑的眼光中大步走出去，去迎接他的宿敌。

日逐王闻言，且悲且喜且泣曰：他以英雄待我，可谓光明磊落。说罢，率军穿越库鲁克塔格山，出铁门关，奔向汉家渠犁平原。

蓝天白云下，苜蓿花儿开了，紫花美矣，征马肥矣，他相信，郑吉一定在那里等他，他意气风发，用牧人的长调，向远山呼唤，向郑吉呼喊，我来啦！

放下厮杀，他向着太阳重新出发，夕阳无限好啊……夕阳下，一匹骏马，马上的骑士，向远山眺望。他坚信，他们已经来了，沿着孔雀河谷，从深山里走来了……果然，走出一支人马。他迎了上去，与日逐王并肩而立，宣告天山南北统一了。

对此，史曰："汉之号令班西域矣，始自张骞而成于郑吉。"

好个江南小子，居然统一了西域，西域都护府就从他开始。

江南郑吉定西域

江南小子郑吉，汉宣帝时，是个年轻的士兵，多次戍边西域。

他都护丝绸之路南北两路，以江南农耕手笔经营西域二十多年，屯田垦边，使轮台一带有天高地阔之舒朗，也有江南鱼米之丰饶。郑吉则爵为“安远侯”。

在轮台、渠犁不远的地方，有座米兰古城，汉人称之为伊循，郑吉治下，可是富饶的绿洲，有良田千顷，号称粮仓。如今的米兰像一座“雅丹冢”，不知何时沦为西北那苍凉的色调。

05

干戈化玉帛

天山南北统一了，汉家设西域都护府来治理。西域都护府的驻地，就在轮台与焉耆之间的乌垒。

乌垒城位置适中，当丝路要冲，“中西域而立莫府”。由此去龟兹、姑墨、疏勒，逾葱岭，可达大宛、康居，此即北道；由此往南，有道通鄯善、且末、于阗、莎车，越葱岭，至大月氏、大夏、安息诸国，即为南道；由此往北，经焉耆、车师，可去山北六国，西行至乌孙。整个辖区，其范围，东起玉门关，西至费尔干纳盆地；北自巴尔喀什湖、准噶尔盆地，南至昆仑山、葱岭。

第一任“都护”，即由郑吉担任，都护下属，设有三尉：戊己校尉、屯田校尉、伊循都尉。戊己校尉屯防高昌壁，屯田校尉屯渠犁，伊循都尉在伊循。

江南人而有西北志，不敢说从郑吉开始，但郑吉可代表之。

汉家打通西域，虽由一代王朝为之，然其国家意志，系出于国民全体，借以个体以显现之。以个体言，能集中反映“全体国民意志”者，莫如郑吉。

何以此言？难道天之骄子霍去病不足以“集中反映”之？

霍去病，乃龙门—碣石一线人物，其西北志，如西北风，一吹便至，其所思所感者，当下即是，乃起于地缘，发为风土，而具直接性者。唯江南人有西北志，所跨越者乃中国两河流域，从中下游地，延及上游及源头所在，于地缘，则相隔不啻万里，于风土，则可谓风马牛不相及。

然无地缘感发而生的情志，可由文化，或贸易，引发之。

江南人入西北边地，慨然有澄清天下志，此由文化驱使，而成天下观格局。此外，还由贸易驱动之，丝路虽止于长安，而丝绸却源于江南太湖流域。

关于蚕和丝，历史上有种种传说，考古亦多有发现，不光中原大地，从陇西到辽东，都发现了蚕种的丝迹，但最早的蚕和丝织物，却是在江南发现的。

蚕种之初露端倪，是在浙江余姚河姆渡遗址里，而最早的丝织物，则出现在浙江湖州钱山漾遗址里，经有关专家鉴定，被确认为家蚕的丝织物。

古墓里有玉有丝，可以想见，那时江南人就穿丝佩玉。

“那时”，据说距今有四五千年，属于良渚文化时期，如果说有关嫘祖的传说所言不虚，那么她很可能就是一位来自良渚文化的江南女子。

后来兴起的丝路贸易，追根溯源，亦须深入江南。

江南，不仅是丝绸原产地，即使蚕花开遍中原以后，它还是丝绸之路最美的源头，从锦绣江南到衣冠长安，应该还有一条烟雨苍茫的水路可走。

当年大禹治水，就走过这条水路，进入良渚文化地盘，那时，良渚人已离去，分了两支，沿水路迁徙，一支南下粤海，一支北上中原，其迁徙路线，便是最早的丝路了。北上那条路线，后来通往西域丝路，而南下那条，后来就连着海上丝路。

或曰四千年前那次气候突变，改变了史前文明的原有景观。随着气候突变而来的两河流域下游文明，都在劫难逃，不光长江下游的良渚文化在逃，黄河下游的龙山文化也在逃，它们沿秦岭—淮河一线，逃往中原。

不仅东方文化被洪水追击，逃往中原，还有西方齐家文化、北方红山文化，也都在寒冷的驱逐下逃往中原了，各路史前文化在中原会合，尧、舜、禹之所以伟大，就因为他们在中原团结了各路史前文化，缔造了一个统一的文明——华夏。

我们从那一时期中原各地的墓葬里，已可见那初开的蚕之花，显然，这是良渚文化对华夏的贡献，还有作为礼器开显国家观念的玉，也出自良渚文化。

良渚文化多玉器，想必有条玉石之路来维持，走在这条路上的良渚先人，他们应该就是后来的丝路先驱，他们穿丝佩玉，一路行来，留下个良渚化世界。

丝绸之路，由西方人命名，乃西方历史观和价值观的反映。

古希腊人对玉无兴趣，却专注于石，予石以美，敬石以神，以坚硬石，化作飘柔丝，如帕特农神庙之女神，身上就披着像空气一样轻盈而透明的石之丝。

我们认为，古希腊雕塑和华夏玉器，乃石器文明的极致。

当石器退出实用目的，不再作为主要的生产工具和兵器时，西方文明就使石头神圣化了，尤其古希腊人，他们赋予石头一种新的形式——神人同体同形的雕塑，而中国人却从石头中，选了一种美的石头——玉，使玉制度化了，使玉成为礼制文明的代表。

玉石之路，是针对礼制文明的中国人而言的，而丝绸之路，则是相对于商品经济的西方人而言的，这两条路，其实背道而驰。以天山南北为枢纽，丝绸之路与玉石之路分道扬镳，玉石之路由西向东，入玉门关，丝绸之路从东往西，去中亚了。

礼制文明对玉的追求，从来就不亚于希腊、罗马人对丝绸的需求。如果我们今天重新来给这条路命名，就不应该仅仅表达西方人的需求，还要站在中国立场，表达礼制文明的理想。合理命名，要将二者结合起来，名曰：

“玉帛之路”。“玉”是玉石，“帛”乃丝绸，这样结合起来看这一段历史，才具有世界眼光，才是名副其实的世界史。

汉人用玉，极尽恣肆，这从汉人的墓葬里可以看出来。最著名者，为金缕玉衣。尸体要穿玉衣，恐怕只有汉人穿得起，曹魏以后被禁止。汉文化挥霍玉，是因为国家体制化用玉，对于玉的需求几乎是无限的。

汉人控制了天山，汉武帝还在河西走廊的西头设了玉门关。这关的名字，就宣示了汉人对玉石之路的主权。有多少和田玉，经由玉门关，被运往长安?

长安贵族贪婪和田玉，他们生不离玉，死了也要长眠于玉。但他们对西域来的金币不感兴趣，大墓里，那么多铺地钱，迄今为止没有发现一枚罗马金币。由此可见，罗马人抱怨丝国，是因为对丝国无知而无的放矢。

汉人在西域，化干戈为玉帛，而玉帛之根底，就在良渚文化里。因此，深得玉帛精髓者，并非河东美少年霍去病，而是江南小子郑吉。论用兵，当然是霍去病第一，论玉帛功夫，则首推郑吉，唯玉帛功夫能平治西域。

汉文化将萌芽于良渚文化的玉帛功夫发挥到了极致，不仅控制了自夏、商、周三代以来的玉石之路，还拓展了自春秋战国以来的丝绸之路。霍去病，以干戈断匈奴右臂，此为其盖世之业绩，而化干戈为玉帛，这一套经世功夫，则莫过于郑吉。

南越王赵眜墓主棺室出土的丝缕玉衣

从良渚丝玉到汉家玉帛的文明样式

郑吉从江南来，穿丝佩玉，从良渚文化算来，有五千年的传统。他把这传统带给西域。汉人已不满足于佩玉，他们还要穿玉，而且生死不离，在死后穿上金缕玉衣，将玉文化发展到极致。而真正将玉帛合体的，反倒是拥兵自立的第二代南越王赵眜，死后就葬于南越国首都番禺（今广州越秀山象岗）。1983 年被发掘，赵眜身穿丝缕玉衣，头枕丝囊珍珠枕，面部覆盖缀有 8 块金饰片的丝绢面罩，全身铺满玉璧、玉佩或玉饰等，躯体享尽了玉帛富贵的“福”。

06

陈汤那一吼

郑吉以后，中国化的西域，真可谓英雄辈出。

汉元帝时，陈汤冲天一吼：犯强汉者，虽远必诛。这一吼，虽为那个时代汉家最强音，但也已是“强弩之末”，其势难以穿透儒学的“鲁缟”了。此前此后，他的遭遇，都被困于儒学的“鲁缟”中。此前，他从山东来长安求官，父死不归，以不孝下狱。此后，他破虏归来，却因擅自做主，又拟以不忠入狱。

其势，能万里破虏，却破不了就在他身边纠缠着他的“鲁缟”，英雄无败于匈奴千军万马中，却败于千丝万缕的儒学之网——“鲁缟”，他好恨啊！

可他要恨，也只能恨自己，何以生不逢时！何不生在武帝时？武帝不以尊卑论英雄，不以出身定高低，故有女奴子霍去病冲天而起；何不生于宣帝时？宣帝用人，不拘儒学一格，兼以霸王道杂之，故有小兵郑吉，起于行伍中，而能号令西域。而他偏偏生在“柔仁好儒”的元帝时，凡事都要追问正心诚意。本来兵行诡道，兵不厌诈，若拷之以正心，律之以诚意，哪还有什么兵机可言？

故元帝为太子时，宣帝曾斥之曰：乱我家者，太子也。

他本人的起起落落的遭遇，便对应了那个“乱”字。当年他在长安求官失败，再度出山，便出现在西域。西域天高云淡，有他自由的空间，不像被“鲁缟”裹着的长安，动辄得咎，一举一动都被规范。

人在西域，浑身是胆，只要敢作敢为，机会有的是，何患无官？可不，一个百年一遇的机会，就出现在他跟前，他若眼睁睁地放弃，岂不枉为人杰？

那时，他以西域都护骑都尉副校尉来跟骑都尉甘延寿商量。他说：此地夷狄之人，都敬畏服从强大的种族，这是他们的天性，加上西域本来就属于匈奴，所以，他们很容易跟匈奴跑。现在，郅支单于威名远扬，他已控制康居，如果任其侵凌乌孙、大宛，迫两国就范，他就能西取安息，南排月氏，重与汉家争夺西域了。我们应该趁其立足未稳，而又自以为离我们很远，且无金城强弩之守，发屯田吏士，驱乌孙之众，直指其城下，这样就能给他致命一击，千载之功，可一朝而成也。

甘延寿亦深以为然，但他却表示，不能擅自做主，欲奏请。

还要向朝廷报告，等皇帝圣旨？兵贵神速，战机稍纵即逝，来不及！他召集军队，整装待发，他的顶头上司甘延寿前来阻止他，他按剑瞋目大吼曰：汝欲害我事耶！甘无奈，只好随行。于是，发奇兵，逾葱岭，两路奔袭，一举斩获郅支单于。

其时，郅支单于因屠杀汉使被汉军追击，率北匈奴远徙康居，原以为葱岭为汉家“西极”，只要一过去就安全了，故又放肆，不光奴役康居，还觊觎天山，没想到，这回来的是敢破朝廷规矩的陈汤，竟然把自己的功名看得比圣旨还重，不顾一切，追踪而至，出其不意，一举全歼之。从此，匈奴流窜漠北，无窥西域者数十年。

唯一反汉的匈奴单于被消灭了，汉匈百年大战，至此已告一段落。其功虽至伟，其罪亦可诛，为此，元帝询之臣下，或曰有罪当诛，或曰功高应赏。

元帝还算厚道，折中两端，中庸了一把：认定有罪，但罪可特赦；承认有功，功高就当封侯。故其特赦令曰：甘、陈二人，“虽逾义干法”，但“内不烦一夫之役，不开府库之臧，因敌之粮，以赡军用，立功万里之外，威震百蛮，名显四海，为国除残，兵革之原息，边境得以安”，所以，他要“赦延寿、汤罪”（此见于《汉书·陈汤传》）。

如此看来，元帝虽儒，但不至于昏，而汉成帝却未免于昏了。

匈奴远遁，数十年内干戈不兴。忽有一日，乌孙起兵犯境，西域烽火又起，朝廷难免一惊，满朝文武皆为失语之人，究竟要不要发救兵？是对朝廷的拷问。

无奈时，成帝想到了那位几起几落的戴罪之臣，又把陈汤叫来问。陈汤说，满朝都是贤能之臣，还来问我这个又老又病的罪人？成帝说，国家有急，你就不要推辞了。于是，陈汤说道：不必担忧。君问：何也？答曰：通常，一个汉兵能敌五个胡兵，是因为汉军有装备优势，虽然胡兵也在改进，但仍要三个胡兵敌一个汉兵，以此来计算战斗力，乌孙军必败无疑，无须发救兵，即使发救兵也没用，轻骑日行五十里，重骑日行三十里，赶到那里，战争早就结束了，若我估计的不错，那里的战争已经结束了，不过五日，就会有好消息传来。果然，第四天，就有军报传来，说乌孙军已解围而去。真神了，论知彼知己，还有比这更神的吗？成帝服了。

可陈汤后来又被免职了，总之，他对于儒学化的朝廷和“鲁缟”化的长安难以适宜，还老惦着西域，所以，就往敦煌去。徙居数年后，敦煌太守又上书朝廷，说：这位陈大人曾经诛杀郅支单于，威风远及外国，现在降为庶人，不宜居于边塞地。

于是，又把他迁到安定（今甘肃固原县）。人见其可怜，又奏告皇帝：当今国家，“枭俊擒敌之臣，独有一陈汤耳”，何以容他不下？英雄末路，何其悲凉也！

皇帝也心软了，下诏，让陈汤迁回长安，不久，陈汤便去世了。

几年后，王莽摄政，以《春秋》大义，追谥陈汤为破胡壮侯，封其子陈冯为破胡侯、陈勋为讨狄侯，欲为其新朝开张，建立一个“尊王攘夷”的家族样板。

王莽立新朝，胁迫羌人“献”地，在青海湖一带设立西海郡，与国内原有的北海郡、南海郡、东海郡合起来，凑成“四海”，为使西海荒地成郡，须强制移民，为此，又增设五十条新法令，使罪犯增加，将罪犯移民西海，以满足西海移民的需要。还将原本臣服于汉朝的匈奴、高句丽、西域诸国和西南夷等属国统治者由原来的“王”降格为“侯”，收回并损毁“匈奴单于玺”，改授“新匈奴单于玺”。更有甚者，还将匈奴单于改名为“降奴服于”，高句丽改名“下句丽”。各族因此拒绝臣服新朝。

莽启边衅，轻用武力，遂使汉军数十万陷于戍边，适逢中原内乱，新朝瓦解，匈奴人趁机复返天山以抗汉。汉失天山南北，退到玉门关内，匈奴卷土重来，西域诸国不得已，又请汉家发兵，再次解放西域。然，东汉初立，立国未稳，唯有叹息而已。

07

班超的西域

明帝时，东汉方兴，帝命窦固，军出玉门关，与匈奴决战天山。

当时，汉军兵分四路，其他三路，都未见匈奴踪影，唯车师一路，攻其所必救，一如当年郑吉，匈奴必争之，故汉扼西域，必再战车师，予匈奴致命一击。

天山之战伊始，班超弃兰台文吏，投笔从戎，出京师，以假司马随军至西域，战车师，攻伊吾、蒲类海，斩获匈奴甚多，被领军窦固赏识，派他出使西域。

初至鄯善，观其王举止两端，前后不一，疑被匈奴牵制，故突问鄯善侍者曰：我知匈奴使已至，告诉我，他们现在哪里？仓促间，侍者如实相告，被关押起来，遂召部下三十六人，饮酒高会，酣言道：我等远赴异域，为求富贵，今于此地，遭遇北匈奴使，鄯善王脸色就变了，生死关头，怎么办？众人齐声道：身处危地，生死都由你来定！

班超高呼：不入虎穴，焉得虎子！今夜火攻匈奴使，一决生死。

于是，乘夜奔袭匈奴使驻地。其时，天刮大风，汉军以十人执鼓而伏，约定一见火起，即鸣鼓而攻，余者，持刀枪弓弩，于门外伏击。部署完毕，即顺风纵火，一时鼓噪突起，声势喧天震地，匈奴使惊乱而遁，或葬火海，或被击杀，被汉军全歼。

遂献首级于鄯善王，王惊失色，表示归附，并将王子送去当人质。

使命完成，班超回师，向窦固请示。窦上表，奏明其出使始末，请更派使者。明帝诏曰：舍班超其谁也？窦欲增拨人马，班超却说：原来三十六人就够了。

班超等人重启西域行程，至于阗国，北匈奴已派使者驻于此。

于阗巫盛，巫蛊王曰：天神发怒，皆因尔等欲归附汉朝，今汉使有好马，嘴黑毛黄，可祀天神！王派宰相来讨马，班超应允，但要巫师自个来取，一来，便将其杀死，还鞭笞宰相，然后，奉还巫师首级，责王以道义，王恐，即令诛杀北匈奴使者。

班超成功镇抚于阗，各国望风披靡，皆出王子于汉朝做人质。

西域与大汉中断了六十五年的关系，至此才得以恢复和接续。

当时，北匈奴于天山道上，扶立龟兹，龟兹横行，攻破疏勒国，杀死其国王，另立龟兹人兜题为疏勒王。班超闻讯，即从小道进发，行至疏勒国，派勇士田虑去招降，行前，示曰：兜题非疏勒人，疏勒国民不会为他效命，若其不降，就将他抓来。

田虑只身来见兜题，出其不意，乘其不备，抢上去一举劫持。

突发，兜题手下，若惊弓之鸟，魂未定，人奔走，班超来也！遂召集疏勒臣民，正告龟兹非法行径，另立疏勒人为新国君。新王欲杀兜题，班超曰：杀之无益，要维持西域和平大局。班超两次出使，平定鄯善、于阗、疏勒三国，掌握西域枢纽。

不久，明帝驾崩，焉耆国乘汉丧之机，攻杀汉西域都护陈睦。

班超无援，龟兹、姑墨等国也屡屡发兵，围攻汉属国疏勒。

章帝即位之初，朝廷认为陈睦已死，班超难以独处边陲，故诏命其归国。然，当其受命将归之时，疏勒举国上下忧恐，都尉黎弇悲痛万分，说：汉使若离去，疏勒必亡于龟兹，我实在不忍心看到疏勒亡于龟兹这一日。说罢，便拔刀自刎而死。

班超率部至于阗，于阗国王和百姓皆哭于道，泣曰：我们依靠汉家，犹如孩子依靠父母，你们千万不能撇下我们，自己回去。还有人抱其马腿，苦苦挽留。

班超见状，知于阗父老不愿让他东归，民意可感，民心可用。

于是，他决定留下，调转马头，暂不回朝，重返疏勒。自他一走，疏勒便有两座城重新归降龟兹，刚好他率部归来，逮捕反叛首领，使疏勒再次安定。

随即，征召属国士兵万余人反击，攻破姑墨国，将龟兹孤立。

然后，上书章帝，主张以战养战，以夷制夷，进而平定西域。他说：西域诸国，多愿归汉，若能攻灭龟兹，归汉之路，便畅通无阻。我虽军中小吏，却欲捐躯旷野，为国效命，仰承大汉声威，为国家竭尽铅刀一割。

前汉论西域形势，皆曰通西域三十六国，即断匈奴右臂，而今西域，哪怕边远小国，也多愿意再次归附汉朝，贡途之上，络绎不绝，唯焉耆、龟兹不从。

我自奉命出使西域，至今已五年了，对西域情况，较为熟悉。我曾问过大、小城国之人，他们都认为，大汉如天一样可靠。能得民心若此，葱岭之路可通，葱岭一通，就可以征服龟兹。

现在，我们就应该封龟兹国侍子白霸为王，派汉军护送他回来，要不了多久，我们就能与其他属国一道擒获龟兹王。用夷狄来攻夷狄，这才是最好的计谋。

我还看到莎车、疏勒两国，田肥地广，草原茂盛，六畜兴旺，不同于敦煌、鄯善两地，汉军在那里屯田，粮食可以自给自足，无须耗费国内财力、物力。

朝廷若能准我的奏章，让我来办理，我就是死了又何恨之有？若以区区之身，能承蒙上天保佑获得成功，也许就能够亲眼看到西域回归、陛下举起预祝万寿无疆的酒杯，向祖庙报功、向天下宣布喜讯的那天。

这是一篇留在青史上的文字。这篇文字，可与晁错的《言兵事疏》和《守边劝农疏》相媲美，虽然以夷制夷、以战养战由晁错先提出，但晁错并未身赴西域，亲历戎事，说到底，还是书生平虏策，纸上谈兵。而班超所言，则是兵家谈兵，知行合一，在知与行的深度和广度上，都拓展了以夷制夷、以战养战的战略思想的纵深地带及其复杂的现实领域。

在这两篇文字的中间，有过一个恢宏的实践时期，汉武欲断匈奴右臂以及张骞通西域，都出自以夷制夷，先于班超而成功者还有行伍出身的小兵郑吉，但郑吉未留文字传世，班超毕竟史家之后，其父班彪、其兄班固，皆为著名史家，其妹班昭，亦忝列女史之首，史家之门，出一兵家，可见兵史战策应能旁通，故其文字亦具存史价值。

章帝读他文字，知他功业可期，很满意，欲扩充其实力，其时，正好有平陵人徐干，愿追随班超奋身异域，即命之为代理司马，率千人远涉，万里增援之。

果然，西域变脸，莎车国认为汉军不再来，于是改投龟兹，疏勒都尉番辰随后也叛。正好徐干率部到达，助班超杀番辰，平息叛乱，准备再战龟兹。

本着以夷制夷，班超欲借乌孙兵力，故请朝廷招抚，章帝采纳。故擢班超为将兵长史，任徐干为军司马，另遣卫侯李邑护送乌孙使者。李邑行至于阗，适逢龟兹攻疏勒，他不敢前行，为饰怯懦，奏曰：定西域，徒劳而已。又说班超拥妻抱子，尽享安乐，不为国内考虑。班超闻之，长叹息道：我怕朝廷疑我呀！

于是，班超让妻子离去。帝知班超忠勇，下诏严责李邑，说：若班超如你所言，他部下一千多人，怎么都跟他同心同德？命李邑受班超调度，去留由班超处置。

班超却让他护送乌孙侍子回京，或曰：李邑谤你，毁你西域功业，何不奉旨留他，另派人送呢？班超说：他谤我，我无愧，若以私愤待他，就不算忠臣了。

于是，班超征调于阗、疏勒等属国士兵二万多人，再战莎车。

龟兹王亦征发温宿、姑墨、尉头等国，合兵五万，救援莎车。

敌众我寡，班超示怯，以退兵诱敌，且暗纵龟兹俘虏，任其逃归，言汉军欲退。龟兹王即率万骑追杀班超，另派温宿王等阻击于阗。班超见其兵动，速令诸部齐发，直扑莎车大本营。营中无备，军士奔逃，莎车国只好投降，龟兹王等也只能散去。

班超威震西域，却要面对新的问题，汉朝的盟友大月氏派使者来了，一来，向汉朝进贡，二来，带来了新的问题，因为月氏王提出，他要娶汉朝公主为妻。

班超拒绝了。不久，月氏副王谢就率七万大军，东越葱岭而来。显然，娶妻只是个借口，其目的是要试一试汉家在西域的应手。

班超因其太无礼，一不留面子，二不留余地，应了最强的一手。

可大月氏已今非昔比，不再是当年那个被匈奴拿捏的软柿子，当匈奴被汉家驱逐而一天天衰落时，它却在中亚养精蓄锐而一天天兴起，成为一个大帝国。

它就是贵霜帝国，继孔雀王朝而起，尝试着像冒顿那样的非礼。

来者气势汹汹，可班超却不放在眼里，说：其兵虽多，但已跋涉数千里，越葱岭而来，运输极为不便，只要收好粮食，坚守不出，他们就会因饥饿而投降。

月氏副王谢攻无所克，掠无所得，班超知其粮草将尽，会向龟兹求食，预伏兵于途中，击杀求援使者，执其首级给谢看，谢惊恐，进退无据，便遣使请罪。

于是，班超放他们回国，使月氏大为震惊，遂年年向汉朝进贡。龟兹、姑墨、温宿等国，也就都跟着投降了。

朝廷命班超为西域都护，徐干为长史，废龟兹原国王尤里多，改立白霸。至此，西域诸国，只剩焉耆、危须、尉犁三国，因为曾经杀害西域都护陈睦，心怀恐惧，尚未归降，其余各国，皆已平定。

故班超调发龟兹等八属国军队七万人，攻焉耆、危须、尉犁。军至尉犁，班超遣使通告三国：都护此来，只要安定，尔等若欲改过，就请元首奉礼来迎。

焉耆王广派人来迎，班超对来人说：国王不来，尔之大罪也。但仍厚赐来者，礼送回国，王广见其归，便亲至尉犁，来见班超。但他又不想让班超入其国境，故其一返，即令拆除山口围桥，欲断班超入境之路。不料，班超间道随行，已然兵临王城，王大惊，欲遁入山中，故班超设宴，请三国国王及大臣。

焉耆王广、尉犁王泛等，都来赴宴了。危须王怕死，没有来。

宴会一开始，班超就厉声责问焉耆王广等：危须王何以不来？喝令武士将二王及其随从一举拿下，并在当年陈睦所驻故地，将他们全部斩杀，传首京师。另立汉朝侍子元孟为焉耆国王，至此，西域五十余国尽归汉。

朝廷为了表彰其功勋，诏封他为定远侯，后人称他“班定远”。

可他的眼光，远远超出了朝廷封的“定远”，因为他知道匈奴人的活动地带，比汉家天下所能掌控的范围更远，以夷制夷，不能局限于天山南北的西域。

“五星出东方利中国”织锦护臂，新疆维吾尔自治区民丰县尼雅遗址出土

五星出东方利中国

西汉人如旋风，从东到西，一路卷将过去；东汉人则在占星术里望风中国。占星术里的风水中国，似乎是一种命谶，在中华民族的“历史流”中诞生了。

“五星出东方利中国”，是中国古代占星术语，典出《史记·天官书》等。新疆尼雅东汉古墓出土了一件汉锦护臂，上织锦字“五星出东方利中国”。

尼雅古建筑群兴起于西汉，遗址发现“精绝”汉简。“精绝”是塔里木盆地一个独立城邦小国，西域三十六国之一。

08

历史的遗憾

班超时代，西域都护之地主要围绕着三个盆地。其一，是位于阿尔泰山与天山山脉之间的准格尔盆地。其二，是由天山与昆仑山两条山脉构成的塔里木盆地。其三，是由天山东脉形成的吐鲁番盆地，这里是连接天山走廊与河西走廊的枢纽，为汉匈必争之地，在三个盆地中，它居于主导地位，属于战略门户。

汉匈天山之战的主战场就在吐鲁番盆地，其中有一个战略制高点就是车师。敦煌到车师，是通西域的生命线，失了这一线，通西域就不可能。

这一线，除了地理上的交通优势，还有地区上的物产优势，宜于贸易，也利于生产，曾为匈奴右臂。汉欲断其右臂，便从这里下手，断了其财路。

汉军自敦煌西出玉门、阳关，往北，行千余里，达伊吾；再往北，行千二百里，便抵达车师前部高昌壁，即今之新疆吐鲁番地区；继续往北，行五百里，就到了车师后部金蒲城，即今之新疆吉木萨尔县。在车师与伊吾之间，有一个湖，叫蒲类海，即今之新疆巴里坤湖，胡人称湖为海，就如同北京的北海、中南海，其实都是湖一样。

班超就在这里一战成名。战役不大，斩首仅千余人，但战略价值不小，一脚踹到了北匈奴的命门，一举把北匈奴从天山打到阿尔泰山去了。最要命的是，匈奴人的一条财路，也是匈奴人的战略纵深，从蒲类海到大秦海的起点，被汉军夺走了。

大秦海是什么海？汉人称罗马为大秦，称地中海为大秦海。

原来匈奴人身后，还有个这么深邃的世界，断匈奴右臂，断了河西走廊，断天山走廊，真没想到匈奴右臂有那么长，不管怎么断，都断不过来，更何况断了它又能接上。这就是游牧文化的优势，它能背靠一个更为广阔的世界，跟汉家打游击。

在汉家天下里，无论你怎样出击，不管你如何以夷制夷，你都不能将它置于死地，因为它在汉家天下之外，还有一个汉人所不知道的世界，凭借这世界，出天山，争河西，入中原，退则深藏若虚，可以退到汉人未知的那个世界里去，重整旗鼓。

不过，这一次，匈奴人不仅碰到了一个同以往的飞将军不一样的打游击的天才，一个以夷制夷、左右逢源的特种战专家，还相遇了一位出身于史学世家像亚历山大一样具有世界历史眼光的西域都护，匈奴人的底部被他看穿了。

如果说亚历山大从地中海出发自西向东一往无前来到葱岭下，那么他反其道而行之，从东往西，于蒲类海起步，西行往地中海去。亚历山大是王者，可以想哪去哪，而他只是个使者，身后有朝廷要牵挂，一路游击，来到葱岭下，就裹足不前。

这一行，回首就三十年，沿着塔里木盆地，转了一个大圈。他的行程，第一步袭匈使，服鄯善；第二步诛神巫，制于阗；第三步退龟兹，安疏勒；第四步顺民意，破姑墨；第五步战龟兹，平莎车；第六步守疏勒，破月氏；第七步讨焉耆，定西域。一圈下来，就把西域打通了，班超坐镇龟兹，制衡西域。

但他知道，这还是个小西域，仅以此域，难置匈奴于死地。

其时，班超治地，东西六千余里，南北千余里，东起玉门关和阳关，西以葱岭为极。西北有乌孙，西有大宛，再往西去，就不属于他都护的范围。西南有大月氏，还有安息，再往西去，就是大秦，是罗马帝国的势力范围，亦即从蒲类海到地中海一线。

汉军止于葱岭以东，故步自封，葱岭以西，亦曾涉足，如陈汤等，但未常驻以纳入都护，可那却是匈奴人的去处。班超已知，若欲根治匈奴，必须抄底西域，联合大秦，从西域的底线上以夷制夷，故派甘英出使大秦，欲深入西域，一探其究竟。

班超成就，虽由其个人卓异，但根本上则取决于汉匈之大势。

窦固天山大战后，北匈奴退居阿尔泰山，因而有班超经略天山南路；窦宪再次出击，犁庭扫穴，勒燕然山还，北匈奴遁亡，不知所之，而有班超定西域。

但班超优于二窦者在于，他比二窦有着更为辽阔深远的世界历史的眼光。当汉家举国上下都在为匈奴溃遁而庆幸时，唯班超尤恐其卷土重来，他深知，匈奴销声匿迹，并非消亡，而是进入了汉人未知的地方，西域之西，还有个西域，汉人鲜知。所以，他派甘英走一趟，一来寻觅匈奴踪迹，二来出使大秦。

此行目的，当然还是以夷制夷，欲联手大秦，夹击匈奴，一如当年汉武帝之于大月氏。可甘英毕竟不是张骞，没有张骞那种排山倒海且至死不休的意志。

甘英从龟兹出发，逾葱岭，经条支，至安息西海，望洋兴叹。

本打算渡海，可安息船子相告：顺风要三月，逆风约两年，所带口粮，当备食三年，况有海妖妙音，令人不已，往者难归，若你不恋父母妻子，才可以去。

故事初见于《后汉书·西域传》，《晋书·大秦传》也有记载。过了千余年，康有为赴欧洲考察，来到罗马，认为甘英当年未渡地中海，使中国与欧洲相会延缓了千余年，并痛斥甘英遇海而惧，以至于失足千古。

可当时的实际情形，未有人去一探究竟，何不问一问，为什么甘英欲往大秦，不带甘英去渡大秦海—地中海，而把他带到安息西海—波斯湾，从波斯湾能通往地中海吗？打开地图一看，我们就发现波斯湾的出海口，是阿拉伯海，而非地中海，从阿拉伯海往地中海，需经由红海，而那时苏伊士运河未通，由红海不能进入地中海，需弃舟登岸，重渡地中海，才能到达罗马。所以，很显然，从波斯湾下海，不是送甘英去罗马。

那么安息船子与甘英对话所指的目的地在哪里？当然是指中国。

从波斯湾出发，出阿拉伯海，进入印度洋，由印度洋转入中国南海，这是往中国去的海路，东汉时，罗马有个使团，就从这条海路到达过中国，但，肯定不是从波斯湾下海，因为，那时罗马帝国正与安息—帕提亚交战，故不可能从敌国海域下海。

安息船子如是说，其实是让甘英做个选择，问他从陆路回国，还是从海路回国，他把海路的风险夸大，还击中了中国人家庭观念的软肋，迫甘英从陆路归。

甘英的去留，不由自主，他被安息人控制了，但双方还在维持面子，一旦撕破面子，他就会像张骞、苏武一样被关押起来，与之不同的是，那是被敌国匈奴关押的，他若被关押，就等于化友为敌，树立了一个新的敌国，故他宁愿服从安息的安排。

他在西行之前，并不知道安息与大秦为敌，若知，就不会通过安息往大秦去，到了安息，他就应该知道了，但还不至于为了一个素无往来的国家而得罪安息。

甘英此行目的是以夷制夷，安息还在西汉时，就已入了汉家制夷之局，如同大月氏，此行能与安息重申盟谊，亦算达到了以夷制夷的目的，不失汉家初心。

从安息的角度来考虑，罗马之于安息，就如同匈奴之于中国，当年罗马统帅克拉苏就死在了安息人手里，故汉家之于大秦与安息，只能择其一，若放任中国与大秦结盟，那么以夷制夷的夷，很可能第一个就是安息，这还只是地缘政治上的考虑。

更有贸易上的考虑。安息居于欧亚大陆心脏地带，位于丝绸之路中部，成了东西方贸易枢纽，无论东来的，还是西去的，都必须经由，每天都有滚滚财源来此“安息”，这天造地设带来的利润，罗马不能分享，中国也不能分享，它要中间独大。

对此，康有为不察，将文明迟到的这笔账算到了甘英头上，实在冤枉，要算这笔账，也只能算到安息人头上。如果说迟到的文明相会千年之后才给中国带来了灾难性影响，那么它对西方的影响来得更早，据说，不到两百年，匈奴就在西方出现了。

陈序经在《匈奴史稿》第二章“有关匈奴历史的外国史料”中指出，18 世纪法国历史学家得岐尼著《匈奴、突厥、蒙古及西部鞑靼各族通史》，其目的就是想说明西方所谓“匈人”，即中国史书所载“匈奴”，解释中国匈奴如何西迁并入侵欧洲。

英国历史学家吉本认可了得岐尼的说法，在《罗马帝国衰亡史》一书中，他指出，欧洲的匈人，就是中国历史上的匈奴，并肯定匈人来自蒙古高原，因被中国驱逐，往西迁徙，至伏尔加河流域。吉本认为，匈奴人从蒙古高原来到伏尔加河流域这一段历史，中国人是知道的，可是，从伏尔加河流域到罗马的这一段历史，中国人就不清楚了。

不光北匈奴迁徙，还有那些归附了汉朝的南匈奴，不少人也跟着迁徙，他们来到伏尔加河流域，与北匈奴重逢，开启匈奴复兴之路。新兴的匈奴不走回头路，他们再往西去，从伏尔加河进入顿河流域，相遇了东哥特人的一支粟特人，他们互相攻打，匈奴人杀死粟特国王，占有其国，对这事的记载，吉本经由中国《魏书・粟特传》而得知。

在此次复兴中，匈奴人不仅产生了新的英雄阿提拉，而且获得了新的身份一匈人，在这里，没人敢像汉人那样蔑视他们为“匈奴”，他们的新冒顿王阿提拉，竟然被信仰基督教的欧洲人称作“上帝之鞭”，上帝用他来鞭策欧洲人，教训欧洲人。

吉本在其著作中不惜笔墨，讲述了阿提拉的性格及其活动，还有阿提拉的王室及其战争，他认为，在欧洲历史上，阿提拉是唯一的征服者，不仅征服了塞种人，还征服了日耳曼人，将二者均置于匈人统治之下。从匈奴到匈人，可谓一部地跨亚欧、兵连东西方的世界史，其势远超此前居鲁士和亚历山大帝国，亦为后世突厥和蒙古帝国所不及。

可以说，它是世界历史上第一个与东西方文明都发生过巨大冲突，并对东西方文明都产生了深刻影响的游牧民族，以至于突厥和蒙古都以它的后来者自居。

在东方，匈奴驰骋蒙古高原掀起的游牧风暴，差一点就席卷了那个用长城围护的汉家天下，来到西方，匈人突然出现，成了罗马帝国倒下的第一推动者。

当罗马帝国被蛮人的洪流冲垮时，我们很自然就会想到甘英那次出使，想到班超欲联手大秦对付匈奴的远见卓识，假如，虽然历史没有假如，只有已然，但我们不妨还是假设一下，假如甘英出使成功，罗马人早就注意到匈人，世界历史很可能会改写。

是什么让一个正在付诸实施的伟大思想变成“假如”呢？是家，是汉人念念不忘的家。不仅甘英被安息船子动员回家，连“从心所欲”的班超，也终于回家。

一个走向世界历史的国度，却从来没有走出中国传统文化的老家。